LE DIGESTE

OU

PANDECTES

DE L'EMPEREUR JUSTINIEN.

LE DIGESTE

OU

PANDECTES

DE L'EMPEREUR JUSTINIEN,

Traduits en français, par M. GOUGIS-DUFAVRIL, *Jurisconsulte, Membre de l'Académie de Législation, de la Société Académique des Sciences de Paris, etc. revisés par une réunion de Jurisconsultes.*

Summâ itàque ope et alacri studio has leges nostras accipite, et vos-metipsos sic eruditos ostendite, ut spes vos pulcherrima foveat, toto legitimo opere perfecto, posse etiam nostram rempublicam in partibus ejus vobis credendis gubernari.

Recevez donc ces lois avec empressement, et rendez-vous si érudits, que vous puissiez concevoir la noble espérance, après le cours de vos étude prescrit par les lois, d'être en état un jour de gouverner une partie du gouvernement de l'empire dans les charges qui vous seront confiées.

JUSTIN. *Préf. de l'aut. de Instit.*

PREMIÈRE ET UNIQUE TRADUCTION.

TOME NEUVIÈME.

A PARIS.

Chez {
ROUSSEAU, imprimeur rue du Foin St. Jacques, N°. 13.
ARTAUD, libraire quai des Augustins, N°. 37.
BLANCHON, libraire rue et Hôtel Serpente, N°. 16.
}

AN 1807.

NOTICE

*Des Livres qui se trouvent chez les mêmes
Libraires et Imprimeur.*

TRAITÉ MÉTHODIQUE ET COMPLET sur la tranmission
des biens par successions, donations et testamens, suivant les lois anciennes, intermédiaires et nouvelles, par
M. TISSANDIER, ancien jurisconsulte, 8 vol. *in-8o.*
Prix pour Paris,   48 fr.

LA PHILOSOPHIE DE LA NATURE, ou Traité de morale
pour le genre humain, par M. SALES de LILLE, 7me
édition, 10 vol. *in-8o.* fig. beau pap. br. prix.   48 fr.

L'ART de prolonger la vie humaine, ou l'hygienne do-
mestique, traduit de l'Anglais, du docteur Willich,
par D.-M. JTARD, médecin, seconde édition, 2 vol.
in-8o. bro.   8 fr.

L'UNIVERS DÉLIVRÉ, narration épique suivie de notes
et d'observations sus le systême de Newton, et la théo-
rie de la terre, etc., par P.-C.-V. BOISTE, seconde
édition, 2 vol. *in-8o.* bro. fig.   10 fr.

ÉLÉMENS de Sténographie, par M. BERTIN, quatrième
édition, 1 grand vol. *in-8o.* avec pl. bro.   7 fr. 50 c.

HISTOIRE de GILBLAS de SANTILLANE, par LESAGE,
6 vol. *in-*18 fig. bro.   6 fr.

LETTRES écrites sous le règne d'Auguste, précédées d'un
précis historique sur les Romains et les Gaulois, depuis
leur origine, jusqu'à la bataille d'Actium, seconde édit.
1 vol. *in-8o.* bro.   5 fr.

NOUVEAUX ESSAIS D'ÉDUCATION, de GOLDSMITH, trad.
de l'Anglais, par DAMPMARTIN, 1 v. *in-*12 br. 2 fr. 50 c.

ŒUVRES de Stanislas BOUFFLERS, de l'Institut de France;
2 gros vol. *in-*18, papier vélin, ornés de 9 belles gra-
vures avant la lettre, bro.   10 fr.

Idem. 2 vol. *in* 18 . papier ordinaire , fig. bro.   7 fr.

GRAMMAIRE FRANÇAISE raisonnée , par PRÉVOST-DE-FOURNEAUX , nouvelle édition , 1 vol. *in*-8°. bro.   3 fr.

COMMENTAIRE sur la loi du 29 germinal an 11 , relatif aux successions , par M. CHABOT DE L'ALLIER , tribun et inspecteur-général des écoles de droit , 2 vol. in-8°. , brochés.

TABLEAU de la législation ancienne et moderne sur la même matière , par le même ; *in*-8°. , broché. Prix des trois parties.   10 fr.

COMMENTAIRE sur la loi du 13 floréal an 11 , relative aux Donations et Testamens , et sur la loi du 20 pluviôse an 12 , relative aux contrats de mariage et aux droits respectifs des époux ; par M. J.-E.-D. BERNARDI , ex-législateur , 2 vol. *in*-8°. brochés. Prix.   7 fr.

MANUEL des Justices de paix , ou Traité des Servitudes et des Tutelles , par le tribun TARRIBLE , *in*-8°. bro. Prix.   2 fr.

HISTOIRE NATURELLE par M. de BUFFON , avec la continuation par M. DELACEPÈDE , 44 vol. *in*-4°. , figures et atlas.

Idem 74 vol. *in*-12 fig.

Idem 74 vol. *in*-18 fig.

Idem 52 vol. *in*-12 , fig. enluminées.

DICTIONNAIRE universel de la GÉOGRAPHIE commerçante , par Jacques Peuchet , 5 vol. in-4°. brochés en carton , prix ,   75 fr.

FLORA ATLANTICA , sivè historia plantarum , quæ in Atlante , Agro Tunetato et Algeriensi crescunt aurore Desfontaines , 2 vol. in-4°. , papier grand raisin , fin   263 fr.

Idem. Papier grand raisin vélin , premières épreuves ,   526 fr.

ANALYSE et Abrégé raisonné du Spectacle de la Nature , dans lequel on a conservé tout ce qu'il y a d'essentiel

dans les volumes de l'ouvrage de M. *Pluche* ; par M. le
M. D. P., 1 vol. *in-*12, 1786,   2 fr. 5o cent.

ANALYSE de la Philosophie, du chancelier Bacon, avec
sa vie, 2 vol. in-12, portrait,   5 fr.

AVENTURES (les) de M. Têtu et de Miss Patience dans
leur voyage vers la terre du bonheur, anglais et français, 1 vol. *in-*12 ; petit papier avec fig., 1 fr. 20 cent.
et 1 fr. 5o cent. franc de port.

ESSAIS HISTORIQUES sur Paris, par M. de Sainte-Foix,
4 vol. *in-*12, belle édition, frontispice rouge, portrait,
       10 fr.

FABLES D'ÉSOPE, par F.-J. Desbillons, latin-françnis,
*in-*12, petit papier, jolie édition, 2 vol.   4 fr.

OBSERVATIONS Médicales sur les suites très-extraordinaires
d'une maladie vénérienne traitée par le mercure, *in-*8°.
       6o centimes.

LA TACHYGRAPHIE DES FRANÇAIS, ou Traité complet
de l'art d'écrire aussi vite qu'on parle ; contenant des
exemples qui fournissent au lecteur les moyens d'apprendre
cet art de soi-même sans maitre ; terminé par la Méthode
d'Abréviations adaptée tant à la Tachygraphie des Français qu'à l'écriture vulgaire, ou l'art de simplifier l'é-
criture usuelle, et de Tachygraphier plus vite qu'on ne
parle, par M. Coulon de Thévenot, 1 vol. *in-*4°., prix
pour Paris, 18 fr. et 21 fr. pour les Départemens, franc
de port par la poste.

La difficulté de se procurer de bonnes Plumes taillées, à
déterminé l'auteur de la Tachygraphie a en inventer de
particulières qui ont l'avantage de ne jamais s'user et
d'écrire toujours de la même grosseur, et de fournir
d'elles même l'encre, elle se vendent aux adresses ci-
dessus, par paquet de douze, à raison de 6 fr.

EXTRAIT

Du Registre des procès-verbaux des Séances de l'Académie de Législation.

Séance du 20 ventose an 13.

M. Brugnière, du Gard, administrateur, a dit :

« Les chancelliers de L'Hopital et d'Aguesseau ont fait dans tous leurs écrits un éloge aussi pompeux que mérité du *Droit Romain*. D'accord avec tous les hommes instruits en jurisprudence, ils le regardaient comme un corps de doctrine, où la raison attentive découvre les véritables principes de toute justice, des règles sûres pour distinguer le juste de l'injuste dans la multitude si nombreuse et si diversifiée des actions, des

volontés et des conventions des hommes ; enfin toutes les lumières dont on peut avoir besoin pour éclaircir ce que leurs écrits peuvent présenter d'obscur, et pour pénétrer leur véritable intention dans leurs contrats ».

« Ces deux grands hommes en faisaient l'objet de leurs méditations habituelles. C'est dans le droit Romain que nos législateurs modernes ont puisé les élémens du Code Civil, de ce Code marqué au coin de la sagesse, devenu tout à la fois et le garant de la prospérité de la grande nation, et un monument éternel de la gloire du chef suprême de l'état, qui par les lumières de la raison naturelle, l'à-propos des observations, la justesse et la précision de son jugement, a égalé, lors de la discussion du projet du Code Civil, au Conseil d'état, les plus profonds jurisconsultes de l'Empire français ».

« L'étude du Droit Romain est donc aujourd'hui d'une nécessité indispensable, et d'autant moins à négliger que le Code Civil n'est, comme la loi des XII Tables, qu'une

collection de principes généraux, de maximes primordiales, et pour ainsi dire de sommaires dont il faut tirer des conséquences pour les appliquer à chacun des cas qui se présentent, pour observer toujours la loi sans blesser l'équité, pour accorder à celle-ci tout ce que la justice lui doit sans blesser celle-là ».

Il faudrait, MM. des siècles de méditations et de travaux pour établir cette chaîne qui doit lier ensemble toutes les parties du droit, et conduire à la découverte de ce qui est juste, dans chaque espèce particulière, si la route n'était pas tracée ; mais ce travail est fait, tout est enseigné, tout en un mot se trouve dans le *Droit Romain*, (le Digeste ou les Pandectes de l'Empereur JUSTINIEN), il suffit donc de l'étudier. Mais cette étude demande des années ; elle exige la connaissance d'une langue devenue aujourd'hui peu familière : pour remédier à cet inconvénient, pour faciliter l'étude du droit Romain aux jeunes gens qui se destinent soit à la magistrature, soit au barreau, pour les mettre à même de puiser à discrétion dans les sources

fécondes de la jurisprudence , enfin pour leur économiser un tems toujours précieux et toujours trop court pour celui qui veut s'instruire, un de vos membres, M. GOUGIS DUFAVRIL, ne consultant que le désir d'être utile , sans se laisser effrayer par la longueur et les difficultés plus d'une fois renaissantes d'un travail immense , s'est occupé depuis plusieurs années de la traduction française du droit Romain, connu plus particulièrement sous la dénomination de *Corpus juris civilis Romani* , et c'est le sixième volume de cette traduction que j'offre en son nom au corps Académique. La traduction d'un pareil monument étant exécutée avec exactitude et discernement, avec goût sur-tout, est un service important pour ceux qui ne sont pas familiers avec la langue latine, et si nous devons avancer hautement que ce n'est cependant que dans le texte latin même que l'on doit puiser , pour retrouver la vérité des pensées du législateur , ce n'est pas moins un secours précieux aux hommes du barreau que la traduction du corps de droit , et nous devons

des éloges au zèle qui l'exécute avec des succès mérités.

Pour extrait conforme.

Le Secrétaire Archiviste de l'Académie de Législation,

Signé DECAEN.

des éloges au zèle qui l'exécute avec des succès mérités.

AVIS DE L'ÉDITEUR.

Nota. On trouvera la note des fautes à corriger dans ce volume, à la fin du Tome X, qui paraîtra incessamment elle y sera placée de manière qu'on pourra la rapporter à la fin de celui-ci.

TITRE PREMIER

DU LIVRE QUINZE

DU DIGESTE

OU

DES PANDECTES.

Du (1) Pécule (a).

~~~~~~~~~

I. ULPIEN, *liv.* 29, *sur l'édit.*

Continuation.

LE préteur a pensé, qu'il était dans l'ordre d'exposer d'abord les contrats que font ceux qui sont sous la puissance d'autrui, et en vertu desquels il est accordé une action pour le tout, et de parler ensuite de ceux pour lesquels on a simplement action jusqu'à la concurrence de ce qui se trouve dans le pécule.

(a) Suivant Ulpien, *in l. depositi §. ult. de peculio*, on doit entendre par le mot *pécule* soit une petite somme d'argent, soit un modique patrimoine. Vultéjus donne une autre définition du pécule.
~~~~~~~~~

Divisio.

§. 1. Est autèm triplex hoc edictum : aut enim *de peculio*, aut *de in rem verso*, aut *quod jussú*, hinc oritur actio.

Verba edicti.

§. 2. Verba autèm edicti talia sunt : *quod cùm eo, qui in alteriùs potestate esset, negotium gestum erit.*

De sexú.

§. 3. *De eo* loquitur, non *de eâ :* sed tamèn, et ob (1) eam, quæ est fæminini sexûs, dabitur ex hoc edictó actio.

De ætate personæ peculio est.

§. 4. Si cùm impubere filiofamiliâs, vel servo contractum sit : ità dabitur in dominum, vel patrem de peculio, si locupletius eorum peculium factum est.

Potestatis verbum quomodo accipitur.

§. 5. *Potestatis* verbum communitèr accipiendum est, tàm in filio, quàm in servo.

De servis propriis, vel alienis, de his qui bonâ fide serviunt.

§. 6. Nec magìs dominium servorum [esse]

---

(1) L. 27. in pr. infr. h. t. l. 5. §. 2. supr. de tributor. act. l. 11. C. quòd cùm eo, qui in alien. potest.

Division.

§. 1. Cet édit renferme trois chefs, car l'action à laquelle il donne lieu, vient ou de ce que la dette a été contractée par celui qui avait la libre administration de son pécule, ou de ce que la chose a tourné au profit du père ou du maître, ou de ce que la dette a été contractée par leur ordre.

Termes de l'édit.

§. 2. Voici ce que porte textuellement l'édit : *Ce qui aura été fait avec celui qui est sous la puissance d'autrui.*

Du sexe.

§. 3. L'édit parle seulement de *celui* et non de *celle*. Cependant, d'après cet édit, on accordera l'action dont il parle à celui qui aura contracté même avec une femme.

De l'âge de la personne qui a un pécule.

§. 4. Si on a contracté avec un impubère, fils de famille, ou avec un esclave, l'action sur le pécule ne sera accordée contre le maître ou le père, qu'autant que leur pécule aura été augmenté par ce qui aura été fait avec l'un ou l'autre.

Comment on entend le mot puissance.

§. 5. Le mot de *sous puissance* s'entend communément, du fils de famille, et de l'esclave.

Des esclaves qui nous appartiennent, ou à autrui. De ceux qui sont esclaves de bonne foi.

§. 6. C'est moins le domaine de l'esclave qu'il faut con—

Le *pécule*, dit-il, est ce qui est donné, avec la permission du père ou du maître, ou enfin de la loi, soit à un fils de famille, soit à un esclave.

spectandum, quàm facultatem habendi eos : non
enim solùm servorum propriorum nomine con-
veniemur, item communium, verùm (1) eorum
quoquè, qui bonâ fide nobis serviunt, sivè liberi
[sint], sivè servi alieni.

2. POMPONIUS, *lib.* 5, *ad Sabinum.*

De servo cujus ususfructus, vel usus alienus est.

Ex eâ causâ, ex quâ soleret servus fructuarius,
vel usuarius adquirere, in eum, cujus ususfructus, vel usus sit, actio duntaxàt de peculio,
cæteræquè honorariæ dantur : ex reliquis (2), in
dominum proprietatis.

3. ULPIANUS, *lib.* 29, *ad edictum.*

De servo nullius, veluti hereditarii.

Licèt tamèn prætor, *si cùm eo, qui in potestate sit, gestum sit*, polliceatur actionem, tamèn
sciendum est, et si in nulliùs sit potestate, dari
de peculio actionem : utputà, si cùm servo here-
ditario contractum sit antè aditam hereditatem.

De servo substituto.

§. 1. Undè Labeo scribit, et si secundo ter-
tiovè gradû substitutus sit servus, et deliberan-

---

(1) L. 1. in fin. supr. de tribut. act.
(2) Immò vide l. 19. §. 1. vers. qnæ quæstio. infr. h. t.

sidérer que le droit que l'on a sur lui, car nous pouvons être actionné, non-seulement en vertu des contrats que nos propres esclaves ont fait, ainsi qu'en vertu de ceux faits par des esclaves que nous possédons en commun, mais nous pouvons encore l'être (1) au nom de ceux qui nous servent de bonne foi comme esclaves, soit qu'ils soient libres, soit qu'ils appartiennent à autrui.

2. POMPONIUS, *liv. 5. sur Sabinus.*

De l'esclave dont l'usufruit, ou l'usage appartient à autrui.

L'action sur le pécule, et les autres actions prétoriennes ne sont accordées contre celui qui a l'usufruit ou l'usage d'un esclave, que dans les cas où ce même esclave acquiert au profit de l'usufruitier, ou de l'usager, autrement (2) c'est contre le maître de la propriété qu'elles doivent être formées.

3. ULPIEN, *liv.* 29, *sur l'édit.*

De l'esclave qui ne l'est de personne, par exemple, d'une succession.

Quoique le préteur promette une action *dans le cas où on a contracté avec celui qui est sous la puissance d'autrui,* il faut cependant savoir que cette action pourrait encore avoir lieu, quand bien même il n'aurait été sous la puissance de qui que ce soit, tel serait, par exemple, le cas où on aurait contracté avec l'esclave d'une succession avant qu'elle eut été acceptée.

De l'esclave substitué.

§. 1. C'est la raison pour laquelle Labéon écrit que si l'esclave était substitué au second ou troisième degré, et

---

Ce pécule se divise en pécule *Castrense*, en pécule *quasi Castrense*, et en pécule *Paganum*. La difficulté de rendre en français *Paganum* et *Castrense*, exige que l'on entre dans quelque détail. Le pécule *Castrense* est ce qui a été donné au fils de famille qui est à l'armée, par

tibus primis heredibus cùm eo contractum sit, mòx repudiantibus eis ipse (1) liber heresquè exstiterit, posse dici, de peculio eum conveniri, et de in rem verso.

De sexû.

§. 2. Parvi autèm refert (2), servus quis masculi, àn mulieris fuerit, nàm de peculio et mulier convenietur.

Et ætate.

§. 3. Pedius etiàm impuberes dominos de peculio obligari ait : non enìm cùm ipsis impuberibus contrahitur, ut tutoris auctoritatem spectes. Idem adjicit, pupillum (3) non posse servo peculium constituere, nec tutoris auctoritate.

Et furore domini.

§. 4. In furiosi quoquè curatorem dicimus dandam de peculio actionem ; nàm et hujus servus peculium habere potest : non si fuerit concessum, ut habeat ; sed si non fuerit prohibitum, ne habeat.

De interventione servi pro alio.

§. 5. Si filiusfamiliâs (4), vel servus pro aliquo fidejusserint, vel aliàs intervenerint, vel man-

---

(1) L. 3o. §. 2. infr. eod.
(2) Fac. l. 3. §. 1. infr. quib . ex caus. in possess.
(3) L. 7. §. 1. infr. h. t.
(4) L. 5. C. quòd cùm eo, qu in alien. potest.

que l'on eût contracté avec lui pendant que les héritiers
appelés avant lui délibéraient s'ils accepteraient ou non la
succession, qu'ensuite y ayant renoncé, l'esclave se trouvât
libre (1) et héritier, on pourrait dire, que l'on aurait le droit
de former contre lui l'action du pécule, et celle résultante
de ce que la chose a augmenté le pécule.

Du sexe,

§. 2. Il importe peu (2) de quel sexe est l'esclave, car
une femme peut être également actionnée, relativement à
son pécule.

Et de l'âge.

§. 3. Pedius dit aussi que les maîtres même impubères
peuvent aussi être obligés par l'action du pécule, car
comme ce n'est pas avec eux que l'on a contracté, on ne peut
pas exiger l'autorisation de leurs tuteurs. Le même jurisconsulte ajoute, qu'un pupille (3) ne peut pas constituer
un pécule à son esclave, même avec l'autorisation de son
tuteur.

De la démence du maître.

§. 4. L'action sur le pécule doit également être accordée
contre le curateur d'un homme en démence, car l'esclave
d'un tel maître peut avoir un pécule; et il n'est pas nécessaire qu'il lui en ait été constitué un : il suffit qu'il ne lui
ait pas été défendu d'en avoir.

De l'esclave qui a répondu pour un autre.

§. 5. Si un fils de famille (4), ou un esclave, a répondu
pour un autre, ou s'est obligé pour un tiers, n'im-

---

son père, ou ses parens, ou ce que le fils de famille lui-même a acquis
à l'armée, enfin ce qu'il n'aurait pas, s'il n'avait pas été à l'armée. Le
pécule *quasi Castrense* est ce que le fils de famille acquiert en rem-
plissant une fonction publique, ou par suite de son travail, de son
industrie dont il retire un salaire qui lui est payé par des personnes
étrangères à lui.

Par le pécule *Paganum* il faut entendre ce qui échoit aux fils de
famille ou aux esclaves, à l'occasion soit de leur père, soit de leur

daverint: tractatum est, àn sit de peculio actio?
Et est verius, in servo causam fidejubendi, vel
mandandi spectandam. Quam sententiam et Celsus lib. vi. probat in servo fidejussore. Si igitùr
quasì (1) intercessor servus intervenerit, non rem
peculiarem agens, non obligabitur dominus de
peculio.

§. 6. Julianus quoquè lib. xii. Digestorum
scribit: si servus mandaverit (2), *ut creditori
[meo] solveretur*, referre, ait, quam causam
mandandi habuerit: si pro creditore suo solvi
mandavit, esse obligatum dominum de peculio:
quòd si (3) intercessoris officio functus sit, non
obligari dominum de peculio.

*De eo, qui pro filio, vel servo alteriùs fidejussit,
vel solvit.*

§. 7. Cui congruit, quod idem Julianus
scribit: si à filio meo fidejussorem accepero,
quidquid à fidejussore accepero, id me non de in
rem verso, sed de peculio actione mandati præstaturum. Idem accipias et in servi fidejussore.
Idemquè, si alius mihi pro filio meo debitore
solvisset. Quòd si filius meus debitor non fuisset,
exceptione doli fidejussorem usurum: et, si solvisset, condicturum scribit.

---

(1) §. 6. infr. hic l. 20. infr. de fidejuss.
(2) L. 47. §. 1. infr. h. t. l. 20. §. 1. supr. de pact.
(3) S. 5. supr. h. l.

porte comment, ou a chargé quelqu'un de faire quelque chose pour lui, on a agité dans ces cas la question de savoir si l'on pouvait former contre lui l'action sur le pécule. Il parait plus conforme à l'équité de décider, en ce qui concerne l'esclave, qu'il faut examiner quelle est la raison pour laquelle il a répondu pour un autre, ou donné sa procuration à quelqu'un. Celse au liv. VI approuve ce sentiment, à l'égard de l'esclave qui a répondu. Si donc un esclave s'est obligé pour un autre (I), comme toute personne eût pu le faire, sans que ce soit par une suite de l'administration de son pécule, il n'y aura pas lieu à former contre son maître l'action sur le pécule.

§. 6. Julien, au liv. XII du Digeste, écrit que si un esclave charge quelqu'un de payer (2) *à son acquit mon créancier*, il est important d'examiner par quel motif il a été déterminé. Car s'il a chargé quelqu'un de payer à l'acquit de son créancier, le maître sera tenu de l'action sur le pécule, mais s'il a voulu (3) seulement s'obliger pour un autre, le maître ne sera pas soumis à l'action sur le pécule.

De celui qui a répondu, ou payé pour le fils ou l'esclave d'un autre.

§. 7. Rien de plus conforme à ce qu'écrit le même Julien. Si, dit-il, mon fils m'a donné un répondant pour sûreté d'une somme qu'il me doit, tout ce que j'aurai reçu de ce répondant pourra m'être redemandé par lui, non pas en vertu de l'action provenant de ce que le paiement qu'il m'a fait a tourné à mon profit, mais en vertu de l'action du mandat qu'il a reçu de mon fils, et dont je lui tiendrai compte sur son pécule. Observez la même chose à l'égard du répondant qu'un esclave aura donné à son maître; et dans le cas où un autre me paierait à l'acquit de mon fils. Mais si mon fils ne me devait rien, son répondant m'opposerait l'exception tirée de la mauvaise foi; et s'il m'avait payé, le même jurisconsulte écrit qu'il pourrait me contraindre à lui rendre ce qu'il m'aurait donné, comme ayant été indûment payé.

maître. Le pécule est encore susceptible d'une plus longue explication; mais nous avons pensé qu'il suffisait d'avoir donné ce développement pour l'intelligence de ce titre; autrement la note eût été trop étendue.

De compromisso vel condemnatione servi.

§. 8. Si servus, cum se pro libero gereret, compromiserit, quæritur, àn de peculio actio ex pœnâ compromissi, quasì ex negotio gesto, danda sit, sicuti trajectitiæ pecuniæ datur? Sed hoc et Nervæ filio, et mihi videtur verius, ex compromisso servi non (1) dandam de peculio actionem: quià nec, si judicio condemnetur servus, datur in eum actio.

De interventione.

§. 9. Sed si filius fidejussor, vel quasì interventor acceptus sit, àn de peculio patrem obligat, quæritur? Et est vera Sabini et Cassii sententia existimantium, semper obligari patrem de peculio; et distare in hoc à (2) servo.

Compromisso.

§. 10. Quarè [et] ex compromisso pater tenebitur. Et ità Pampinianus quoquè lib. IX. quæstionum scribit; nec interesse, ait, ex quâ causâ compromiserit: utrùm ex eâ causâ, ex quâ potuit cùm patre de peculio agere; àn verò ex eâ, quâ non potuit: cum ex stipulatû pater conveniatur.

Condemnatione filii.

§. 11. Idem scribit, judicati quoquè patrem de peculio actione teneri. Quod [et] Marcellus

---

(1) L. 32. §. 9. supr. de recept. qui arbitr.

Du compromis et de la condamnation d'un esclave.

§. 8. Si un esclave, qui se donnait pour un homme libre, a fait un compromis, on demande si on pourrait intenter l'action sur le pécule pour le paiement de la peine à laquelle il se serait soumis par le compromis, de même qu'elle serait accordée contre l'esclave, dans le cas où il prétendrait avoir fait les affaires de son maître, comme si, par exemple, il avait reçu de l'argent pour le faire valoir. Mais je pense, en cela Nératius est de mon avis, que l'on ne doit pas accorder l'action sur le pécule pour (1) l'exécution du compromis fait par l'esclave, parce qu'en admettant même que l'esclave eût été condamné en justice réglée, on n'aurait pas pu intenter cette action contre lui.

De l'intervention.

§. 9. Mais si un fils de famille a répondu, ou s'est obligé pour un autre, on demande s'il oblige son père en vertu de l'action sur le pécule. Sabinus et Cassius pensent, avec raison, que le père est toujours soumis à l'action du pécule, et qu'il y a, à cet égard, de la différence (2) entre le fils de famille et l'esclave.

Du compromis.

§. 10. C'est pourquoi le père sera obligé en vertu du compromis que son fils aura fait. Papinien écrit la même chose au liv. ix des questions, et il dit même que l'on ne doit pas chercher à connaître quelle cause a donné lieu au compromis. Si c'est une cause, qui par sa nature donnerait ou non action sur le pécule contre le père, la raison est que dans ce cas le père est actionné en vertu de la stipulation faite par son fils.

De la condamnation du fils

§. 11 Le même jurisconsulte dit que le père est tenu de l'exécution du jugement, et qu'on a à cet égard contre

---

(2) V. l. 19. infr. de fidejuss.

putat; etiàm ejus actionis nomine, ex quâ non
potuit pater de peculio actionem pati : nàm sicùt
[in] stipulatione contrahitur cùm filio, ità judicio contrahi; proindè non originem judicii spectandam, sed ipsam judicati veluti obligationem.
Quarè et si quasi defensor condemnatus sit, idem
putat.

De condictione furtivâ. De actione rerum amotarum.

§. 12. Ex furtivâ causâ (1) filio quidém fami-
liâs condici posse constat : àn verò in (2) patrem,
vel in dominum de peculio danda est, quæritur?
Et est verius, in quantum (3) locupletior dominus factus esset, ex furto facto actionem de peculio dandam. Idem Labeo probat : quià iniquis-
simum est : ex furto servi dominum locupletari
impunè. Nàm et circà (4) rerum amotarum actionem, filiæfamiliâs nomine, in id, quod ad patrem pervenit, competit actio de peculio.

*De filiofamiliâs Duumviro, qui rem pupilli salvam fore
caveri non curavit.*

§. 13. Si filiusfamiliâs Duumvir (5) *pupillo
rem salvam fore* caveri non curavit, Papinianus

---

(1) L. 5. supr. de condict. furtiv.
(2) L. 58. infr. de reg. jur.
(3) L. 4. supr. de condict. furtiv. l. 16. infr. de vi et vi armat.

lui l'action du pécule. Ce sentiment est adopté par Marcellus, qui va même plus loin; car, suivant lui, il y aurait lieu contre le père à cette action, quand bien même le jugement aurait porté sur une cause qui n'aurait pas donné lieu à l'action du pécule contre le père. Et en effet, par la raison que l'on contracte avec un fils de famille, en stipulant avec lui, de même on contracte avec lui dans un jugement. Par conséquent on ne considérera pas l'origine de la contestation, mais on se reportera à l'obligation qui dérive du jugement qui aura été rendu. Il en est de même, suivant ce jurisconsulte, du cas où le fils aurait été condamné en qualité de défenseur d'un autre.

De la répétition d'une chose volée. De l'action relative aux choses détournées

§. 12. Il est constant que l'on peut, en cas de vol (1) commis par un fils de famille, former contre lui la demande en restitution de la chose volée; mais on demande si l'on pourrait intenter à cette occasion l'action sur le pécule contre le père (2) ou le maître, si c'était un esclave qui eût commis le vol? Il est plus vrai de dire, qu'en matière de vol commis par un esclave l'action sur le pécule a lieu contre lui jusqu'à la concurrence de ce dont il est devenu plus riche par la possession de la chose volée (3). Labeon est du même avis, par ce qu'il est très-injuste que le maître d'un esclave qui a fait un vol, pût impunément s'enrichir à l'occasion de ce vol. Car on accorde au mari d'une fille de famille (4), à qui l'on a fait un vol, l'action du pécule contre son père, si celui-ci a touché quelque chose de ce qui a été volé.

Du fils de famille revêtu de la charge de Duumvir, qui n'a pas fait donner caution à un tuteur.

§. 13. Si un fils de famille, revêtu de la charge de Duumvir (5), a négligé d'assurer par une bonne et suffisante caution, la *gestion du tuteur d'un pupille*, Papi-

---

(4) L. 3. S. 4. infr. rer. amotar. l. 19. supr. de condict. furtiv.
(5) L. 1. S. fin. infr. de magistr. conven.

lib. IX. quæstionum, de peculio actionem competere ait. Nec quicquàm mutare arbitror, àn (1) voluntate patris Decurio factus sit : quoniàm rempublicam salvam fore pater obstrictus est.

4. POMPONIUS *lib.* 7, *ad Sabinum*.

Quid sit peculium.

Peculii est, non id, cujus servus seorsùm à domino rationem habuerit, sed (2) quod dominus ipse separaverit, summâ servi rationem discernens; nàm cum servi peculium totum adimere, vel augere, vel minuere dominus possit, animadvertendum est, non quid servus, sed quid dominus constituendi servilis peculii gratiâ fecerit.

De nudâ voluntate domini.

§. 1. Sed hoc ità verùm puto, si debito servum liberare voluit dominus: ut, etiàm si nudâ voluntate remiserit dominus, quod debuerit, desinat servus debitor esse; si verò nomina ità fecerit dominus, ut quasi debitorem se servo faceret, cum [reverâ] debitor non esset, contrà puto : re enim, non verbis, peculium augendum est.

De ignorantiâ et voluntate domini.

§. 2. Ex his apparet, non quid servus igno-

___

(1) L. 1. C. quòd cùm eo, qui in alien. potest.

nien , au liv. ix des questions, écrit qu'il y aura lieu contre son père à l'action sur le pécule ; et je pense qu'il n'est pas nécessaire d'examiner, s'il exerce cette charge du consentement de son père (1), parce que, toutes les fois qu'il s'agit de l'intérêt public, le père est obligé.

4. POMPONIUS, *liv.* 7, *sur Sabinus.*

Ce que c'est que le pécule.

Il faut entendre par pécule, non pas tout ce que l'esclave a entre les mains, abstraction faite de ce qui compose les biens de son maître, mais (2) ce que le maître lui-même a séparé de son bien, en distinguant ce qu'il se retenait pour lui sur ce qu'il laissait à son esclave ; car le maître pouvant enlever à son esclave la totalité de son pécule, ou l'augmenter, ou le diminuer, il faut considérer, non pas ce que l'esclave a fait, mais bien ce que le maître a fait lorsqu'il a constitué un pécule à son esclave.

De la simple volonté du maître.

§. 1. Mais je pense que le maître n'est censé augmenter véritablement le pécule de son esclave, que quand il lui fait remise de ce qu'il lui doit, en sorte que si le maître, par un simple acte de sa volonté, a remis à son esclave ce qu'il lui devait, ce dernier cesse d'être son débiteur ; si, au contraire, le maître avait fait l'obligation de manière à ce que l'on dût le régarder comme le débiteur de son esclave, pendant qu'il ne lui devait rien, je ne crois pas qu'il augmente ainsi son pécule, car le pécule ne peut être réellement augmenté que par des effets, et non pas par de simples paroles.

De l'ignorance et de la volonté du maître.

§. 2. Ce qui démontre clairement que le pécule est

---

(1) L. 5. §. ult. infr. h. t.

rante domino habuerit, peculii esse, sed quid volente: alioquin et quod subripuit servus domino, fiet peculii; quod non est verum.

§. 3. Sed sæpè fit, ut, ignorante domino, incipiat minui servi peculium, veluti cum damnum domino dat servus, aut furtum (1) facit.

Si opem ferente servo, extraneus furtum fecerit.

§. 4. Si, opem ferente servo meo, furtum mihi feceris, id ex peculio deducendum (2) est, quo minùs ob rem subreptam consequi possim.

§. 5. Si ære alieno dominico exhauriatur peculium servi, res tamèn in causâ peculiariâ manent: nàm si aut servo donasset debitum dominus, aut nomine servi alius domino intulisset, peculium suppletur, nec est novâ concessione domini opus.

De peculio vicarii.

§. 6. Non solùm id in peculio vicariorum (3) ponendum est, cujus rei à domino, sed etiàm id, cujus ab eo, cujus in peculio sint, seorsùm rationem habeant.

5. ULPIANUS , *liv.* 29 , *ad edictum.*

De deposito.

Depositi nomine, pater (4) vel dominus duntaxàt

---

(1) L. 9. §. 1. infr. de pecul. legat.
(2) L. 11. §. 6. infr. h. t.

composé, non de ce que l'esclave possède à l'insçu de son maître, mais bien de ce qu'il tient de sa volonté, autrement ce que l'esclave aurait volé à son maître ferait partie du pécule, ce qui ne peut pas être admis.

§. 3. Mais il arrive souvent que le pécule de l'esclave diminue à l'insçu de son maître, tel est le cas où l'esclave lui cause quelque dommage ou le vole (1).

Si un étranger commet un vol avec l'aide de l'esclave du maître volé.

§. 4. Si vous m'avez volé avec le secours de mon esclave, on doit déduire (2) sur son pécule ce que je touche en moins sur le vol qui m'a été fait.

§. 5. Si les créances du maître ont absorbé le pécule de l'esclave, les effets qui le composent ne cessent pas d'en faire partie ; car si le maître faisait remise à son esclave de ce qu'il lui doit, ou si quelqu'un le payait à l'acquit de ce dernier, le pécule, qui avant n'était plus rien, se trouverait rempli, et il ne serait pas nécessaire pour le rétablir de nouveau dans son premier état, d'une nouvelle concession du maître.

Du pécule des esclaves en second.

§. 6. Le pécule des esclaves en second (3) se compose, non-seulement de ce qu'ils possèdent séparément des biens de leurs maîtres, mais encore de ce qu'ils ont séparément des biens de l'esclave dans le pécule duquel ils sont.

5. ULPIEN, *liv.* 29, *sur l'édit.*

Du dépôt.

En fait de dépôt, le père (4) ou le maître est seulement

---

(3) L. 6. infr. eod.
(4) L. 1. §. 42. infr. depositi l. 5. §. 4. de supr. commodati.

de peculio conveniuntur, et si quid dolo male
captus sum.

De precario.

§. 1. Sed et si precario res filiofamiliâs vel
servo (1) data sit, duntaxàt de peculio pater dominusvè obligatur.

De jurejurando.

§. 2. Si filiusfamiliâs jusjurandum detulerit,
et juratum sit, de peculio danda est actio, quasi
contractum sit. Sed in servo diversum (2) est.

Ethymologia.

§. 3. *Peculium* dictum est, quasi pusilla pecunia, sivè patrimonium pusillum.

Et definitio peculii.

§. 4. Peculium autèm Tubero quidèm sic definit, (ut Celsus lib. vi. Digestorum refert),
quod servus domini permissû (3), separatìm (4)
à rationibus dominicis habet, deducto (5) indè,
si quid domino debetur.

6. Celsus, *lib.* 6, *Digestorum.*

Definitio *peculii*, quam Tubero exposuit, [ut]
Labeo ait, ad vicariorum (6) peculia non perti-

---

(1) L. 13. infr. de precario.
(2) Immò vide l. 22. supr. de jurejur.
(3) L. 4. §. 2. supr. h. t.

soumis à l'action du pécule ; mais si celui qui a fait le dépôt se trouve lésé par suite de la mauvaise foi, du père ou du maître il est dans ce cas obligé en son propre et privé nom.

De ce qui est donné à titre de précaire.

§. 1. Si on a donné à un fils de famille (1), ou à un esclave, une chose à titre de précaire, le père ou le maître n'est obligé que jusqu'à la concurrence du pécule.

Du serment.

§. 2. Si le serment a été déféré par un fils de famille, et que celui à qui le serment a été déféré l'ait fait, il y aura lieu à l'action sur le pécule contre le père, de même que si ce serment était un contrat fait avec le fils. Mais la chose est différente (2) à l'égard d'un esclave.

Etymologie.

§. 3. Ce mot *pécule* dérive du mot petite somme ou peu de bien.

Et définition du pécule.

§. 4. Tubéron suivant ce que rapporte Celse au liv. vi du Digeste, définit ainsi le pécule. Le pécule est ce que l'esclave possède du consentement de son maître (3), séparément des biens que ce dernier s'est réservé (4), et déduction faite (5) de ce qui peut lui être dû.

6. CELSE, *liv.* 6, *du Digeste,*

Cette définition du pécule donnée par Tubéron, comme le remarque Labéon, ne peut être appliquée au pécule (6) des esclaves en second. Mais cela est faux; car,

---

(4) D. l. 4. in pr.
(5) L. 53. infr. soluto matrim.
(6) L. 4. in fin. supr. h. t. l. 6. §. 2. infr. de pecul. legat.

net. Quod falsum est: nàm eo ipso, quòd dominus servo peculium constituit, etiàm vicario constituisse existimandus est.

7. ULPIANUS, *lib.* 29, *ad edictum.*

Quam Tuberonis (1) sententiam et ipse Celsus probat.

De domino pupillo vel furioso. De liberá admistratione peculii.

§. 1. Et adjicit, pupillum (2), vel furiosum constituere quidèm peculium servo non posse: verùm antè constitutum (id est, antè furorem, vel à patre pupilli,) non adimetur ex his causis. Quæ sententia vera est. Et congruit cùm eo, quod Marcellus apud Julianum notans adjicit, posse fieri, ut ex dominis servus peculium habeat apud alterum, non; utputà si alter ex dominis furiosus sit, vel pupillus: si, ut quidam (inquit) putant, peculium servus habere non potest, nisi concedente domino. Ego autèm puto, non esse opus concedi peculium à domino servum habere, sed non adimi, ut habeat. Alia causa est peculii liberæ administrationis: nàm [hæc] specialitèr concedenda est.

De scientiá domini.

§. 2. Scire autèm non utiquè singulas res de-

____

(1) L. 5. in fin. l. 6. supr. h. t.

par cela même que le maître a constitué un pécule à son esclave en chef, il doit être censé en avoir également constitué un à l'esclave en second.

7. ULPIEN, *liv.* 29, *sur l'édit.*

Cette définition du pécule, donnée par Tubéron (1), est approuvée par Celse lui-même.

Du maître qui est pupille, ou fou. De la libre adminis-tration du pécule.

§. 1. Et il ajoute qu'un pupille (2), ou un fou, ne peut pas constituer un pécule à son esclave. Mais le pécule qui aura été constitué antérieurement, c'est-à-dire, avant la démence du maître, ou par le père du pupille, n'en subsistera pas moins, malgré les changemens surve-nus depuis qu'il aura été constitué. Rien de plus vrai que cette opinion, qui d'ailleurs est conforme à ce qu'ajoute Marcellus sur Julien; si, comme le pensent quelques-uns, l'esclave ne peut avoir un pécule qu'autant que son maître lui en aura constitué un, ne peut-il pas, dit ce juriscon-sulte, se faire qu'un esclave qui aurait plusieurs maîtres, eût un pécule par rapport à l'un et n'en eût pas rapport à l'autre, supposez, par exemple, que l'un des maîtres de cet esclave fut en démence ou pupille; pour moi je pense que pour qu'un esclave ait un pécule, il n'est pas nécessaire qu'il le tienne de la concession directe de son maître, mais qu'il suffit que celui-ci ne le lui ait pas ôté. Il n'en est pas de même quand il s'agit de la libre administration du pécule; car il faut, pour qu'un esclave puisse administrer son pécule, que son maître lui ait formellement accordé cette faculté.

De la connaissance du maître.

§. 2. Le maître ne doit pas connaître d'une manière

---

(2) L. 3. §. 3. §. 4. supr. eod.

bet (1), sed *pinguius*. Et in hanc sententiam
Pomponius inclinat.

De ætate, et furore peculiati.

§. 3. Pupillum autèm, tàm filium, quàm servum, peculium habere posse, Pedius lib. XV. scribit, cùm [in] hoc (inquit) totum ex domini
constitutione pendeat. Ergò et si furere cœperit
servus, vel filius, retinebunt peculium.

Quæ in peculio computantur.

§. 4. In peculio autèm res esse possunt omnes
et mobiles, et soli: vicarios quoquè in peculium
potest habere; et vicariorum peculium : hoc ampliùs, et nomina debitorum.

§. 5. Sed et si quid furti actione servo deberetur, vel aliâ actione, in peculium computabitur; hereditas quoquè et legatum, ut Labeo ait.

§. 6. Sed et id, quod dominus sibi debet, in
peculium habebit, si fortè in domini rationem
impendit, et dominus ei debitor manere voluit:
aut si debitorem ejus dominus convenit; quarè,
si fortè ex servi emptione evictionis nomine ,
duplum dominus exegit , in peculium servi erit
conversum: nisi fortè dominus eo proposito fuit,
ut nollet hoc esse in peculium servi.

---

(1) V. l. 49. in pr. infr. eod.

détaillée tous les objets qui composent le pécule de son
esclave, il suffit qu'il connaisse en gros tout ce dont se
compose ce pécule. C'est l'avis de Pomponius.

De l'âge, et de la démence de celui qui a un pécule.

§. 3. Pédius, au liv. xv, écrit qu'un pupille, fils de
famille, ainsi qu'un esclave, peuvent avoir un pécule,
puisque cela dépend entièrement de ce que fait le maître
ou le père à cet égard. Donc si l'esclave ou le fils de
famille tombait en démence, il le conserverait.

De quelles choses se compose le pécule.

§. 4. Toute espèce de choses, soit mobiliaires, soit
immobiliaires, peuvent composer le pécule. L'esclave
peut avoir dans son pécule d'autres esclaves sous lui,
et le pécule de ces esclaves. Il peut même y avoir les obligations de ses débiteurs.

§. 5. S'il était dû quelque chose à un esclave, à l'occasion d'un vol qui lui aurait été fait, ou à tout autre
titre, cette dette ferait partie de son pécule. Suivant
Labéon le pécule est aussi composé des successions qui
sont déférées à l'esclave, ainsi que des legs qui lui sont
faits.

§. 6. L'esclave aura dans son pécule tout ce qui lui
sera dû par son maître, si par exemple, il a dépensé quelque chose pour le compte de celui-ci, et qu'il consente (le
maître) à être son débiteur, ou si le maître de l'esclave avait
actionné le débiteur de ce dernier, et qu'il eut touché le
montant de la dette. Ainsi si le maître, relativement à
un achat d'esclave, fait par son esclave, a reçu le double
du prix de l'esclave acheté, et dont l'acheteur a été évincé,
ce double entrera dans le pécule de l'esclave, à moins
que le maître, lorsqu'il a exigé ce double, n'ait pas été dans
l'intention qu'il fit partie du pécule de son esclave.

§. 7. Sed et si quid ei conservus (1) debet, erit peculii, si modò ille habeat peculium, vel [prout] habebit.

8. PAULUS, *lib.* 4, *ad Sabinum.*

De nudâ voluntate domini, et traditione.

Non statim, quod dominus voluit ex re suâ peculii esse, peculium fecit: sed si tradidit; aut, cum apud eum esset, pro tradito habuit: desiderat enim res naturalem dationem. Contrà autèm, simul atquè noluit, peculium servi desinit peculium esse.

9. ULPIANUS, *lib.* 29, *ad edictum.*

Si dominus,

Sed si damnum servo dominus dederit, in peculium hoc non imputabitur, non magis, quàm si subripuerit.

Vel conservus damnum, vel furtum fecerit.

§. 1. Planè si conservus dedit damnum (2) vel subripuit, in peculium videtur haberi. Et ità Pomponius libro undecimo scribit; nàm et si quid dominus ab eo, qui rem peculiarem subripuit, vel consecutus est, vel consequi potest, in peculium

---

(1) L. 9. §. 1. l. 17. in fin. infr. eod. l. 8. §. 2. infr. de pecul. legat.

§. 7. Ce qui est dû à un esclave par un autre esclave, appartenant également au même maître que celui de l'esclave créancier, entrera dans le pécule (1) de celui-ci, pourvu toutefois qu'il en ait un.

8. *Paul , liv.* 4 *, sur Sabinus.*

De la simple volonté du maître et de la tradition.

Les choses que le maître distrait de ses biens pour en composer le pécule de son esclave, n'y entrent pas tout aussitôt qu'il le veut. Il faut une tradition, ou au moins qu'il soit censé les avoir délivrées, par exemple, si elles étaient entre les mains de l'esclave, et que le maître les lui laissât, comme si il les lui avait livrées ; car il faut une délivrance naturelle ; mais au contraire, tont aussitôt qu'il ne le veut plus sa simple volonté fait cesser l'existence du pécule.

9. ULPIEN , *liv.* 29 *sur l'édit.*

Si le maître ,

Si le maître avait porté quelque préjudice à son esclave, celui-ci n'aura pas plus d'action contre son maître, sous le rapport de son pécule, qu'il n'en aurait contre son maître, si ce dernier lui avait volé quelque chose.

Ou le compagnon d'un esclave a causé du dommage , ou fait un vol.

§. 1. Si un esclave a causé quelque dommage (2), ou enlevé quelque chose à celui qui est esclave du même maître que lui, il paraît que les actions, soit en réparation, soit en restitution, font partie du pécule de l'esclave qui a été victime de l'autre. C'est qu'écrit Pomponius au liv. XI, car Nératius au liv. 11 des réponses, dit que si le maître avait touché quelque chose de celui qui avait volé

______

(2) L. 9. §. 1. infr. de pecul. legat.

esse ei imputandum , Neratius lib. 11. responsorum scribit.

De eo , quod debetur domino.

§. 2. Peculium autèm deducto (1) , quod domino debetur , computandum esse : quià præve-
nisse dominus, et cùm servo suo egisse creditur.

Aut his , qui sunt in ejus potestate.

§. 3. Huic definitioni Servius adjecit , *et si
quid his debeatur , qui sunt in ejus potestate ;*
quoniàm hoc quoquè domino deberi nemo am-
bigit.

Aut tutelâ , aut curâ , vel quorum negotia administrant.

§. 4. Prætereà id etiàm deducetur , quod his
personis debetur , quæ sunt in tutelâ vel curâ
domini , vel patris : vel quorum negotia administrant ; dummodò dolo careant , quoniàm et si (2)
per dolum peculium vel ademerint , vel immi-
nuerint , tenentur ; nàm si sempèr prævenire dominus et agere videtur , cur non dicatur etiàm
hoc nomine eum secum egisse, quo [nomine]
vel tutelæ, vel negotiorum gestorum , vel utili
actione tenebitur? Nàm , ut elegantèr Pedius ait ,
ideò hoc minùs in peculio est , quod (3) domino
vel patri debetur , quoniàm non est verisimile , dominum id concedere servo in peculium habere ,
quod sibi debetur. Sanè cum ex cæteris causis

---

(1) L. 1. in pr. et §. 2. snpr. de tribut. act. §. 4. circà fin. Inst.
quod cùm eo , qui in alien. potest.

un effet du pécule de son esclave, ou qu'il eût pu toucher quelque chose à cette occasion il serait tenu d'en tenir compte au pécule.

De ce qui est dû au maître.

§. 2. Le pécule ne doit se compter que déduction faite (1), de ce qui est dû au maître, parce que le maître est toujours censé avoir pris les devants, et avoir contracté le premier avec son esclave.

Ou de ceux qui sont sous sa puissance.

§. 3. Servius ajoute à cette définition ce qui suit, *s'il est dû quelque chose à ceux qui sont sous sa puissance,* parce que personne ne doute que cela ne soit dû au maître lui-même.

Ou en qualité de leur tuteur ou curateur, ou comme gérent leurs affaires.

§. 4. On devra en outre faire la déduction de ce qui pourra être dû aux personnes dont le père ou le maître est le tuteur, le curateur ou le gérent d'affaires, pourvu toutefois que l'on ne puisse leur reprocher de mauvaise foi, parce qu'autrement si c'était pour détruire ou diminuer le pécule que l'on supposât ces dettes, on n'en serait pas moins obligé (2) ; car si le maître est toujours censé, en ce qui a rapport au pécule, avoir prévenu, et s'être actionné lui-même, pourquoi ne pas dire qu'il s'est également actionné lui-même, pour ce que doit son esclave à ceux envers qui il est obligé à raison de tutelle et de gestion d'affaires? Car comme le dit fort bien Pédius, la raison pour laquelle le pécule est diminué par ce qui est dû au père ou au maître (3), est fondée sur ce qu'il n'est pas vraisemblable que le maître eût voulu laisser dans le pécule ce qui lui est dû. Certes, puisque nous disons, en beaucoup d'autres cas, que celui qui gère la tutelle

---

(2) L. 21. in pr. infr. h. t. l. 9. infr. de in rem verso.
(3) L. 6. S. 4. infr. de pecul. legat.

ipsum à semetipso exegisse dicimus, qui negotia
vel tutelam geret, cur non etiàm in specie peculiari exegerit, quod exigi debuit? Defendendum
igitùr, quasi sibi eum solvere, cum quis agere
de peculio conabitur.

Si creditor succedat ei, qui tenetur de peculio.

§. 5. Sed et creditor servi, qui heres exstitit domino ejus, deducit de peculio, quod sibi debetur,
[si conveniatur:] sivè libertatem servus acceperit, sivè non. Idemquè et si legatus sit purè servus; nàm quasi prævenerit, et ipse secùm egerit,
sic deducet, quod sibi debetur; licet nullo (1)
momento dominium in manumisso vel legato purè habuerit. Et ità Julianus lib. XII. scribit.
Certè si sub conditione servus libertatem acceperit, minùs dubitantèr Julianus eodem loco
scribit, heredem deducere, dominus enìm factus
est. Ad defensionem sententiæ suæ Julianus etiàm
illud adfert, quòd si ei, qui post mortem servi,
vel filii intrà annum potuit conveniri de peculio, heres exstitero, procùl dubio deducam, quod
mihi debetur.

De causis, ex quibus servus domino debet.

§. 6. Sivè autèm ex contractû quid domino debeat, sivè ex rationum reliquiis, deducet dominus.
Sed et si ex delicto ei debeat, utputà ob furtum,
quod fecit, æquè deducetur. Sed est quæstionis,

---

(1) L. 6 ¡. infr. de furt.

ou les affaires d'autrui, doit exiger sur lui-même ce qu'il doit, pourquoi n'aurait-il pas pu exiger sur le pécule ce qui lui était dû à lui-même ? On devra donc dire, que lorsqu'un créancier intente contre le maître l'action sur le pécule, le maître prélève d'abord ce qui lui est dû.

Si le créancier succède à celui qui est tenu de l'action sur le pécule.

§. 5. Le créancier de l'esclave, qui succède au maître de celui-ci, est en droit de déduire sur le pécule s'il est actionné, ce qui peut lui être dû, soit que l'esclave soit devenu libre ou non. Il en est de même si l'esclave avait été légué purement et simplement. Car l'héritier prélevera sur le pécule ce qui lui est dû, comme ayant prévenu les autres créanciers, et s'étant actionné lui-même. Quoiqu'il soit vrai (1) que cet héritier n'ait pas eu un seul instant le domaine sur cet esclave affranchi ou légué purement ; c'est ce que Julien écrit au liv. XII. Assurément si un esclave avait reçu sa liberté sous condition, Julien écrit sans aucune hésitation au même endroit, que l'héritier peut déduire sur le pécule, ce qui lui est dû, car il est devenu maître de cet esclave ; et pour prouver son assertion, il dit que si j'étais devenu l'héritier de celui contre qui on a pu former dans l'année l'action sur le pécule après la mort de l'esclave, ou du fils de famille, je pourrai, sans nul doute, déduire sur le pécule ce qui me sera dû.

Des causes pour lesquelles un esclave peut être le débiteur de son maître.

§. 6. Soit qu'il soit dû au maître quelque chose par son esclave en vertu d'un contrat, soit que ce soit à cause d'un reliquat de compte, le maître pourra le déduire sur le pécule. Il déduira également ce qui lui serait dû à l'occasion d'un délit qu'aurait commis un esclave, par exemple, d'un vol qu'il lui aurait fait. Mais il faut examiner, et c'est une question, si le maître déduira simplement

utrùm ipsa furti estimatio, id est, [id] solùm, quod domino abest, àn verò tantum, quantùm si alienus servus commisisset, id est, cùm furti pœnis? Sed prior sententia verior est, ut ipsa furti æstimatio sola deducatur.

De damno dato à servo in suâ personâ.

§. 7. Si ipse servus sese (1) vulneravit, non debet hoc damnum deducere; non magìs, quàm si se occiderit, vel præcipitaverit: licet (2) enim [etiàm] servis naturalitèr in suum corpus sævire. Sed si à se vulneratum servum dominus curaverit, sumptûum nomine debitorem eum domino puto effectum: quanquàm si ægrum eum curasset, rem suam potiùs egisset.

De eo quod dominus debet, aut præstitit pro servo.

§. 8. Itèm deducetur de peculio, si quid dominus servi nomine obligatus est, aut præstitit obligatus: itèm, si quid ei creditum est jussû domini; nàm hoc deducendum, Julianus lib. XII. Digestorum scribit. Sed hoc ità demùm verum puto, si non in rem domini, vel patris, quod acceptum est, pervenit, alioquìn secum debebit compensare. Sed et si pro servo fidejusserit, deducendum Julianus lib. XII. Digestorum scribit. Marcellus autèm in utroquè, si nondùm quicquàm domino absit, melius esse ait, præstare creditori, ut (3)

---

(1) L. 9. §. ult. infr. de pecul. legat.
(2) Vide tamen l. 13. in pr. supr. ad leg. Aquil.
(3) L. 52. in fin. infr. h. t. l. 57. iu fin. supr. de hered. petit. l. 2. §. 1. infr. de collat.

l'estimation de la chose volée, c'est-à-dire, simplement ce qui manque au maître, ou s'il peut déduire ce qu'il serait en droit d'exiger, si le vol avait été commis par tout autre esclave que le sien, c'est-à-dire, les peines. Mais le premier sentiment est le plus vrai, en sorte qu'il n'y aura que la simple estimation de la chose volée, qui dans ce cas sera déduite.

Du tort que l'esclave se fait à lui-même.

§. 7. Si l'esclave s'est blessé lui-même (1), le maître de cet esclave ne pourra pas plus déduire sur le pécule de ce dernier, le tort qu'il éprouve à cette occasion, qu'il n'aurait le droit de le faire, si l'esclave s'était tué lui-même, ou s'il s'était précipité. Car il est permis même à des esclaves (2) de se porter aux dernières extrémités envers eux-mêmes. Mais si le maître de l'esclave qui s'est blessé lui-même, s'est chargé du soin de le faire guérir, je pense que l'esclave devient le débiteur de son maître en ce qui concerne les dépenses auxquelles sa guérison aura donné lieu; quoique si le maître l'eût fait soigner en maladie, il serait censé avoir veillé à ses propres intérêts.

De ce que le maître doit, ou a payé pour son esclave.

§. 8. On déduira encore sur le pécule ce à quoi le maître s'est obligé à cause de son esclave, ou ce qu'il a payé en vertu de cette obligation; il en sera de même, si l'on avait prêté quelque chose à l'esclave par ordre de son maître; car Julien, au liv. xii du Digeste, écrit que le maître aura le droit de déduire cette dette sur le pécule. Mais je pense que cela n'est vrai qu'autant que l'argent que le fils ou l'esclave a emprunté, n'a pas tourné au profit soit du père soit du maître : autrement il doit compenser cette dette avec lui-même. Si le maître a répondu pour son esclave, Julien, au liv. xii, dit qu'il peut de même déduire sur le pécule la somme pour laquelle il aura répondu. Mais Marcellus pense dans ces deux cas que, si le maître n'a encore rien payé, il est plus à propos qu'il satisfasse le créancier, à la charge par ce dernier (3) de donner caution, *que, si le maître est*

caveat [ille,] *refusurum se, si quid præstiterit dominus hoc nomine conventus*, quàm ab initio deduci, ut medii temporis interusurium magis creditor consequatur. Sed si de peculio conventus dominus condemnatus est, debebit in sequenti actione de peculio deduci; cœpit enim dominus vel pater judicati teneri; nàm et si quid servi nomine non condemnatus præstitisset creditori etiàm hoc deduceret.

10. GAJUS, *lib. 9, ad edictum provinciale.*

De occupatione.

Si verò adhuc in suspenso est prius judicium de peculio, et ex posteriore judicio res judicaretur, nullo modo debet prioris judicii ratio haberi in posteriore condemnatione: quià in actione de peculio occupantis (1) melior est conditio. *Occupare* autèm videtur, non qui prior litem contestatus est, sed qui prior (2) ad sententiam judicis pervenit.

11. ULPIANUS, *lib. 29, ad edictum.*

De judicio noxali.

Si noxali judicio conventus dominus, litis æstimationem obtulerit, de peculio deducendum est (3): quòd si noxæ dederit, nihil est deducendum.

---

(1) L. 52. in pr. circà med. infr. h. t. l. 6. supr. de tribut. act<
l. 3. supr. quòd cùm eo, qui in alien. potest.

actionné,

actionné, est obligé de payer, *il lui rendra ce qui lui
en aura coûté*, préférablement à déduire dès le principe,
afin que le créancier profite des intérêts de la somme
prêtée pendant le tems intermédiaire; mais si le maître ayant
été déja actionné sur le pécule, a été condamné, il devra déduire sur le pécule ce qui lui en aura coûté à cette occasion, s'il vient à être actionné de rechef par un autre
créancier; car le maître ou le père est déja obligé en
vertu d'un premier jugement; et en effet si, sans y avoir
été condamné, il avait payé au créancier quelque chose
à l'acquit de l'esclave, il pourrait le déduire.

10. GAJUS, *liv.* 9, *sur l'édit provincial.*

De la poursuite.

Mais si la première instance sur le pécule est encore
en suspens, et que le second créancier qui intente également la même action, obtienne un jugement favorable,
on ne doit nullement avoir égard dans le dernier jugement à la somme qui forme la matière de la première
instance, parce que dans l'action sur le pécule, la condition du créancier le plus diligent est toujours la plus
avantageuse (1). Or on doit regarder *comme le créancier
le plus diligent*, non pas celui qui le premier a engagé
le procès, mais celui qui le premier a obtenu un jugement (2).

11. ULPIEN, *liv.* 29, *sur l'édit.*

D'un jugement auquel une action noxale a donné lieu.

Si le maître a été condamné dans une affaire à laquelle
une action noxale a donné lieu, et qu'il ait payé le montant de la condamnation, il pourra le déduire sur le pécule (3); mais s'il a préféré d'abandonner l'esclave pour
tenir lieu de la réparation, il ne pourra rien déduire.

---

(2) L. 14. in fin. pr. supr. de noxal. act.
(3) L. 16. in pr. infr. de pecul. legat.

Si dominus pro servo, aut servus domino promiserit.

§. 1. Sed et si quid dominus soluturum se servi nomine repromisit, deduci oportebit: quemadmodum si quid domino servus pro debitore expromiserat. Idem est, et si pro libertate quid domino expromisit, quasi debitor domino sit effectus: sed ità demùm, si manumisso eo agatur.

Si servus à debitore dominico exegerit.

§. 2. Sed si à debitore dominico servus exegerit, àn domini debitorem se fecerit, quæritur? Et Julianus lib. XII. Digestorum, non alitèr dominum deducturum ait, quàm si ratum habuisset, quòd exactum est. Eadem et in filiofamiliás dicenda erunt. Et puto veram Juliani sententiam: naturalia enìm debita spectamus in peculii deductionem: est autèm naturæ æquum, liberari filium vel servum obligatione, eo quòd indebitum videtur exegisse.

An idem debitum sæpiùs deducatur.

§. 3. Est autèm quæstionis, àn id, quod dominus semel deduxit, cum conveniretur, rursùs, si conveniatur de peculio, eximere debeat: àn verò velutì solutum ei videatur, semel factâ deductione? Et Neratius et Nerva putant, itèm Julianus lib. XII. scribit, si quidèm abstulit hoc de peculio, non debere deduci: si verò eandem positionem peculii reliquit, debere eum deducere.

*Si le maître s'est obligé pour son esclave, ou l'esclave
pour son maître.*

§. 1. Mais si le maître s'est obligé à payer quelque
chose au nom de son esclave, il pourra le déduire sur le
pécule, de même qu'il pourrait déduire ce que l'esclave
se serait obligé de lui payer pour quelqu'un qu'il aurait
voulu libérer. Il en est de même, si l'esclave lui a promis une somme pour obtenir sa liberté, parce que, en
vertu de cette promesse, le maître est devenu le créancier de son esclave. Mais il faut pour cela que l'action
sur le pécule ne soit formée qu'après que l'esclave aura été
affranchi.

Si l'esclave s'est fait payer par un débiteur de son maître.

§. 2. Mais si l'esclave s'était fait payer par un débiteur de son maître, on demande, s'il devient lui-même,
par ce fait, débiteur de son maître? Julien écrit au liv. XII
du Digeste, que le maître ne pourra déduire cette somme
sur le pécule, qu'autant qu'il aura ratifié ce qu'aura fait
son esclave. On doit dire la même chose à l'égard du fils
de famille. J'adopte le sentiment de Julien, que je crois
vrai; car nous pensons que, pour que le maître ait le
droit de déduire sur le pécule, il suffit que son esclave
lui doive naturellement, et l'équité naturelle veut que
l'esclave ou le fils de famille soit déchargé de l'obligation
qu'il a contractée en exigeant ce qui ne lui est pas dû.

Si la même dette peut être déduite plus d'une fois.

§. 3. Mais c'est une question de savoir si la somme
que le maître a une fois déduite, à l'égard d'un créancier
qui l'a actionné sur le pécule, peut être par lui sous-
traite une seconde fois du pécule envers un nouveau
créancier, ou la déduction qu'il a faite à l'égard du premier créancier équivaut-elle pour lui à un paiement?
Nératius et Nerva pensent avec Julien, qui l'écrit au
liv. XII, que si le maître a retranché la somme du pécule, il ne peut plus la déduire, mais que s'il n'a rien
changé dans la situation du pécule, il peut déduire ce
qui lui est dû à l'égard du second créancier.

§. 4. Denique scribit, si servus vicarium quinquĕ valentem in peculium habuit, et domino quinquĕ deberet, pro quibus vicarium dominus deduxisset , et mortuo posteà vicario alium ejusdem pretii servus comparaverit , non desinere domini esse debitorem, quasì vicarius ille domino decesserit : nisì fortè, cum eum servo ademisset, et sibi solvisset, tunc decesserit.

§. 5. Idem rectè ait : Si cum vicarius valeret decem, dominus couventus de peculio, quinquĕ pro servo præstitisset, quoniàm quinquĕ ipsi debebantur ; mòx vicarius decessisset : adversùs alium agentem de peculio, decem dominum deducturum, quià [et] in eo, quod jàm pro eo solvit, debitorem servum sibi fecerit. Quæ sententia vera est : nisì servo ademit vicarium, ut sibi solveret.

An dominus de peculio deducat, quod aliundè consequi potest.

§. 6. Quod autèm deduci debere diximus (1) id, quod debetur ei, qui de peculio convenitur: ità accipiendum est, si non (2) hoc aliundè consequi potuit.

De servo vendito cùm peculio.

§. 7. Denique Julianus scribit, venditorem, qui servum cùm peculio vendidit, si de peculio conveniatur non debere deducere, quod sibi de-

---

(1) L. 9. §. 2. supr. h. t.

§. 4. Enfin Julien écrit que si un esclave avait sous lui dans son pécule un autre esclave qui valût cinq, et qu'il dût à son maître la même somme de cinq, pour l'acquit de laquelle le maître aurait déduit l'esclave en sous-ordre, et que celui-ci étant venu à mourir, l'esclave en chef en eut acheté un de la même valeur, il n'en restait pas moins le débiteur de son maître, parce que la mort de l'esclave en second est une perte pour le maître, à moins que le maître n'eût ôté cet esclave à l'esclave en chef, et qu'avant qu'il mourût il ne l'eût pris en paiement.

§. 5. Rien de plus juste que ce que le même jurisconsulte écrit dans l'hypothèse suivante. Si l'esclave en second, que l'esclave en chef avait dans son pécule, valait dix, et que le maître actionné sur le pécule ait payé cinq au créancier en l'acquit de son esclave, parce que celui-ci lui devait également cinq, si l'esclave en second vient à mourir, et qu'il survienne un autre créancier sur le pécule, le maître déduira à son égard dix, car il a rendu son esclave débiteur envers lui de ce qu'il a déjà payé en son acquit. Cette opinion est vraie, à moins que le maître ne lui eut ôté de son pécule l'esclave en second, et ne l'eut ainsi libéré.

Si le maître peut déduire sur le pécule ce qu'il pourrait avoir autrement.

§. 6. Lorsque nous disons (1) que celui qui est actionné sur le pécule a le droit de déduire ce qui lui est dû, cela suppose qu'il n'aura pas (2) d'autres moyens de se faire payer.

De l'esclave vendu avec son pécule.

§. 7. Enfin Julien écrit que le maître qui a vendu son esclave avec son pécule, s'il vient à être actionné sur le pécule, ne doit pas déduire ce qui lui est dû; car il a pu

---

(2) L. 4. §. 4. supr. eod.

betur; potuit enìm hoc ex ratione peculii detra-
here, et nunc condicere quasi indebitum : quoniàm
non est in peculio, quod domino debetur; potest
(inquit) etiàm ex vendito agere. Quod ità erit
probandum, si (1) tantùm fuit in peculio, cum
venderet, ut satisfacere debito dominus possit :
cæterùm, si posteà quid accessit, conditionibus
debiti existentibus, quod dominus non distraxe-
rat, contrà erit dicendum.

Si quis servum emerit, cùm quo contraxerat.

§. 8. Idem scribit, si quis servum, cujus nomine de peculio habebat actionem, comparasset,
àn possit deducere, quod sibi debetur, quoniàm
adversùs venditorem habeat actionem de peculio?
Et rectè ait, posse : nàm et quivis alius potest eligere, utrum cùm emptore (2), àn cùm venditore
ageret. Hunc igitùr eligere pro actione deductionem. Nec video, quid habeant creditores, quod
querantur; cum possint ipsi venditorem convenire,
si quid fortè putant esse in peculio.

An dominus deducat, quod alii debetur.

§. 9. Non solùm autèm, quod ei debetur, qui
convenitur, deducendum est; verùm etiàm si (3)
quid socio ejus debetur. Et ità Julianus lib. XII
Digestorum scribit : nàm quâ ratione in solidum
alteruter convenitur, pari ratione deducere eum

---

(1) Fac. 1. 35. §. 1. §. 2. supr. de negot.
(2) L. 52. §. 1. infr. h. t.

faire cette déduction, en livrant à l'acheteur le pécule de l'esclave; et s'il ne l'a pas fait, il peut encore le redemander à l'acheteur, comme le lui ayant indûment payé, parce que la dette du maitre ne constitue pas le pécule. Il peut, d'ailleurs, dit le même jurisconsulte, agir contre l'acheteur en vertu de l'action de la vente, *ex vendito.* Cette opinion pourra être adoptée, si lors de la vente (1) il se trouvait dans le pécule de quoi remplir le maitre de ce qui lui était dû. Mais si le pécule, alors insuffisant, s'est trouvé augmenté depuis, et que la condition de laquelle la dette du maitre dépendait fut arrivée, avant qu'elle ait été déduite, il faudra dire tout le contraire.

Si quelqu'un a acheté l'esclave avec lequel il avait contracté.

§. 8. Le même fait encore l'hypotèse suivante ; si quelqu'un avait acheté un esclave, à l'occasion duquel il avait droit d'intenter l'action du pécule contre le maitre, peut-il déduire ce qui lui est dû ? Il pourrait s'élever à ce sujet quelque doute, parce qu'il a toujours contre son vendeur l'action sur le pécule. Il répond, et avec raison, qu'il en a le droit; car tout autre créancier sur le pécule est le maitre de former son action ou contre l'acheteur (2) ou contre le vendeur. Ce créancier est donc censé opter la déduction, au lieu de l'action. Et je ne vois pas sur quoi seraient fondées les plaintes des autres créanciers, puisqu'ils peuvent actionner le vendeur lui-même, s'ils croient qu'il se trouve quelque chose dans le pécule.

Si le maitre déduit ce qui est dû à un autre.

§. 9. Celui qui est actionné sur le pécule doit, non-seulement déduire ce qui lui est dû, mais encore (3) ce qui est dû à son associé. C'est ce qu'écrit Julien au

---

(3) L. 3. in pr. supr. de tribut. act.

oportet quod alteri debetur. Quæ sententia recepta est.

12. JULIANUS, *lib.* 12, *Digestorum.*

Quià hoc casû etiàm cùm eo agi potest , penès quem peculium non est.

13. ULPIANUS , *lib.* 29 , *ad edictum.*

Sed in emptore, et venditore vera non est ; itèm in fructuario, et proprietario, et cæteris, qui non sunt socii; et in domino, et bonæ fidei emptore : nàm et Julianus lib. XII. scribit, neutrum horum deducere id, quod alteri debetur.

14. JULIANUS, *lib.* 12, *Digestorum.*

Itèm cùm testamento præsenti die servus liber esse jussus est, cùm omnibus heredibus de peculio agendum est : nec quisquàm eorum ampliùs deducet, quàm quod ipsi debeatur.

§. 1. Itèm, cum servus vivo domino mortuus est, deindè dominus intrà annum plures (1) heredes reliquit : et de peculio actio, et deductionis jus scinditur.

15. ULPIANUS , *lib.* 29 , *ad edictum.*

Sed si duo sint bonæ fidei possessores, adhúc

____

(1) Adde l. 30. §. 1. infr. h. t.

liv. XII du Digeste; car par la raison que l'un et l'autre
peuvent être actionnés solidairement, l'un d'eux peut déduire ce qui est dû à l'autre. Cette opinion a été reçue.

12. JULIEN, *liv.* 12, *du Digeste.*

Parce que dans ce cas on peut agir même contre celui
qui n'est pas le maître du pécule.

13. ULPIEN, *liv.* 29, *sur l'édit.*

Mais elle n'est pas admissible à l'égard de l'acheteur
et du vendeur, ainsi que de l'usufruitier du propriétaire,
et de tous autres qui ne sont pas associés, ainsi que du
maître et de l'acheteur de bonne foi; car Julien au liv. XII
écrit, que qui que ce soit de ces sortes de personnes ne
peut déduire ce qui est dû à un autre.

14. JULIEN, *liv.* 12, *du Digeste.*

Lorsque l'esclave a été affranchi par testament, pour
jouir de sa liberté sur-le-champ, on doit diriger l'action
du pécule contre tous les héritiers, et aucun d'eux ne
pourra déduire que ce qui lui est dû.

§. 1. De même lorsque l'esclave est mort du vivant de
son maître, si le maître vient à décéder dans l'année
pendant laquelle on peut utilement intenter l'action sur le
pécule, et laisse plusieurs héritiers (1), l'action et le
droit de déduire sont divisibles entre tous les héritiers.

15. ULPIEN, *liv.* 29. *sur l'édit.*

Mais s'il y a deux possesseurs de bonne foi, il faudra
dire que chacun d'eux ne pourra déduire que ce qui lui
est dû. Il en est de même dans le cas où il y aurait deux

dicendum erit, neutrum plus deducturum, quàm
quod sibi debetur. Itèmquè et si duo sunt fructuarii : quià nullam (1) inter se habent societatem.
Idem dicetur interdùm et in sociis, si fortè se-
parata apud se peculia habeant, ut alter alteriùs
peculii nomine non conveniatur : cæterùm si commune sit peculium, et in solidum convenientur,
et deducetur quod utriquè debetur.

16. JULIANUS, *lib*. 12, *Digestorum*.

*Quibus casibus peculium servi communis, non est
commune.*

Quis ergò casus est, quo peculium servi communis ad alterum ex dominis solùm pertineat?
In primis, si quis servi partem dimidiam vendiderit, nec peculium ei concesserit. Deindè, si quis
servo communi pecuniam, vel res aliquas eâ mente
dederit (2), ut proprietatem eorum retineret, administrationem autèm servo concederet. *Marcellus notat:* Est etiàm ille casus, si alter ademerit :
vel si omni quidèm modo concesserit dominus,
sed in nominibus erit concessio.

17. ULPIANUS, *lib*. 29, *ad edictum*.

De peculio vicarii, et ordinarii.

Si servus meus ordinarius vicarios habeat, id,
quod vicarii mihi debent, àn deducam ex peculio
servi ordinarii? Et prima illa quæstio est, àn hæc
peculia in peculio servi ordinarii computentur?

---

(1) S. 3. Inst. de oblig. quæ quasi ex contract. v. l. 25. §. 16. l.
fin. supr. famil. ercisc.

usufruitiers, parce qu'il n'y a entr'eux (1) aucune société.
On devra quelquefois observer la même chose à l'égard de
deux associés, s'ils ont chacun un pécule séparé, en
sorte que l'un ne pourra pas être actionné relativement
au pécule de l'autre. Mais si le pécule est commun, ils
seront actionnés solidairement, et l'on déduira ce qui est
dû aux deux associés.

16. JULIEN, *liv.* 12, *du Digeste.*

*Dans quels cas le pécule d'un esclave commun n'est pas
commun.*

Quels sont donc les cas où le pécule d'un esclave commun à deux maîtres n'appartient qu'à l'un d'eux ? Les
voici : d'abord, si un maître vend une portion dans son
esclave, par exemple, la moitié, sans aliéner son pécule ;
si un maître donne à un esclave commun de l'argent, ou
toute autre chose (2), dans l'intention d'en retenir la propriété, et de lui en laisser simplement l'administration.
Marcellus remarque, que l'on peut encore ajouter le cas
où l'un des deux maîtres aura ôté à l'esclave commun le
pécule, ou celui où il le lui aura concédé absolument ;
mais pourvu que ce pécule soit composé des obligations
de ses débiteurs.

17. ULPIEN, *liv.* 29, *sur l'édit.*

*Du pécule de l'esclave en chef, et de celui des esclaves
en sous ordre.*

Si mon esclave en chef a des esclaves en sous ordre,
puis-je déduire sur son pécule ce qui m'est dû par les
esclaves qui sont sous lui ? Il faut, premièrement, savoir
si ces pécules font partie de celui de l'esclave en chef ?

---

(2) V. l. 57. §. 1. infr. de adquir. rer. domin.

Et Proculus, et Atilicinus existimant, sicùt ipsi vicarii (1) sunt in peculio, ità etiàm peculia eorum; et id quidém, quod mihi dominus eorum, id est, ordinarius servus debet, etiàm ex peculio eorum detrahetur; id verò, quod ipsi vicarii debent, duntaxàt ex ipsorum peculio: sed et si quid non mihi, sed ordinario servo debent, deducetur (2) de peculio eorum, quasì conservo debitum: id verò, quod ipsis debet ordinarius servus, non (3) deducetur de peculio ordinarii servi: quià peculium eorum in peculio ipsius est. Et ità Servius respondit; sed peculium eorum augebitur (4), ut opinor: quemadmodùm si dominus servo suo debeat.

18. Paulus, *lib.* 4, *quæstionum.*

Cui consequens est, ut si Stycho (5) peculium suum legatum sit, isquè ex testamento agit: non alitèr cogetur id, quod vicarius ejus testatori debet, relinquere, nisì is, [id est,] vicarius, peculium habeat.

19. Ulpianus, *lib.* 29, *ad edictum.*

Hinc quæritur, si ordinarii servi nomine actum sit de peculio, àn agi possit et vicariorum? Et puto non posse. Sed si actum sit de peculio vicarii, agi poterit et de peculio ordinarii.

---

(1) L. 4. in fin. l. 6. snpr. h. t. l. 6. §. 2. infr. de pecul. legat. §. 4. in fin. Inst. quòd cùm eo, qui in alieu. potest.
(2) Obst. l. 5. §. 1. supr. de tribut. act.
(3) D. §. 4. in fin.

Proculus et Aticilinus pensent que par la raison que ces esclaves en second font partie du pécule de l'esclave en chef, il en est de même de leur pécule (1), et ce qui m'est dû par leurs maîtres, c'est-à-dire, ce que me doit l'esclave en chef, sera déduit de leur pécule; mais ce que doivent eux-mêmes les esclaves en second, sera seulement déduit sur leur pécule : s'ils doivent quelque chose, non à moi, mais à l'esclave en chef, il sera déduit (2) de leur pécule, comme étant dû par eux à l'esclave du même maître. Quant à ce que leur doit l'esclave en chef, il ne sera pas déduit (3) du pécule de ce dernier, parce que ce pécule est composé de ceux des esclaves en second. C'est ce que Servius a répondu; mais, suivant mon opinion, leur pécule se trouvera augmenté par la dette de cet esclave; de même que le pécule d'un esclave se trouve augmenté parce que lui doit son maître (4).

18. PAUL, *liv.* 4, *des questions.*

Par conséquent si un testateur a légué à Stychus son pécule (5), et que celui-ci, en vertu du testament, en demande la délivrance, il ne sera obligé de rendre à l'héritier du testateur ce qui lui est dû par un esclave en second, qu'autant que celui-ci, c'est-à-dire l'esclave en second, a un pécule.

19. ULPIEN, *liv.* 29 *sur l'édit.*

Delà on a demandé, si dans le cas où on aurait intenté l'action sur le pécule de l'esclave en chef, on pourrait aussi intenter celle sur le pécule des esclaves en second. Pour moi je pense que l'on ne le peut pas. Mais si on a formé l'action sur le pécule de l'esclave en second, rien n'empêchera que l'on en forme une nouvelle sur le pécule de l'esclave en chef.

---

(4) L. 7. in fin. supr. h. t.
(5) L. 58. S. 2. circà fin. infr. eod.

*De servo dotali, aut fructuario, aut bonâ fide à duobus
possesso.*

§. 1. Postest esse apud me duplicis juris peculium : utputà servus est dotalis; potest habere peculium, quod ad me respiciat: potest et quod ad mulierem. Nàm quod ex re mariti quæsiit, vel ex operis suis (1), id ad maritum pertinet : et ideò si respectû mariti heres sit intitutus, vel ei legatum datum, id eum non debere restituere, Pomponius scribit. Si igitùr mecùm agatur ex eo contractû, qui ad me respicit, utrùm omne deducam, quodquod debetur mihi, sivè ex meâ causâ, sivè ex eâ, quæ ad uxorem respicit? An verò separamus causas, quasi in duobus peculiis, ut et causa debiti, quod petitur, spectetur: ut si quidèm ex eo peculio agatur, quod ad mulierem spectat, id deducam, quod ex eo contractû debeatur; si ex eo contractû, qui ad me respicit, meum deducam? Quæ quæstio dilucidius est in fructuario tractata : utrùm ex eo demùm contractû potest de peculio conveniri, quod ad se pertinet àn ex omni? Et Marcellus etiàm fructuarium teneri scribit, et ex omni contractû : (2) eum (2) enìm (3), qui contrahit, totum servi peculium, velùt patrimonium, intuitum. Certè illud admittendum omni modo dicit, ut priore convento, ad quem [res] respicit, in superfluum is, cui quæsitum non est, conveniatur. Quæ sententia probabilior est, et à Papiniano probatur. Quod et in duobus bonæ fidei emptoribus erit

---

(1) L. un. §. 9. C. de rei uxor. act.
( ) Immò vide L. 2. in fin. supr. h. h. t.

De l'esclave donné en dot, ou sujet à l'usufruit, ou possédé de bonne foi par deux personnes.

§. 1. Je puis avoir un pécule à deux titres différens, si, par exemple, il est question d'un esclave qui m'a été donné en dot par ma femme, car je puis avoir un pécule qui me regarde personnellement, et un qui concerne ma femme. En effet, ce que cet esclave a acquis en gérant mes biens, ou par son travail (1), est acquis à mon profit ; par conséquent si l'esclave en ma considération a été institué héritier, ou s'il lui a été fait un legs, Pomponius dit que je ne suis pas tenu de rendre ces acquisitions avec la dot ; si donc je suis actionné, en vertu d'un contrat qui me concerne, serais-je en droit de déduire en totalité tout ce qui m'est dû, soit sous le rapport de ce qui me concerne, soit en ce qui regarde ma femme ; ou dois-je séparer ma cause de celle de ma femme, comme s'il y avait deux pécules, et ne considérer que la cause de la dette qui a donné lieu à l'action sur le pécule ; en sorte que si l'action est intentée à l'occasion du pécule qui concerne ma femme, je déduirai ce qui peut lui être dû par ce contrat, et que si je suis actionné en vertu d'un contrat qui me concerne, je déduirai ce qui m'est dû ? Cette question est développée d'une manière beaucoup plus claire en ce qui a rapport à un usufruitier. Ne peut-il être actionné sur le pécule qu'en vertu d'un contrat qui le concerne ; ou peut-il l'être en vertu de toute espèce de contrats ? Marcellus écrit que l'usufruitier est obligé en vertu de toute sorte de contrats (2), car celui qui contracte avec l'esclave (3), considère son pécule en son entier, comme lui offrant un moyen de se venger et d'avoir ce qui lui est dû ; mais il dit que l'on doit admettre comme une chose certaine, que le premier que le contrat concernait ayant été une fois actionné, sur le pécule, celui à qui le profit de l'autre contrat n'était pas acquis, peut-être actionné pour le reste. Cette opinion approuvé par Papinien est la plus probable ; il faudra dire la même chose à l'égard de deux

---

(3. L. 32. in fin. pr. infr. eod.

dicendum. Sed in marito meliùs est dicere, sîm-
plicitèr eum de peculio teneri. Sin autèm maritus,
hujusmodi servi nomine, aliquid præstiterit, àn
adversùs mulierem agentem dotis nomine, deducere id possit ? Et ait, si id, quod creditori præs-
titum est, ad utriùsquè generis peculium pertinebit,
pro ratâ utrìquè peculio decedere debere. Ex quo
intelligi potest, si ad alterum peculium contractus
pertinebit, modò soli uxori detrahi, modò non
detrahi, si ad id peculium pertinuit contractus,
quod apud maritum resedit.

De fructuario, et domino. De duobus dominis.

§. 2. Interdùm et ipsi fructuario (1) adversùs
dominum datur actio de peculio, utputà si apud
eum habeat peculium, apud ipsum verò aut nihil,
aut minùs, quàm fructuario debetur. Idem etiàm
contrà eveniet : quamvìs in duobus dominis suf-
ficiat pro socio (2), vel communi dividundo actio.

20. PAULUS, *lib.* 30, *ad edictum.*

Nàm intèr se agere socii de peculio non possunt.

21. ULPIANUS, *lib.* 29, *ad edictum.*

De dolo domini.

Summâ cùm ratione etiàm hoc *peculio* Prætor

---

(1) L. 37. in fin. infr. eod.

acheteurs de bonne foi ; quant à ce qui concerne le mari, il vaut mieux dire simplement qu'il est dans tous les cas tenu de l'action sur le pécule. Si au contraire le mari a payé quelque chose au nom de l'esclave à l'occasion duquel on aura intenté l'action sur le pécule, pourra-t-il le déduire, lorsque sa femme redemandera que sa dot lui soit rendue? Il répond que si ce qui a été payé au créancier concerne les deux sortes de pécule, chacun de ces pécules se trouvera diminué de ce que le mari aura payé. D'où l'on peut conclure que si ce contrat ne concerne qu'un des pécules, le payement fait par le mari est pris tantôt sur la femme seule, tantôt sur le mari, si le contrat a dépendu du pécule qui lui appartient.

Du maître et de l'usufruitier. De deux maîtres.

§. 2. Il est des cas où l'action sur le pécule (1) est accordée à l'usufruitier lui-même contre le maître, tel est, par exemple, celui où l'esclave aurait un pécule par rapport au maître, et n'en aurait pas par rapport à l'usufruitier, ou en aurait un de beaucoup inférieur à la dette de l'usufruitier. Il en sera de même dans le cas contraire. Quoiqu'à l'égard de deux maîtres, l'action qu'ils ont mutuellement (1) à cause de la société ou de la communauté qui existe entre eux, doive leur suffire.

20. PAUL, *liv.* 3o, *sur l'édit.*

Car des associés ne peuvent former l'un contre l'autre l'action sur le pécule.

21. ULPIEN, *liv,* 29, *sur l'édit.*

De la mauvaise foi du maître.

C'est par un grand principe d'équité que le préteur *fera*

---

(2) L. 27. in fin. infr. eod.

4

imputabit quod dolo (1) *malo domini factum est, quominùs in peculio esset.* Sed *dolum malum* accipere debemus, si ei ademit peculium : sed et si eum intricare peculium in necem creditorum passus est, Mela scribit, dolo malo ejus factum. Sed et si quis, cum suspicaretur alium secum acturum, alio peculium avertat, dolo non caret : sed si alii solvit, non dubito de hoc, quìn non teneatur : quoniàm creditori solvitur, et licet creditori vigilare (2) ad suum consequendum.

Vel tutoris, vel curatoris, vel procuratoris.

§. 1. Si dolo tutoris, vel curatoris furiosi, vel procuratoris, factum sit : àn pupillus, vel furiosus, vel dominus, de peculio conveniatur, videndum ? Et puto, si solvendo tutor sit, præstare pupillum ex dolo ejus : maximè, si quid ad eum pervenit. Et ità Pomponius lib. VIII espistolarum scribit. Idem [et] in curatore, et procuratore, erit dicendum.

Vel venditoris, vel defuncti.

§. 2. Emptor autèm ex dolo venditoris non tenebitur, nec heres, vel alius successor, nisi in id, quod ad se pervenit.

Antè, vel post judicium acceptum.

§. 3. Sivè autèm post judicium acceptum (3),

---

(1) L. 9. §. 4. supr. l. 26. l. 36. infr. eod.
(2) V. l. 24. infr. quæ in fraud. credit.

*entrer dans le pécule, tout ce qui par suite de la mau-
vaise foi* (1) *du maître ne s'y trouvera pas.* Nous devons
entendre par la mauvaise foi du maître, le cas où il a soustrait
quelque chose du pécule. Mais, suivant Méla, si le maître a
souffert que l'esclave engageât son pécule en fraude de ses
créanciers, il est censé avoir agi en cela de mauvaise foi; de
même que, si ayant lieu de présumer que l'on doive former contre lui l'action sur le pécule, il le dépose dans un autre endroit, il se rend suspect de mauvaise foi. Mais s'il avait payé
à un autre créancier que celui qui se présente, je ne le
crois pas coupable, parce qu'il a payé à un créancier, et
qu'il est permis à un créancier (2) d'apporter de la sur-
veillance pour les paiemens qui doivent lui être faits.

Du tuteur, du curateur, ou du fondé de pouvoir.

§. 1. Nous avons à examiner, si le pupille, le furieux,
ou le maître sont soumis à l'action du pécule, lorsque
c'est ou le tuteur, ou le curateur, ou le fondé de pouvoir
qui a détourné ce dont le pécule était composé? Pour moi
je pense que, si le tuteur est solvable, le pupille doit être
condamné à cause de la mauvaise foi de son tuteur; sur-
tout s'il en a profité. C'est ce qu'écrit Pomponius, au liv. vɪɪɪ
des lettres. On devra dire la même chose à l'égard du curateur, et du fondé de pouvoir.

Ou du vendeur, ou du défunt.

§. 2. Ni l'acheteur, ni l'héritier, ni tout autre succes-
seur ne seront responsables de la mauvaise foi du vendeur,
que pour ce qui aura tourné à leur profit.

Soit avant, soit après la contestation en cause.

§. 3. Soit que la mauvaise foi ait eu lieu antérieurement ou postérieurement à la contestation en cause (3), le

---

(3) L. 7. §. 11. supr. de pact.

sivè antè, dolo factum sit, continetur officio judicis.

Si recusetur actio de peculio.

§. 4. Si dominus, vel pater recuset de peculio
actionem, non est audiendus : sed cogendus est,
quasi aliam quamvìs personalem actionem suscipere.

22. POMPONIUS, *liv.* 7, *ad Sabinum.*

*De cautione damni infecti œdium peculiarium
nomine.*

Si damni infecti, œdium peculiarium nomine,
promiserit dominus, ratio ejus haberi debet. Et
ideò (1) ab eo, qui de peculio agit, domino ca-
vendum est.

23. IDEM, *lib.* 9, *ad Sabinum.*

De noxali judicio vicarii nomine.

Ædium autèm peculiarium nomine in solidum
damni infecti promitti debet : sicùt vicarii nomine
noxale judicium in solidum pati : quià pro pignore
eas, si non defendantur, actor [abducit, vel]
possidet.

---

(1) L. 5. in fin. 1. 6. supr. de tribut. act.

juge ne pourra se dispenser de condamner celui qui s'en sera rendu coupable.

Si l'on refuse de repondre sur l'action du pécule.

§. 4. Si le maître ou le père refuse de répondre sur l'action du pécule intentée contre lui, ce refus n'arrêtera pas le cours de la justice, mais il devra défendre sur cette action, comme il serait tenu de le faire, s'il s'agissait de toute autre action personnelle.

22. POMPONIUS, *liv.* 7, *sur Sabinus.*

De la caution fournie pour sûreté de la réparation du dommage causé par une maison dépendante du pécule d'un esclave.

Si le maître a été obligé à l'occasion d'une maison qui dépendait du pécule de son esclave, de donner caution pour sûreté du dommage que le voisin de cette maison pouvait craindre, on doit y avoir égard. C'est pourquoi celui qui (1) intente l'action sur le pécule, est obligé de donner caution au maître de ce qui pourra lui en coûter à cause de cette obligation.

23. LE MÊME, *liv.* 9, *sur Sabinus.*

De l'action noxale à l'occasion d'un esclave en second.

La caution dont on vient de parler plus haut, et que doit fournir le maître, doit être entière ; de même que le maître est tenu de défendre en entier sur l'action noxale formée contre lui à l'occasion d'un esclave en second ; parce que, si l'on ne défend pas sur ces actions, le demandeur s'empare des choses qui y donnent lieu, les retient en nantissement, ou s'en fait envoyer en possession.

24. ULPIANUS, *lib.* 26, *ad Sabinum.*

De curatore furiosi.

Curator furiosi administrationem peculii et dare, et denagare potest tàm servo furiosi, quàm filio.

25. POMPONIUS, *lib.* 23, *ad Sabinum.*

De vestimentis servo concessis.

Id vestimentum peculii esse incipit, quod ità dederit dominus, ut eo vestitû servum perpetuò uti vellet, eoquè nomine ei traderet, nè quis alius eo uteretur, idquè ab eo ejus usûs gratiâ custodiretur. Sed quod vestimentum servo dominus ità dedit utendum, ut non sempèr, sed ad certum usum, certis temporibus eo uteretur, veluti cum sequeretur eum, sivè cœnanti ministrabit id vestimentum non esse peculii.

26. PAULUS, *lib.* 30, *ad edictum.*

De dolo domini.

Si semel ex eâ causâ, [id est,] quòd dolo (1) fecerit, dominus præstiterit de peculio conventus, cæteris ex eâdem causâ nihil præstabit (2). Si tantùmdèm servus ei debeat, quantùm dolo minuit, non erit condemnandus. His consequens

______

(1) L. 2. in pr. supr. h. t.

24. ULPIEN, *liv.* 26, *sur Sabinus.*

Du curateur d'un insensé.

Le curateur d'un insensé peut donner ou refuser la libre administration du pécule à l'esclave ou au fils de celui dont il est le curateur.

25. POMPONIUS, *liv.* 23, *sur Sabinus.*

Des habits donnés à l'esclave.

L'habit que le maître a donné à son esclave, pourqu'il s'en servît toujours sans le destiner à l'usage d'un autre, et pourqu'il le gardât pour son usage particulier, fait partie de son pécule; mais l'habit que le maître a donné à son esclave, non pas pourqu'il le mît tous les jours, mais à certaines époques, pour un certain usage, ou dont il ne devait se servir que lorsqu'il le suivrait, ou qu'il le servirait à table, cet habit, dis-je, ne fait pas partie de son pécule.

26. PAUL, *liv.* 3o, *sur l'édit.*

De la mauvaise foi du maître.

Si le maître qui a été actionné sur le pécule à cause de sa mauvaise foi, a payé quelque chose (1) à celui qui l'a actionné, il ne sera tenu à rien envers les autres créanciers qui viendraient par la suite l'actionner pour la même cause. Mais si la somme que lui doit son esclave, est égale à la diminution qu'il a fait éprouver au (2) pécule,

---

(2) Arg. l. 18. infr. de verb. oblig. l. 57. infr. de reg. jur.

erit, ut manumisso quoquè, vel alienato servo,
ex causâ [etiàm] doli intrà annum teneatur.

27. GAJUS, *lib.* 9, *ad edictum provinciale.*

De ancillâ et filiâfamiliâs.

Et ancillarum (1) nomine, et filiarumfamiliâs
in peculio actio datur: maximè, si qua sarcinatrix,
aut textrix erit, aut aliquod artificium vulgare
exerceat, datur proptèr eam actio. Depositi quoquè et commodati (2) actionem dandam earum
nomine, Julianus ait: sed et *tributoriam* (3) *actionem*, si peculiari merce, sciente patre dominovè, negotientur, dandam esse. Longè magis
non dubitatur, et si *in rem versum est, quod
jussú* (4) patris, dominivè contractum sit.

Quid deducit heres.

§. 1. Constat, heredem domini id quoquè deducere debere, quod servus, cujus nomine cùm
eo de peculio ageretur, antè (5) adìtàm hereditatem ex bonis hereditariis amovisset, consumpsisset, corrupisset.

---

(1) L. 1. §. 3. supr. h. t. l. 14. in fin. supr. de negot. gest.
(2) L. 3. §. 4. in fin. supr. commodati.
(3) L. 5. §. 2. supr. de tribut. act.
(4) L. 1. infr. quod jussù.
(5) L. 1. in pr. infr. si is, qui testam. liber.

il n'y aura pas lieu dans ce cas à aucune condamnation.
Il suit donc de ce qui vient d'être dit, que, si l'esclave
vient à être affranchi ou aliéné, on doit accorder contre
l'ancien maître dans l'année une action à cause de la
mauvaise foi.

27. GAJUS, *lib.* 9, *sur l'édit provincial.*

De la femme esclave et de la fille de famille.

On accorde (2) l'action sur le pécule à celui qui a
contracté avec une femme esclave ou une fille de famille,
sur-tout si cette femme est couturière, ouvrière en linge,
ou fait toute autre sorte de commerce dont les femmes
peuvent s'occuper. Suivant Julien, on doit également accorder l'action sur le pécule, en matière de dépôt ou de
prêt (2) fait à des femmes; mais si au su du père ou du
maître elles font le commerce avec des fonds provenans
de leur pécule, on a contre le père ou le maître *l'action
tributoire* (3) (*a*). A plus forte raison ne peut-il s'élever
aucun doute sur le droit d'intenter cette action, si ce que
la femme avec laquelle on a contracté d'après l'ordre (4)
du père ou du maître, *a touché, a reçu au profit soit
du maître ou du père.*

Ce que doit déduire l'héritier.

§. 1. Il est constant que l'héritier du maître doit déduire ce que l'esclave, à l'occasion duquel on intenterait
contre lui l'action sur le pécule, aurait détourné, con-
sommé ou altéré des effets de la succession, avant qu'il
l'eût acceptée (5).

(*a*) L'action *Tributoria* que l'on pourrait également appeler, *dis-
tributoria* dérive du verbe *distribuere* distribuer; est une action
personnelle qui descend du droit prétorien; elle est accordée contre
le maître ou le père qui ayant eu connaissance du commerce que soit
l'esclave, soit le fils de famille faisait avec des marchandises provenant de son pécule y a consenti, en ne s'y opposant pas.

De servo alienato.

§. 2. Si servus alienatus sit, quamvis in eum, qui alienaverit, intrà annum prætor de peculio actionem polliceatur, tamèn nihilominùs et in novum dominum actio datur : et nihil interest, aliud apud eum adquisierit peculium, àn quod paritèr, cum eum emerit, vel ex donatione acceperit eidem concesserit.

§. 3. Illud quoquè placuit, quod et Julianus probat, omnimodò permittendum creditoribus, vel in partes cùm singulis agere, vel cùm uno in solidum.

§. 4. Sed ipsi, qui vendiderit servum, non putat Julianus, de eo quod antè venditionem crediderit, cùm emptore de peculio agere permittendum.

§. 5. Sed et si alieno credidero, eumquè redemero, deindè alienavero, æquè non putat mihi in emptorem dari debere [judicium].

§. 6. In venditorem autèm duntaxàt intrà annum post redemptionem numerandum, de eo, quod adhùc alieno crediderim, dandam esse mihi actionem existimat ; deducto (1) eo, quod apud me peculii servus habebit.

§. 7. Sicùt autèm de eo, quod ipse crediderim

____

(1) L. 37. in fin. l. 47. §. 4. infr. h. t.

De l'esclave aliéné.

§. 2. Si l'esclave a été aliéné, quoique le préteur permette dans l'année l'action sur le pécule, rien cependant ne s'oppose ce que l'on ne puisse former l'action sur le pécule contre le nouveau maître; et il importe peu que l'esclave ait acquis chez lui un autre pécule, ou que, lorsqu'il l'a acheté, ou reçu à titre de donnation, il lui ait accordé la liberté d'avoir un pécule.

§. 3. Il a été décidé, et cette décision a été approuvée par Julien, que l'on devait permettre aux créanciers d'actionner les deux parties (le vendeur et l'acquéreur), chacun pour une portion de sa dette, ou l'un d'eux pour le tout.

§. 4. Mais Julien ne pense pas que l'on doive permettre à celui qui a vendu l'esclave, de former après la vente, contre l'acheteur, l'action sur le pécule, pour raison de ce que l'esclave lui devait avant qu'il l'eût vendu.

§. 5. Si j'avais prêté à un esclave, que je l'aie acheté et qu'ensuite je l'aie aliéné, il pense de même que l'on ne devrait pas m'accorder l'action contre l'acheteur.

§. 6. Le même jurisconsulte pense que si j'ai acheté un esclave qui me devait une somme lorsqu'il était sous la puissance de celui qui me l'a vendu, j'ai, en me présentant dans l'année, à compter du jour de la vente, une action sur le pécule contre ce dernier, déduction faite, sur ma créance, du pécule (1) que l'esclave aura étant sous ma puissance.

§. 7. Comme Julien ne pense pas que l'action sur le pécule doive m'être accordée contre celui qui m'a acheté un esclave à qui j'ai prêté quelque chose, si je veux for-

servo meo, non putat Julianus in emptorem, alienato eo, actionem mihi dari debere, ità et de eo, quod servus meus servo meo crediderit, si is, cui creditum fuerit, alienatus sit, negat permitti mihi debere cùm emptore experiri.

De servo communi.

§. 8. Si quis cùm servo duorum, pluriumvè contraxerit, permittendum est ei, cùm quo velit dominorum in solidum experiri : est enìm iniquum, in plures adversarios distringi (1) eum, qui cùm uno contraxerit : nec hujus duntaxàt peculii ratio haberi debet, quod apud eum, cùm quo agitur, is servus haberet, sed et ejus, quod apud alterum. Nec tamèn res damnosa futura est ei, qui condemnatur, cum possit rursùs ipse judicio societatis (2), vel communi dividundo, quod ampliùs suâ portione solverit, à socio sociisvè suis consequi. Quod Julianus ità locum habere ait, si apud alterum quoquè fuit peculium : quià eo casû solvendo quisquè etiàm socium ære alieno liberare videtur ; at si nullum sit apud alterum peculium, contrà esse : quià nec liberare ullo modo ære alieno eum intelligitur.

28. JULIANUS, *lib.* 11, *Digestorum.*

Quarè et si socio nequè heres, nequè bonorum possessor, extitisset : eâtenùs damnari debet is, cùm quo actum fuerit, quatenùs (3) peculium apud eum erit, et quantùm ex bonis consequi potest.

---

(1) L. 2. supr. de exercit. act. l. ult. infr. rem pupill. l. 5. §. 7. infr. judicat. solv.

mer cette action après que la vente est consommée ; de même il croit que l'on doit me la refuser contre l'acheteur d'un de mes esclaves à qui un autre esclave à moi appartenant aurait prêté une somme quelconque.

De l'esclave commun.

§. 8. Si quelqu'un a contracté avec un esclave appartenant à deux ou plusieurs maîtres, on doit lui permettre d'actionner solidairement celui qu'il voudra choisir de préférence. Car il serait injuste, après avoir contracté avec une seule personne (1) d'être obligé de morceler et de diviser son action entre plusieurs adversaires. Et dans ce cas on aura égard non-seulement au pécule que l'esclave possédrait sous le maître contre lequel on agit, mais encore à celui qu'il aurait sous l'autre maître. Or en cela on ne fait aucun tort à celui qui est condamné, puisqu'il peut recourir en vertu l'action de la société (2) ou de celle en partage d'une chose commune contre son co-associé ou ses co-associés, pour recouvrer ce qu'il a payé au-delà de sa portion. Ce qui suivant Julien n'a lieu, que dans le cas où l'esclave aura un pécule sous l'autre maître, par ce que dans ce cas l'associé payant, il libère son co-associé. Mais si l'esclave n'a pas de pécule sous l'autre propriétaire, il faut dire le contraire, puisque ne devant rien, le paiement que fait l'associé, ne le libère d'aucune obligation.

28. JULIEN, *liv.* 11, *du Digeste.*

C'est pourquoi si l'associé ne laisse aucun héritier soit civil, soit à titre prétorien, celui qui est actionné ne doit être condamné que jusqu'à la concurrence du pécule que l'esclave a sous lui (3), et de ce qu'il peut toucher des biens de son co-associé.

---

(2) L. 19. in fin. supr. h. t.
(3) L. 1. §. 8. infr. quandò de pecul. actio annal. L. 1. §. 10. infr. de dote prælegat.

29. GAJUS, *liv.* 9, *ad edictum provinciale.*

Si plures creditores domino succedunt.

Si quis servum testamento *liberum esse* jusserit, relictis heredibus his, qui cùm servo contraxerunt, possunt inter se coheredes vel de peculio agere : quià de eo quisquè peculio quod apud eum esset, quolibèt alio agente teneatur.

De prohibitione domini.

§. 1. Etiàmsi prohibuerit contrahi cùm servo dominus, erit (1) in eum de peculio actio.

30. ULPIANUS, *lib.* 29, *ad edictum.*

Quo tempore spectatur, àn sit in peculio. De actione ad exhibendum, vel in rem.

Quæsìtum est, àn teneat actio de peculio, etiàm si nihil sit in peculio, cum ageretur : si (2) modò sit rei judicatæ tempore? Proculus et Pegasus nihilominùs teneri ajunt : intenditur enim rectè, etiàmsi nihil sit in peculio. Idem et circà ad exhibendum, et in rem actionem placuit, quœ sententia et à nobis probanda est.

Quátenùs tenetur heres.

§. 1. Si cùm ex parte (3) herede domini, vel

---

(1) L. 47. in pr. infr. h. t.
(2) L. 15. in pr. supr. de hered. petit. L. 27. §. 1. supr. de rei vind.

29. GAJUS, *liv. 9, sur l'édit provincial.*

Si plusieurs créanciers succèdent au maître.

Si quelqu'un, dans un testament, a donné la liberté à un esclave, en laissant pour ses héritiers des personnes qui ont contracté avec cet esclave, et qui par conséquent, sont créanciers de ce dernier, les co-héritiers pourront former l'un contre l'autre l'action sur le pécule, parce que chaque co-héritier est tenu, a l'égard de tout créancier qui forme l'action sur le pécule, de la portion du pécule qu'il a entre les mains.

De la défense du maître

§. 1. La défense même que le maître aura faite de contracter avec son esclave (1) n'empêchera pas que l'on ne forme contre lui l'action sur le pécule.

3o. ULPIEN, *liv. 29, sur l'édit.*

A quel tems on se reporte à l'égard de l'action sur le pécule. De l'action en représentation de la chose, ou de l'action réelle.

On a demandé si l'action sur le pécule subsistait même lorsque dans le tems où elle a été été formée il ne s'est rien trouvé dans le pécule, mais bien au tems du jugement (2)? Proculus et Pégasus disent que l'action subsiste. Et ils se fondent sur ce que l'action n'en est pas moins bien régulièrement formée, quoiqu'il ne se trouve rien dans le pécule. Il en est de même à l'égard de l'action en représentation, ou de l'action réelle.

Jusqu'à quelle concurrence l'héritier est tenu.

§. 1. Si l'action sur le pécule est intentée contre l'héritier en partie du maître ou du père (3), il ne devra être con-

---

(3) L. 14. in fin. supr h t.

patris agatur, duntaxàt de peculio condemnandum, quod apud eum heredem sit, qui convenitur; idem et [de] in (1) rem verso pro parte:
nisi si quid ipsiùs heredis vertit; nec quasi unum
ex sociis esse hunc heredem conveniendum, sed
pro partè duntaxàt.

§. 2. Sed si ipse servus sit (2) heres ex parte
institutus, æquè cùm eo agendum erit.

§. 3. Sin verò filius sit, quamvis ex parte institutus, nihilominùs in solidum actionem patietur:
sed, si velit pro parte nomen coheredis redimere,
audiendus est. Quid enìm, si in rem patris versum
sit? cur non consequatur filius à coherede, quod
in patris re est? Idem [est], etsi peculium locu-
ples sit.

Si sœpiùs agatur.

§. 4. Is, qui semel de peculio egit, rursùs,
aucto peculio, de residuo debiti agere potest.

De servo vendito.

§. 5. Si annuâ exceptione sit repulsus à venditore creditor, subveniri ei adversùs emptorem
debet: sed si aliâ exceptione, hactenùs [subveniri], ut deductâ eâ quantitate, quam à vendi-

---

(1) L. 32. in pr. infr. eod.

damné

damné qu'en proportion de la portion du pécule qui lui est parvenue. Il n'est également tenu qu'en partie de l'action qui a lieu lorsque le contrat que l'esclave a fait a tourné au profit (1) du maître, à moins que l'héritier lui-même n'ait tiré quelqu'avantage de ce contrat. Cet héritier ne sera donc pas assimilé à un associé qui peut être actionné solidairement, au lieu que l'héritier ne peut l'être que pour sa portion.

§. 2. Mais si l'esclave lui-même a été institué héritier (2) en partie, il pourra également être actionné pour sa part.

§. 3. Mais si c'est un fils de famille, quoi qu'il n'ait été institué héritier qu'en partie, il pourra être actionné pour le tout. S'il veut se faire transporter les droits du créancier sur son co-héritier, il devra être admis à le faire. En effet qu'en serait-il si le contrat avait tourné au profit du père? Pourquoi le fils ne pourrait-il pas retirer sur son co-héritier ce dont la succession a été augmentée? Il en est de même si le pécule du fils est devenu plus considérable.

Si on réitère l'action.

§. 4. Celui qui a déjà formé l'action sur le pécule, est en droit, si ce pécule vient à être augmenté, de la former de nouveau, pour se faire payer du reliquat de sa créance.

De l'esclave vendu.

§. 5. Si le créancier a été débouté par le vendeur qui lui a opposé une exception fondée sur ce qu'il s'est présenté après l'année, on doit lui permettre d'exercer son recours contre l'acheteur; mais s'il a été débouté en vertu de toute autre exception, on vient à son secours, en lui

---

(2) L. 3. §. 1. supr. eod.

tore consequi potuisset, ab emptore residuum consequatur.

Si dolus objiciatur domino.

§. 6. In dolo objiciendo temporis ratio habetur : fortassis enìm, post tempus de dolo actionis, non patietur dolum malum objici prætor ; quoniàm nec de dolo actio post statutum tempus datur.

Vel heredi.

§. 7. In heredem autèm doli clausula in id (1), quod ad eum pervenit, fieri debet ; ultrà, non.

31. Paulus, *lib.* 30, *ad edictum.*

Sed si ipse heres dolo fecit, solidum præstat.

32. Ulpianus, *lib.* 2, *disputationum.*

An uno convento cæteri liberentur.

Si ex duobus, vel pluribus heredibus ejus, qui manumisso servo, vel libero esse jusso, vel alienato, vel mortuo, intrà annum conveniri poterat, unus fuerit conventus, omnes heredes liberabuntur, quamvìs non in majorem quantitatem ejus peculii, quod penès se habet, qui convenitur, condemnetur. Idquè ità Julianus scripsit : idemquè est, et si in (2) alterius rem fuerit versum. Sed et si

––––––––––––

(1) L. 17. in fin. supr. de dolo malo.

permettant, déduction faite de ce qu'il a pu retirer du vendeur, de s'adresser pour le surplus à l'acheteur.

Si l'on objecte au maitre la mauvaise foi.

§. 6. Il y a un tems fixé pour objecter à quelqu'un sa mauvaise foi, et qu'il ne faut pas laisser écouler; car il peut arriver que le Préteur, après le tems fixé pour intenter l'action sur le dol, s'oppose à ce qu'elle soit intentée, parce qu'après ce tems il n'est plus permis de la former.

Ou à l'héritier.

§. 7. L'exception, tirée de la mauvaise foi, ne peut opérer de condamnation contre l'héritier que jusqu'à la concurrence de ce dont il est devenu plus riche (1), et non au-delà.

31. PAUL, *liv.* 30 *sur l'édit.*

Mais si l'héritier lui-même s'est rendu coupable de mauvaise foi, il est condamné pour le tout.

32. ULPIEN, *liv.* 2, *des disputes.*

Si un seul étant actionné, les autres sont libérés.

Si de deux ou de plusieurs héritiers d'une personne, contre qui on pouvait former l'action sur le pécule dans l'année, à l'occasion d'un esclave qu'elle a affranchi ou aliéné, ou qui est mort, un d'entr'eux a été actionné, tous les autres co-héritiers seront libérés, quoique celui qui est condamné ne puisse l'être au-delà de la portion du pécule qu'il a entre les mains; c'est ce qu'écrit Julien. Il en est de même lorsque la chose qui donne lieu à l'action sur le pécule a tourné à l'avantage de l'un des héritiers (2). S'il

---

(1) L. 30. §. 1. supr. h. t.

5 ..

plures sint fructuarii, vel bonæ fidei possessores, unus conventus cæteros liberat: quamvis non majoris peculii, quàm penès se est, condemnari debeat. Sed [si] licèt hoc jure contingat, tamèn æquitas dictat, judicium in eos dari, qui occasione juris liberabuntur, ut (1) magis eos perceptio, quàm intentio liberet: nàm (2) qui cùm servo contrahit, universum peculium ejus, quod ubicunquè est, velutì patrimonium, intuetur.

Quo tempore spectatur quàntitas peculii.

§. 1. In hoc autèm judicio, licèt restauretur præcedens, tamèn et augmenti, et decessionis rationem haberi oportet: et ideò, sivè hodie nihil sit in peculio, sivè accesserit aliquid, præsens status peculii spectandus est. Quarè circà venditorem quoquè, et emptorem, hoc nobis videtur verius quod accessit peculio, posse nos ab emptore (3) consequi: nec retrorsùs, velut in uno judicio, ad id tempus conventionem reducere emptoris, quo venditor conventus sit.

De servo vendito.

§. 2. Venditor servi, si cùm peculio servum vendidit, et tradiderit peculium, ne intrà annum quidèm de peculio convenietur: nequè enim hoc pretium servi, peculium est, ut Neratius scripsit.

---

(1) L. 4. supr. de his, qui effud.

y a plusieurs usufruitiers, ou plusieurs possesseurs de bonne foi, et que l'un d'eux soit actionné, par cela seul les autres sont également libérés, quoique la condamnation ne doive pas être au-delà du pécule qu'il a entre les mains. Mais quoique suivant la régidité du droit, cela soit vrai, cependant l'équité veut que les autres puissent être actionnés, puisqu'ils sont moins libérés pour l'action que le créancier forme contre eux que par ce qu'il touche (1). En effet, celui qui a (2) contracté avec un esclave a en vue la totalité de son pécule, n'importe où il se trouve, comme étant le patrimoine de son débiteur.

A quelle époque il faut se reporter pour considérer la situation du pécule.

§. 1. Quoique cette action puisse être renouvellée, lorsque le créancier n'a pas touché complétement le montant de sa créance, on doit cependant avoir égard à l'augmentation, et à la diminution survenue dans le pécule. C'est pourquoi, soit qu'il ne se trouve rien aujourd'hui dans le pécule, soit qu'ensuite il s'y trouve quelque chose, c'est l'état présent du pécule qu'il faut considérer : ainsi il nous semble plus vrai de dire, qu'à l'égard du vendeur et de l'acheteur nous pouvons exiger de l'acheteur (3) ce qui est survenu dans le pécule, et en ce qui concernera l'acheteur on ne fera pas remonter son obligation au tems où le vendeur a été actionné, comme dans les cas où il n'y a qu'une seule action.

De l'esclave vendu.

§. 2. Celui qui a vendu un esclave avec son pécule, et a livré ce pécule, ne pourra pas être actionné sur le pécule, même dans l'année. Car, d'après Nératius, le prix de l'eslave ne peut pas être assimilé au pécule.

---

(2) L. 19. §. 1. vers. et Marcellus. supr. h. t.
(3) L. 11. §. pen. l. 27. §. 2. supr. eod. l. 10. supr. de tribut. act.

33. JAVOLENUS, *lib.* 12, *ex Cassio.*

Sed si quis servum ità vendidit, *ut pretium pro peculio acciperet*, penès eum videtur esse peculium, ad quem pretium peculii pervenit (1).

34. POMPONIUS, *liv.* 12, *ex variis lectionibus.*

Non penès quem res peculiaris sit.

35. JAVOLENUS, *lib.* 12, *ex Cassio.*

At cum heres jussus est *peculium dare, acceptâ certâ summâ*, non videtur (2) penès heredem esse peculium.

36. ULPIANUS, *lib* 2, *disputationum.*

De contractibus bonæ fidei, et dolo.

In bonæ fidei contractibus quæstionis est, àn de peculio, àn in solidum pater, vel dominus tenerentur, ut est, in actione de dote agitatum, si filio dos data sit, àn pater duntaxàt de peculio, conveniretur? Ego autèm arbitror, non solùm de peculio, sed et si quid prætereà dolo malo patris (3) capta fraudaque est mulier, competere actionem: nàm si habeat res, nec restituere sit paratus, æquum est, eum, quanti ea res est, condemnari; nàm quod in servo, cui res pignori data est,

---

(1) V. l. 39. supr. de usufruct.
(2) L. Immò vide l. 1. §. 7. quandò de pecul. actio annal.

33. JAVOLENUS, *liv.* 12, *sur Cassius.*

Si quelqu'un a vendu un esclave, à condition que le *prix qu'il recevrait tiendra lieu de pécule* entre ses mains, il est censé avoir en sa possession le pécule dont il a touché le prix (1).

34. POMPONIUS, *liv.* 12, *des différentes leçons.*

Et dans ce cas le pécule n'est pas dans les mains de celui qui a ordinairement les effets qui le composent.

35. JAVOLENUS, *liv,* 12, *sur Cassius.*

Mais lorsque l'héritier a été chargé par le testateur *de remettre le pécule au légataire, moyennant une certaine somme*, l'héritier ne peut être censé l'avoir en sa possession (2).

36. ULPIEN, *liv.* 2, *des disputes.*

Des contrats de bonne foi, et de la mauvaise foi.

C'est une question de savoir si, dans les contrats de bonne foi, le père ou le maître peut être seulement actionné sur le pécule, ou s'il peut l'être pour le tout? La même question a eu lieu au sujet de l'action en demande de la restitution d'une dot, et on demandait si dans le cas où la dot aurait été donnée à un fils de famille le père ne pourrait être actionné à cette occasion que sur le pécule. Pour moi je pense que le père peut être actionné, non-seulement sur le pécule, mais qu'il pourrait encore l'être si la femme avait éprouvé quelque tort (3) par suite de la mauvaise foi du père; car s'il possède les effets qui constituaient la dot, et qu'il ne soit pas disposé à les rendre, il est juste qu'il soit condamné à en restituer la

______

(3) L. 1. §. 42. infr. depositi.

expressum est ; hoc et in cæteris bonæ fidei judiciis accipiendum esse, Pomponius scripsit: nàmquè si servo res pignori data sit, non solùm de peculio, et in rem verso competit actio, verùm hanc quoquè habet adjectionem. *et si quid dolo malo domini captus fraudatusquè actor est.* Videtur autèm dolo facere dominus, qui (1), cum haberet restituendi facultatem, non vult restituere.

37. JULIANUS, *lib.* 12, *Digestorum.*

Si pater creditori filii sui succedat, et hereditatem vendat.

Si creditor filii tui heredem te instuerit, et tu hereditatem ejus vendideris, illâ parte stipulationis, *quanta pecunia ex hereditate ad te pervenerit*, teneberis de peculio.

§. 1. Si servo tuo permiseris, vicarium emere aureis octo, ille decem emerit, et tibi scripserit *se octo emisse*; tuquè ei permiseris eos octo ex tuâ pecuniâ solvere, et is decem solverit : hoc nomine duos aureos tamtùm vindicabis, sed hi venditori præstabuntur duntaxàt de peculio servi.

De venditione servi communis.

§. 2. Servum communem, quem cùm Titio, aut cùm Sempronio habebam, Titio vendidi,

---

(1) D. l. 1. in fin. l. 8. §. 9. infr mandati.

valeur. En effet, Pomponius écrit que l'on doit appliquer à tous les autres contrats de bonne foi, ce qui a été décidé à l'égard d'un esclave à qui une chose a été donnée en nantissement ; car si une chose a été donnée à titre de nantissement à un esclave, non-seulement il y a lieu à l'action sur le pécule, et à celle qui subsiste lorsque le contrat de l'esclave a tourné au profit du maître, mais encore on y ajoute la clause qui suit : *Si le demandeur a souffert quelque tort par la mauvaise foi du maître.* Or, un maître se rend coupable de mauvaise foi lorsque, pouvant restituer ce qu'il a entre les mains, il refuse de le faire (1).

37. JULIEN, *liv.* 12, *du Digeste.*

*Si le père est héritier du créancier de son fils, et vend
la succession.*

Si le créancier de votre fils vous a institué pour héritier, et que vous ayez vendu sa succession, vous serez soumis à l'action sur le pécule, à cause de la partie de la formule qui suit : *En tant que vous aurez touché le prix des effets de la succession.*

§. 1. Si vous avez permis à votre esclave d'acheter un esclave en second de la valeur de huit pièces d'or, qu'il en ait acheté un qui valut deux de plus (dix), et qu'il vous ait écrit ne l'avoir acheté que le prix de huit, que vous lui ayez permis de payer ces huit avec votre argent, mais qu'il ait payé les dix, vous serez en droit de revendiquer seulement les deux pièces de plus, et il n'y aura que ces deux seules pièces qui seront prises sur le pécule de l'esclave.

De la vente d'un esclave commun.

§. 2. J'ai vendu à Titius un esclave que je possédais en commun avec lui, ou avec Simpronius, avant que l'on eut formé contre moi l'action sur le pécule, relativement à cet esclave. De-là on a demandé, dans le cas ou un

antèquàm ejus nomine ageretur mecùm de peculio:
quæsitum est, si de peculio cùm Titio, aut cùm
Sempronio ageretur, àn ejus peculii, quod apud
me esset, ratio haberi deberet ? Dixi, si cùm
Sempronio ageretur, numquàm rationem ejus
peculii, quod apud me esset, haberi debere : quià
is nullam adversùs me actionem haberet, per quam
id, quod præstitisset, consequi posset. Sed et si cùm
Titio post annum, quàm vendidissem, ageretur,
similitèr non esse computandum peculium, quod
apud me est : quià jàm mecùm agi de peculio non
posset ; sin autèm intrà annum ageretur, tunc
quoquè habendam hujus peculii rationem : postquàm placuit, alienato homine, permittendum
creditori, et cùm venditore et cùm emptore agere.

De servo, cujus ususfructus alienatus est.

§. 3. Si actum sit de peculio cùm eo qui
usumfructum in servo habet, et minùs consecutus
sit creditor, non est iniquum, ut ex universo
ejus peculio, sivè apud fructuarium, sivè apud
proprietarium erit, rem consequatur. Nihil interest. operas suas conduxerit (1) servus à fructuario àn pecuniam mutuam ab eo acceperit :
dari itàque debebit actio ei (2) adversùs dominum
proprietatis, deducto (3) eo quod servus peculii
nomine apud fructuarium habet.

38. Africanus, *liv.* 8, *questionum.*

De pecuniá depositá apud filiumfamiliás.

Deposui apud filiumfamiliás decem, et ago

---

(1) L. 25. §. 5. supr. de usufruct.
(2) L. 19. in fin. supr. h. t.

créancier formerait l'action sur le pécule contre Titius, ou contre Simpronius, si l'on devrait avoir égard au pécule qui serait entre mes mains? J'ai répondu que si l'action avait été formée contre Simpronius, on ne devait nullement considérer le pécule qui serait entre mes mains, parce qu'il n'aurait contre moi aucune action, en vertu de laquelle il pût se faire rendre ce qu'il aurait donné. Mais que si l'action était formée contre Titius après l'année dans laquelle j'aurais vendu l'esclave, on ne devra pas faire entrer en compte le pécule qui m'est resté entre les mains, parce qu'il ne pourrait plus former contre moi l'action sur le pécule. Si au contraire l'action était formée dans l'année, alors la condamnation devra porter sur le pécule qui est entre mes mains, puisqu'il a été décidé, qu'après qu'un esclave avait été aliéné, on devait permettre au créancier de diriger son action, et contre le vendeur, et contre l'acheteur.

De l'esclave dont l'usufruit a été aliéné.

§. 3. Si un créancier forme l'action sur le pécule contre celui qui a l'usufruit d'un esclave, et qu'il n'ait pas reçu en totalité le montant de sa créance, il n'y a nulle injustice à ce qu'il se pourvoie, soit contre l'usufruitier, soit contre le propriétaire, pour recouvrer sur la totalité du pécule le reliquat de sa créance; et il importe peu que l'esclave ait tenu à ferme ses services de l'usufruitier, ou qu'il lui ait prêté de l'argent (1), c'est pourquoi on devra accorder contre le maître de la propriété l'action sur le pécule (2), en déduisant (3) une partie de ce qui lui est dû, sur celui de l'esclave qui lui appartient.

38. Africanus, *liv.* 8, *des questions.*

D'une somme d'argent déposée entre les mains d'un fils de famille.

J'ai donné à un fils de famille, à titre de dépôt, une

----

(3) L. 27 §. 6. supr. eod.

depositi de peculio. Quamvìs nihil patri filius debet, et hæc decem (1) teneat, nihilò magìs tamèn patrem damnandum existimavit, si nullum prætereà peculium sit : hanc enim pecuniam, cum mea maneat, non esse peculii. Deniquè quolibèt alio agente de peculio, minimè dubitandum ait, computari non oportere. Itàquè ad exhibendum (2) agere me, et exhibitam vindicare debere.

Si soluto matrimonio petatur liberatio à promissione dotis.

§. 1. Si nuptura filiofamiliâs, dotis nomine certam pecuniam promiserit ; et divortio facto agat de dote cùm patre : utrùmnè totâ promissione, àn deducto eo quod patri filius debeat, liberari eam oporteret ? Respondit, totâ promissione (3) eam liberandam esse : cum certè et si ex promissione cùm ea ageretur, exceptione doli mali tueri se posset.

De eo quod vicarius non peculiatus domino debet.

§. 2. Stychus habet in peculio Pamphilum, qui est decem : idem Pamphilus debet domino quinquè. Si agatur de peculio Stychi nomine, placebat, æstimari debere pretium Pamphili : et quidèm totum, non deducto eo quod domino Pamphilus debet : neminem (4) enim posse intelligi ipsum in suo peculio esse. Hoc ergò casû damnum dominum passurum : ut pateretur, si cui-

---

(1) V. l. 36. in pr. supr. de hered. petit.
(2) L. pen. infr. depositi.
(3) L. 30. in fin. infr. soluto patrimonio.

somme de dix, et je forme, en raison de ce dépôt, l'action sur le pécule. Quoique le fils ne doive rien à son père, et qu'il possède cette somme (1), Africanus a pensé que le père ne doit pas être condamné, s'il ne trouve dans le pécule rien au-delà de la somme déposée. Car par la raison que cette somme est toujours la même, elle ne fait pas partie du pécule. En un mot, tout autre formant l'action sur le pécule, il ajoute qu'il n'y a pas de doute que cette somme ne serait pas censée à son égard faire partie du pécule. C'est pourquoi je puis former l'action en représentation de mon dépôt (2), et ensuite le revendiquer.

Si après la dissolution du mariage la femme demande à être déchargée de la promesse qu'elle avait faite d'apporter une dot.

§. 1. Si une femme, devant épouser un fils de famille, lui a promis pour sa dot une certaine somme d'argent, et qu'après le divorce, elle actionne le père pour se faire rendre en entier sa dot, celui-ci doit-il la décharger en entier de l'obligation qu'elle avait contractée d'apporter cette somme en dot, ou doit-il déduire ce que son fils lui doit? J'ai répondu que la femme devait être déchargée en entier de sa promesse (3), puisque si on venait à l'actionner elle-même, relativement à cette dot, elle pourrait opposer une exception tirée de la mauvaise foi.

De ce que l'esclave, qui n'a pas de pécule, doit à son maître.

§. 2. Stychus, esclave, a dans son pécule l'esclave Pamphile, qui vaut dix. Le même Pamphile doit à son maître cinq. Si on formait à l'occasion de Stychus l'action sur le pécule contre son maître, on décidait que l'on devait estimer la valeur entière de Pamphile, sans déduire ce que cet esclave devait à son maître, car il n'est personne qui puisse raisonnablement prétendre qu'un esclave est lui-même dans son pécule, et qu'il en fait partie (4).

---

(4) L. 16. in fin. infr. ee pecule legat.

libét alii servorum suorum peculium non habenti
credidisset ; idquè ità se habere evidentiùs ap-
pariturum ait , si (1) Stycho peculium legatum
esse proponatur ; qui certè, [si] ex testamento
agat , cogendus non est , ejus quod vicarius suus
debet , alitèr quàm ex peculio ipsiùs deductionem
pati : alioquin futurum , ut , si tantumdèm vicarius domino debeat , ipse nihil in peculio habere
intelligatur ; quod certè est absurdum.

De servo vendito.

§. 3. Servo, quem tibi vindideram , pecuniam
credidi : quæsitum est , àn ità mihi in te actio de
peculio dari debeat, ut deducatur id quod apud
me ex eo remanserit ? Quod quidèm minimè verùm est : nec intererit, intrà annum, quàm ven-
diderim , àn posteà experiar , nàm nec cæteris
quidèm, qui tunc cùm eo contraxerunt in me actio
datur. In contrarium quoquè agentibus mecùm
his qui anteà cùm servo contraxissent , non
deducam id (2) quod posteà mihi debere cœperit.
Ex quo apparet , onus ejus peculii , quod apud
me remanserit , ad posterioris temporis contractus pertinere non debere.

39. FLORENTINUS , *lib.* 11 , *institutionum.*

Quæ sunt in peculio.

Peculium et ex eo consistit , quod parsimoniâ

___

(1) L. 18. supr. h. t.

Dans ce cas ce sera donc le maître qui en souffrira, comme il en souffrirait s'il avait prêté à tout autre de ses esclaves qui n'aurait pas eu de pécule. Et comme le dit ce même jurisconsulte, l'assertion deviendra encore plus certaine et moins douteuse, si l'on suppose que le maître de Stychus lui a légué son pécule (1). Et en effet, Stychus demandant la délivrance de son legs, en vertu du testament, ne pourra être contraint à payer à l'héritier la somme due par l'esclave en second au défunt, qu'autant que l'héritier consentira à une déduction sur le pécule de ce dernier. Autrement il arriverait que si l'esclave en second devait au maître une somme égale au pécule de l'esclave en chef, celui-ci n'aurait pas de pécule, ce qui est absurde et inadmissible.

De l'esclave vendu.

§. 3. J'ai prêté de l'argent à un esclave que je vous avais vendu. On a demandé, à cette occasion, si l'action sur le pécule que j'ai contre vous doit être restreinte, relativement au pécule de cet esclave qui m'est resté. L'affirmative serait injuste ; car il importe peu que j'intente l'action dans l'année où j'ai vendu, ou après, puisque si les autres créanciers, qui ont contracté avec l'esclave depuis la vente, intentaient contre moi l'action sur le pécule, ils seraient mal fondés. Par la raison contraire, si les créanciers qui ont contracté avec mon esclave avant la vente, intentaient contre moi l'action sur le pécule, je ne déduirais pas (2) ce que l'esclave aurait commencé à me devoir depuis que je l'aurais vendu; d'où il résulte que le pécule qui m'est resté n'est pas grévé des obligations que l'esclave a contracté depuis qu'il a cessé, par l'aliénation que j'en ai faite, de m'appartenir.

39. FLORENTINUS, *liv.* 11, *des institutes.*

Quelles sont les choses qui entrent dans le pécule.

Le pécule se compose des épargnes de l'esclave, ou du

---

(2) L. 47. §. pen. infr. eod.

suâ quis paravit, vel officio meruerit à quolibet sibi donari : idquè velùt proprium patrimonium servum suum habere quis voluerit.

40. MARCIANUS, *lib.* 5, *ad regularum.*

De ortû, augmento, decremento, et interîtû peculii.

Peculium nascitur, crescit, decrescit, moritur : et ideò elegantèr Papirius Fronto dicebat, *peculium simili essé homini.*

§. 1. Quomodò autèm peculium *nascitur*, quæsitum est ? Et ità veteres distinguunt : si id adquisiit servus, quod dominus necesse non habet præstare, id esse peculium : si verò tunicas, aut aliquid simile, quod ei dominus necesse habet præstare, non esse peculium : ità igitur nascitur peculium. *Crescit*, cum auctum fuerit. *Decrescit*, cum servi vicarii moriuntur, res intercidunt. *Moritur* cum (1) ademptum sit.

41. ULPIANUS, *lib.* 43, *ad Sabinum.*

Nec servus quicquàm debere potest, nec servo potest deberi. Sed, cùm eo verbo abutimur, factum magìs demonstramus, quàm ad jus civile referimus obligationem. Itàquè quod servo debetur, ab extraneis (2) dominus rectè petet : quod servus

---

(1) L. 8. in fin. supr. eod.

fils de famille, ou des libéralités qui lui ont été faites par quelqu'un dont il a bien mérité, et que le maître ou le père a voulu que l'un ou l'autre possédassent à titre de patrimoine.

40. MARCIEN, *liv. 5, des règles.*

Du commencement, de l'augmentation, du décroissement, et de l'extinction du pécule.

Le pécule a son commencement, de même qu'il est susceptible d'accroissement, de diminution, et même de périr. Et c'est pour cela que Papyrius Fronto disait, et avec raison, *que le pécule ressemblait à l'homme.*

§. 1. On a agité la question de savoir comment le pécule se formait? Voici la distinction que les anciens ont faite. Si l'esclave a acquis ce que le maître n'était pas obligé de lui fournir, cela entre dans son pécule. Si ce sont des habits, ou quelqu'autre chose de semblable qu'il s'est procuré par lui-même, et que son maître était obligé de lui fournir, ces sortes de choses n'entrent pas dans son pécule. C'est donc ainsi que *commence* le pécule. Le pécule *croît* lorsqu'il éprouve des augmentations, il *diminue*, lorsque les esclaves en second viennent à mourir, et lorsque les choses qui le composent périssent. *Il finit* lorsque le maître l'enlève à son esclave (1).

41. ULPIEN, *liv. 43, sur Sabinus.*

Un esclave ne peut, à strictement parler, ni devoir, ni avoir des créances, c'est-à-dire, qu'il ne peut être ni débiteur, ni créancier. Mais comme nous abusons des termes, nous désignons plutôt le fait, que nous ne reportons l'obligation au droit civil. C'est pourquoi le maître sera fondé à demander ce qui est dû à son esclave par des étrangers (2). Quant à ce que l'esclave doit lui-même, on

---

(2) §. 1. Inst. de stipul. servor. pr. Inst. per quas person. nob. oblig. acquir.

ipse debet, eo nomine in (1) peculium, et si quid
indè in rem domini versum est, in dominum
actio datur.

42. IDEM, *lib.* 12 , *ad edictum.*

De adrogatore.

In adrogatorem (2) de peculio actionem dandam , quidam rectè putant : quamvis Sabinus ,
et Cassius, ex antè gesto de peculio actionem
non esse dandam existimant.

43. PAULUS , *lib.* 30 , *ad edictum.*

De servo vendito post litem contractatam.

Si posteàquàm tecùm de peculio egi, antè rem
judicatam servum vendideris, Labeo ait , etiàm
ejus peculii nomine , quod apud emptorem quæ-
sierit , damnari te debere ; nec succurrendum
tibi : culpâ enìm tuâ [id] accidisse , qui servum vendidìsses.

44. ULPIANUS , *lib.* 63 , *ad edictum.*

De contractû filiifamiliâs.

Si quis cùm filiofamiliâs contraxerit, duos (3)
habet debitores : filium in solidum , et patrem
duntaxàt de peculio.

---

(1) L. 7. in pr. C. quod cùm eo , qui in alien. potest.
(2) L. 45. supr. de adopt. l. 7. infr. de pecul. legat.

accordera à cette occasion contre son maître l'action sur le pécule (1), celle qui a lieu toutes les fois que le contrat de l'esclave a tourné au profit du maître.

42. LE MÊME; *liv.* 6, *sur l'édit*.

De l'adrogateur.

Il est des jurisconsultes qui pensent, et avec raison, que l'on doit accorder l'action sur le pécule (2) contre l'adrogateur, quoique Cassius et Sabinus pensent que l'on ne doit pas accorder contre lui cette action à l'égard des obligations que l'adrogé a contracté avant son adrogation.

43. PAUL, *liv.* 30, *sur l'édit*.

De l'esclave vendu, après que l'action a été formée.

Si j'ai formé contre vous l'action sur le pécule, et qu'avant qu'il ait été statué sur ma demande, vous ayez vendu l'esclave, à l'occasion duquel je formais cette action, Labéon dit que vous devez être condamné à me payer même sur le pécule qu'il aura acquis chez celui à qui vous l'avez vendu, et que l'on ne doit nullement venir à votre secours. Car c'est à vous même que vous devez vous en prendre, de ce qu'il a acquis ce pécule ailleurs que chez vous qui l'avez vendu.

44. ULPIEN, *liv.* 63, *sur l'édit*.

Du contrat du fils de famille.

Celui qui a contracté avec un fils de famille a deux débiteurs (3) pour un, le fils de famille pour le tout, et le père jusqu'à la concurrence du pécule.

---

(1) L. 57. supr. de judic. l. 39. infr. de oblig. et act.

45. Paulus, *lib.* 61 , *ad edictum.*

Ideòquè, si pater filio peculium ademisset ; nihilominùs creditores cùm filio agere possunt.

46. Idem , *lib.* 60 , *ad edictum.*

De administratione peculii.

Qui peculii administrationem concedit , videtur permittere generalitèr , quod et specialitèr permissurus est.

47. Idem , *lib.* 4 , *ad Plautium.*

De prohibitione domini.

Quotiens in tabernâ (1) ità scriptum fuisset , *cùm Januario servo meo geri negotium veto :* hoc solum consecutum esse dominum constat , nè institoriâ teneatur , non etiàm de peculio.

De servo fidejubente.

§. 1. Sabinus respondit (2) non aliàs dandam de peculio actionem in dominum , cum servus fidejussisset , nisi in rem domini , aut ob rem peculiarem fidejussisset.

De futuro incremento peculii.

§. 2. Si semèl actum sit de peculio, quam-

---

(1) L. 11. §. 3. supr. de instit. act.

45. PAUL, *liv.* 61, *sur l'édit*.

Par conséquent, dans le cas même où le père aurait ôté à son fils son pécule, les créanciers du fils n'en auraient pas moins le droit de le poursuivre.

46. LE MÊME, *liv.* 60, *sur l'édit*.

De l'administration du pécule.

Celui qui accorde la libre administration du pécule, est censé, par cette concession générale, en avoir accordé l'administration spéciale.

47. LE MÊME, *liv.* 4, *sur Plautius*.

De la défense du maître.

Lorsqu'il y a au-dessus de la porte d'une boutique un écriteau, portant cette défense (1) : *Je défends de faire aucune affaire avec mon esclave Januarius*, cette défense empêche bien que l'on ne puisse intenter contre le maître de l'esclave l'action institoire, mais elle ne le met pas à l'abri de celle sur le pécule.

De l'esclave qui a répondu.

§. 1. Sabinus a répondu que l'on ne doit accorder (2) l'action sur le pécule contre le maître d'un esclave qui a répondu pour quelqu'un, qu'autant que l'obligation de l'esclave a tourné à son profit, ou que l'eslave a répondu dans une cause qui concernait son pécule.

De l'augmentation future du pécule.

§. 2. L'action sur le pécule une fois formée, si lors du jugement il ne se trouve pas suffisamment de quoi payer,

---

(2) L. 3. §. 5. ζ. 6. supr. h. t.

vis minùs inveniatur rei judicandæ tempore in peculio, quàm debet, tamèn cautionibus locum esse non placuit de futuro incremento peculii : hoc enìm in pro socio actione locum habet (1), quià socius universum debet.

De servo alienato.

§. 3. Si creditor servi ab emptore esset partem consecutus, competere in reliquum in venditorem utile judicium, Proculus ait ; sed re integrâ non esse permitendum actori, dividere actionem, ut simùl cùm emptore et cùm venditore experiatur ; satis enìm esse, hoc solum ei tribui, ut rescisso superiore judicio, in alterum detur ei actio, cum, electo reo, minùs esset consecutus : et hoc jure utimur.

§. 4. Non tantùm autèm quivis creditor cùm venditore ex antè gesto agere potest, sed et ipse emptor : idquè et Juliano videtur, quamvìs, et deducere ipse potest adversùs alium agentem : dùm tamèn id quod apud se habet, computet.

§. 5. Si servus, deducto peculio, venditus sit, procedit, ut venditor et deductione uti possit : et, si post (2) venditionem cœperit aliquid venditori servus debere, non minuit peculia, quià non domino debet.

____

(1) L. 63. §. 4. infr. pro socio.

les créanciers ne peuvent pas forcer le maître à lui donner caution de le remplir du reliquat de leurs créances, dans le cas où le pécule s'améliorerait ; ces sortes de cautions n'ont lieu (1) qu'en matière de société, parce qu'un associé est débiteur pour le tout.

De l'esclave aliéné.

§. 3. Si le créancier d'un esclave avait retiré une partie de sa dette sur l'acheteur, il a une action utile contre le vendeur, pour se faire payer de ce qui lui reste dû. C'est le sentiment de Proculus, mais on ne doit pas permettre au demandeur, les choses étant entières, de diviser son action, et d'actionner ainsi tout à la fois le vendeur et l'acheteur, chacun pour une partie de la dette ; car il doit lui suffire, le premier jugement étant annullé, d'avoir action contre l'autre débiteur, après en avoir choisi un duquel il n'a pu être payé de la totalité de sa dette ; et c'est cette décision que nous suivons dans la pratique.

§. 4. Cette action sur le pécule peut être intentée contre le vendeur, non-seulement par tout créancier qui, avant la vente, a contracté avec l'esclave, mais elle peut encore l'être par l'acheteur lui-même, si toutefois il avait contracté avec l'esclave avant de l'avoir acheté. C'est l'opinion de Julien. Il y a plus, c'est que si l'acheteur était actionné par un créancier, dont la dette serait antérieure à la vente, il pourrait déduire sur le pécule de son esclave ce qui lui serait dû. Mais il doit tenir compte, dans ce cas, du pécule que l'esclave a sous lui.

§. 5. Si l'esclave a été vendu sans son pécule, le vendeur a le droit de retenir sur le pécule ce qui lui est dû, et si après que (2) l'esclave a été vendu, il a commencé à devoir quelque chose à son ancien maître, le pécule qu'il a retenu ne souffre pas de diminution par cette dette, parce qu'il n'est pas censé devoir à son maître.

____

(2) L. 32. in fin. supr. h. t.

§. 6. Quæ diximus in emptore et venditore, eadèm sunt, et si alio quovis genere dominium mutuatum sit; ut legato, dotis datione: quià, quasi patrimonium liberi hominis, peculium servi intelligitur, ubicunquè esset.

48. IDEM, *lib.* 17, *ad Plautium.*

De administratione peculii.

Libera peculii administratio non permanet nequè in fugitivo (1), nequè in subrepto, nequè in eo, de quo nesciat quis, vivat, àn mortuus sit.

§. 1. Cui peculii administratio data est, delegare (2) debitorem suum potest.

49. POMPONIUS, *lib.* 4, *ad Quintum Mucium.*

Quæ sunt in peculio.

Non solùm id peculium est quòd dominus servo concessît: verùm (3) id quoquè, quod ignorante quidèm eo adquisitum sit, tamèn si rescisset, passurus erat esse in peculio.

De servo negotia domini ignorantis gerente.

§. 1. Si ignorante me servus meus negotia mea administraverit, tantìdèm debitor mihi intelligetur, quantì tenebatur, si liber negotia mea administrasset.

---

(1) L. 11. in fin. supr. de reb. cred.

§. 6. Ce que nous avons dit à l'égard du vendeur et de l'acheteur, a lieu dans toutes les espèces d'aliénation du domaine ; parce que le pécule d'un esclave est censé être le bien d'un homme libre, n'importe où il se trouve.

48. LE MÊME, *liv.* 17, *sur Plautius.*

De l'administration du pécule.

Dès que l'esclave est en fuite (1), ou qu'il a été volé, ou que l'on ignore s'il vit ou s'il est mort, la libre administration du pécule cesse dans tous ces cas.

§. 1. Celui qui a la libre administration de son pécule peut déléguer (2) son débiteur à l'effet de payer à son acquit.

49. POMPONIUS, *liv.* 4, *sur Quintus Mucius.*

Quelles sont les choses qui entrent dans le pécule.

Non-seulement ce que le maître a donné à son esclave fait partie de son pécule, mais encore (3) tout ce que l'esclave a acquis même à son insçu, et qu'il eût laissé dans son pécule, s'il l'eût su.

De l'esclave qui a géré les affaires de son maître.

§. 1. Si mon esclave a administré mes affaires à mon insçu, il devient par-là mon débiteur, de même que le serait tout homme libre qui aurait ainsi géré mes affaires.

---

(2) L. 15. infr. de solut. l. ult. in pr. infr. de novat.
(3) L. 7. S. 2. supr. h. t.

Quibus ex causis servus domino debet , vel contrà.

§. 2. Ut debitor vel servus domino , vel dominus servo intelligatur , ex causâ civili computandum est : ideòque si dominus in rationes suas referat *se debere servo suo* , cum omninò nequè mutuum acceperit , neqnè ulla causa præcesserat debendi , nuda (1) ratio non facit eum debitorem.

50. PAPINIAUS , *lib.* 9 , *quæstionum.*

Si nihil sit in peculio.

Eo tempore , quo in peculio nihil est , pater latitat : in bonorum possessionem , ejus rei servandæ causâ , mitti non possum (2) qui de peculio cùm eo acturus sum : quià *non fraudationis causâ latitat , qui si judicium acciperet , absolvi deberet.* Nec ad rem pertinet , quod fieri potest , ut damnatio sequatur : nàm et si in diem vel sub conditione debeatur , fraudationis causâ non videtur latitare : tametsi potest judicis injuriâ condemnari. Sed fidejussorem datum eo tempore , quo nihil in peculio est , teneri putat Julianus : quoniàm fidejussor futuræ (3) quoquè actionis accipi possit , si tamèn sic acceptus est.

Si pater creditori filii sui succedat.

§. 1. Si creditor patrem , qui de peculio (4) tenebatur , heredem instituerit: quià mortis tem-

---

(1) L. 26. infr. de donat.
(2) Obst. l. 7. §. 15. infr. quib. ex caus. in possess.

*Des causes pour lesquelles l'esclave doit à son maitre,
ou le maitre à son esclave.*

§. 2. Pour que l'esclave soit régardé comme étant débiteur de son maitre, ou le maitre le débiteur de son
esclave, il faut que la cause de la dette puisse produire
une obligation civile ; c'est pourquoi si le maitre a annoté
sur ses livres de compte *qu'il devait à son esclave*, sans
pour çà prouver qu'il lui ait prêté, et sans qu'il existe
aucune cause qui ait pu donner lieu à la dette, cette (1)
simple mention ne le rend pas débiteur de l'esclave.

5o. PAPINIEN, *liv.* 9, *des questions.*

S'il ne se trouve rien dans le pécule.

Un père se cache pour se soustraire à l'action sur le
pécule, que je veux former contre lui dans le tems où il
ne s'y trouve rien ; voulant former contre lui l'action sur le
pécule, je ne puis pas être envoyé en possession de ses
biens pour la sûreté de mon paiement (2), *parce que celui-
là n'est pas censé se cacher frauduleusement, qui, s'il
défendait a l'action serait renvoyé absous.* Et il importe
peu que l'on dise que le père pourrait être condamné ; car
un débiteur qui doit qui à un jour fixe, ou conditionnel-
lement, n'est pas censé se cacher frauduleusement, quoi
qu'il puisse être condamné injustement. Mais Julien pense
que le répondant donné dans un tems où il n'y avait rien
dans le pécule, n'en est pas moins obligé, parce que l'on peut
recevoir un répondant pour la sûreté d'un paiement qu'un
jour l'on serait en droit d'exiger (3) ; mais il faut que ce
répondant ait été accepté du consentement des parties.

Si le père est devenu l'héritier du créancier de son fils.

§. 1. Si un créancier, qui avait droit de former l'action
sur le pécule (4), contre le père a institué pour son héritier

---

(3) L. 35. in fin. supr. de judic. l. 4. in pr. infr. de fidejuss.
(4) L. 5 . in pr. infr. ad leg. Falcid.

pus in Falcidiæ ratione spectatur, illiùs (1) temporis peculium considerabitur.

De obligatione servi.

§. 2. Etiàm postquàm (2) dominus de peculio conventus est, fidejussor pro servo accipi potest : et ideò quâ ratione, si post actionem dictatam servus pecuniam exsolverit, non magis repetere potest, quàm si judicium dictatum non fuisset; eâdèm ratione fidejussor quoquè utilitèr acceptus videbitur : quià naturalis obligatio (3) quam etiàm servus suscipere videtur, in litem translata non est.

De eo quod possessor bonæ fidei accepit, ut manumitteret.

§. 3. Si servus alienus, cum bonâ fide serviret mihi, nummos à Titio mutuatos mihi dedit, ut eum manumitterem : et manumisi : creditor quærebat, quem de peculio conveniret ? Dixi, quamquàm creditor electionem aliàs haberet, tamèn in proposito dominum esse conveniendum : et eum ad exhibendum mecùm acturum pecuniæ nomine, quæ ipsi esset adquisita (4), nec in eam causam alienata, quæ pro capite servi facta proponeretur : neque enim admittendam esse distinctionem existimantium,

____

(1) Obst. l. 83. infr. d. t.
(2) L. 8. §. 3. infr. de fidejuss.

le père lui-même au moyen de ce que on se reporte au tems
de la mort , en ce qui concerne la déduction autorisée par la
loi *falcidia* en faveur de l'héritier , c'est à cette époque
que l'on (1) doit aussi se reporter pour fixer l'état du pécule.

De l'obligation de l'esclave.

§. 2. On peut recevoir un répondant pour sûreté du
paiement de la dette que l'on a à répéter d'un esclave ,
même après que l'action (2) sur le pécule a été formée
contre le maître de l'esclave ; c'est pourquoi , par la raison
que , si l'esclave paye après que l'action aura été intentée ,
il ne peut pas plus redemander comme indû ce qu'il a
payé , que s'il n'y avait pas eu de jugement , de même
le répondant donné dans ce cas est valablement obligé ,
parce que l'obligation naturelle (3) que l'esclave a contracté n'a pu faire partie du jugement , c'est-à-dire , que
le juge n'a pas pu prononcer sur cette obligation naturelle.

De ce que le possesseur de bonne foi a reçu d'un esclave pour l'affranchir.

§. 3. Un esclave qui ne m'appartenait pas , mais qui
me servait de bonne foi comme s'il eût été à moi , m'a
donné pour que je l'affranchisse une somme qu'il avait
empruntée à Titius , et je l'ai affranchi. Le créancier demandait contre qui il devait former l'action sur le pécule. On a répondu , que quoique dans d'autres circonstances le créancier ait le choix , cependant dans ce cas ,
il doit former son action contre le véritable maître , et
que celui-ci a contre moi l'action en représentation de la
somme que son esclave lui a acquise (4) , et comme cette
somme a été donnée pour racheter l'esclave , elle ne sera
pas censée avoir été aliénée ; car on ne doit pas admettre
ici la distinction des jurisconsultes qui pensent que , si je

---

(3) L. 14. infr. de oblig. et act.
(4) Arg. l. 43. in pr. infr. de adquirend. rer. domin.

si non manumittam, domini pecuniam esse; manumissione verò secutâ, videri pecuniam ex re
meâ quæsitam mihi : quoniàm magis proptèr
rem meam, quàm ex re meâ, pecunia mihi
daretur.

51. Scævola, *lib.* 2, *quæstionum.*

De eo quod extraneo debetur.

Quod debetur servo ab extraneis, agenti de
peculio, non omnimodò dominus ad quantitatem debiti condemnandus est : cum et sumptus
in petendo, et eventus executionis possit esse
incertus; et cogitanda sit mora temporis (1),
quod datur judicatis, aut venditionis bonorum,
si id magis faciendum erit ; ergò, si paratus,
sit actiones mandare, absolvetur. Quod enìm
dicitur, si cùm uno ex sociis agatur, universum peculium computandum, quià sit cùm
socio actio : in eodem redibit, si actiones paratus sit præstare ; et in omnibus, quos idcircò
teneri dicimus, quià habent actionem, delegatio pro (2) jnstâ præstatione sit.

52. Paulus, *lib.* 4, *quæstionum.*

De privilegio creditorum.

Ex facto quæritur : qui tutelam, quasi liber,
administrabat, servus pronunciatus est : àn, si

---

n'affranchis pas l'esclave, la somme appartient au maître, mais que si l'affranchissement a eu lieu, la somme m'appartient comme provenant de ma chose, parce que cette somme m'a été plutôt donnée à l'occasion de ma chose que comme provenant de ma chose.

51. Scævola, *liv.* 2, *des questions.*

De ce qui est dû par un étranger.

Dans le cas où il est dû à un esclave, si le maître est actionné sur le pécule, il ne doit pas être condamné à payer à tous les créanciers qui l'actionnent sur le pécule la totalité de ce qui est dû à l'esclave, parce que les frais à faire pour contraindre les débiteurs à payer, l'issue de l'exécution ne sont rien moins que certains, d'ailleurs il faut prendre en considération les délais qu'on accorde (1) à ceux qui ont été condamnés, ceux qu'exige la vente des biens, si l'on est forcé d'en venir là; mais si le maître offre aux créanciers de leur transporter ses actions contre les débiteurs de son esclave, il doit être absous. Car lorsque l'on dit que quand on intente l'action contre l'un des associés, tout le pécule doit être compté, en ce que l'associé actionné a contre son co-associé l'action venant de la société, l'on doit faire le même raisonnement, s'il est disposé à transporter ses actions. En général, quand on dit que quelqu'un est obligé à cause du recours qu'il a contre un autre, la délégation qu'il fait de ses actions tient lieu à son égard de paiement (2).

52. Paul, *liv.* 4, *des questions.*

Du privilége des créanciers.

On a fait cette hypothèse. Quelqu'un qui gérait une tutelle comme s'il eût été libre, a été déclaré en justice

---

(2) L. 16. §. ult. l. 10. §. 17. supr. de hered. petit. l. 2. §. 3. infr. de hered. vel act. vend.

conveniatur ejus dominus à pupillo (cujus quidèm potiorem (1) causam , quàm creditorum
cæterorum servi habendam rescriptum est) [àn]
vel id deducatur ex peculio quod domino debetur ; et , si putaveris posse deduci , àn intersit , utrùm , cum adhùc in libertate ageret ,
domini debitor factus est , àn posteà , et àn de
peculio impuberi competat? Respondi : nullum
privilegium præponi patri vel domino potest ,
cum ex personà filii vel servi de peculio conveniuntur. Planè in cæteris creditoribus habenda
est ratio privilegiorum. Quid enim , si filius
dotem accepit , tutelam administravit? Meritò
igitùr et in servo , qui pro tutore egit , id rescriptum est : *et quià occupantis* (2) *melior
solet esse conditio , quàm cæterorum*, inhibe-
tur actio. Planè , si ex re pupilli nomina fecit ,
vel pecuniam in arcà deposuit ; datur ei vin-
dicatio nummorum : et adversùs debitores utilis
actio , scilicèt , si nummos consumpserunt : hic
enim alienare eos non potuit ; quod in quovis (3)
tutore dicendum est. Nec tamèn interesse puto,
quandò domino debere cœpit , utrùm cùm in
libertatis possessione esset , àn posteà : nàm et
si Titii servo credidero , ejusquè dominus esse
cœpero , deducam quod priùs credidi , conveniri
de peculio cœpero. Quid ergò est? Quià de
peculio actio deficit , utilis actio in dominum
quasi tutelæ erit : ut , quod ille pro patrimonio
habuit , peculium esse intelligatur.

---

(1) L. 1. in pr. supr. de tribut. act. adde l. 22. §. fin. infr. solut.
matrim.

(2) L. 10. supr. h. t. l. 4. infr. de in rem verso.

être esclave. Si le maître de cet esclave est actionné sur le
pécule par le pupille, (il a été décidé par plusieurs rescrits que le pupille est préféré aux (1) autres créanciers
de l'esclave), peut-il déduire sur le pécule de l'esclave ce
qui lui est dû par ce dernier; si vous croyez qu'il peut faire
cette déduction, y aura-t-il lieu à distinguer, s'il est devenu
le débiteur de son maître dans le tems où il passait pour
libre, ou s'il ne l'est devenu qu'après, et si dans les deux
cas le pupille a contre le maître action sur le pécule. J'ai
répondu que le père, ou le maître, lorsqu'il est actionné à
l'occasion du pécule de son fils, ou de son esclave est préféré; mais à l'égard de tous les autres créanciers, on
prendra en considération leurs priviléges. Car qu'en serait-il
si le fils avait reçu une dot, ou géré les affaires de quelqu'un? C'est avec raison que la même chose a été décidée
à l'égard d'un esclave qui a agi à la place d'un tuteur, et
comme *la condition du créancier le plus diligent est
toujours plus avantageuse que celle des autres* (2), il n'y a
plus d'action, si le pécule se trouve épuisé. Mais si l'esclave avait prêté l'argent du pupille, ce qui aurait produit des obligations, ou s'il l'avait déposé dans un coffre,
le pupille serait fondé à le revendiquer, et il aurait une
action utile contre les débiteurs à qui l'esclave l'aurait
prêté, s'il avait été employé, parce que l'esclave n'avait
pas le droit de l'aliéner. On doit raisonner de même à
l'égard de (3) toute espèce de tuteur. Et je pense qu'il
importe peu de distinguer à quelle époque il a commencé
à être le débiteur de son maître, si c'était dans le tems
où il jouissait de la liberté, ou après; car si j'ai prêté à
l'esclave de Titius, et que je sois devenu son maître, je
déduirai d'abord ce que je lui ai prêté, si je suis actionné
sur le pécule. Que faut-il donc décider à cet égard? L'action sur le pécule n'ayant plus lieu, il aura contre le maître
l'action utile provenant de la tutelle, en sorte que ce
que l'esclave avait dans son patrimoine, pendant qu'on le
croyait libre, sera censé composer son pécule.

---

(3) L. 2. C. quando ex facto tutor.

Tom. 9.

§. 1. Si dos filiofamiliâs sit data, vel tutelam administraverit, habenda erit ratio privilegiorum in actione de peculio : dilatâ interim cæterorum creditorum actione, vel interpositâ cantione(1), si priores agant, qui privilegium non habent, *restitutum iri, quod acceperunt si inferatur posteà cùm patre actio privlegii.*

53. Idem, *lib.* 11, *quæstionum.*

Si peculium manumisso non adimatur.

Si Stycho peculium cum manumitteretur, ademptum non est, videtur(2) concessum : debitores autèm convenire, nisi mandatis sibi actionibus, non potest.

54. Scævola, *lib.* 1, *responsorum.*

De servis qui domino debebant prælegatis.

Filiofamiliâs uni ex heredibus(3)prædia prælegavit, *ut instructa erant cùm servis :* hi servi domini debitores fuerunt : quæsitum est, àn cæteris heredibus adversùs eum actio de peculio competat ? Respondit, non competere.

---

(1) L. 9 in fin. supr. h. t.
(2) L. ult. infr. de manumiss. quæ servis. l. un. C. de pecul. ejus qui libertat.

§. 1. Si un fils de famille a reçu une dot, ou administré une tutelle, on aura égard entre les créanciers qui formeront l'action sur le pécule aux priviléges de ceux qui en auront à faire valoir. L'action des autres créanciers sera suspendue, ou si ce sont ceux qui n'avaient pas de privilége qui ont été les plus diligens à former l'action sur le pécule, ils donneront caution (1), *de restituer ce qu'ils auront reçu s'il survient des créanciers privilégiés qui forment l'action contre le père.*

53. LE MÊME, *liv.* 11 *des questions.*

Si le pécule n'a pas été ôté à l'esclave lors de son affranchissement.

Si en affranchissant Stychus son maître ne lui a pas ôté son pécule, il est censé (2) le lui avoir donné; mais l'esclave ne pourra actionner ses débiteurs qu'autant que son maître lui aura transporté ses actions.

54. SCÆVOLA, *liv.* 1, *des réponses.*

Des esclaves légués par forme de prélegs, débiteurs de leurs maîtres.

Un testateur avait légué, par forme de prélegs, à un fils de famille qu'il avait institué pour un de ses héritiers, une terre (3) telle qu'elle se poursuivait et comportait, avec tous les esclaves nécessaires à son exploitation. Ces esclaves étaient débiteurs de leurs maîtres; on a demandé, si les autres co-héritiers avaient le droit de former contre lui l'action sur le pécule. J'ai répondu négativement.

______

(3) L. ult. infr. h. t.

55. Neratius , *lib.* 1 , *responsorum,*

Si conventus de peculio, vi eximatur.

Is cùm quo de peculio agebam , à te vi exemptus est : quod tunc , cum vi eximeres, in peculio fuerit spectari.

56. Paulus , *lib.* 2 , *ad Neratium.*

Si servus domino expromiserit.

Quod servus meus pro debitore meo mihi expromisit , ex peculio deduci debet , et à debitore nihilominùs debetur. Sed videamus , nè credendum sit , peculiare fieri nomen ejus, pro quo expromissum est. Paulus : utiquè , si de peculio agente aliquo deducere velit , illud nomen peculiare facit.

57. Tryphoninus , *lib.* 8 , *disputationum.*

Quo tempore quantitas peculii spectatur.

Si filius vel servus , cujus nomine duntaxàt de peculio actum est , antè finitum judicium decesserit , id peculium respicietur , quod aliquis eorum , cum moriebatur , habuit.

§. 1. Sed eum , qui servum testamento *liberum esse* jubet , et ei peculium legat , ejus temporis peculium legare intelligi Julianus scribit, quo libertas competit : ideòquè omnia incrementa (1) peculii quoquo modo antè aditam hereditatem adquisita ad manumissum pertinere.

----

(1) L. 8. §. ult. infr. de pecul. legat.

55. NÉRATIUS, *liv.* 1, *des réponses.*

*Si celui contre qui est formée l'action sur le pécule,
est enlevé par violence.*

Celui contre qui je formais l'action sur le pécule a été
enlevé par vous par violence. On doit considérer le pécule
dans l'état où il était lorsque vous avez exercé cet acte de
violence.

56. PAUL, *liv.* 2, *sur Nératius.*

Si l'esclave s'est obligé à l'égard de son maître.

Ce que mon esclave s'est engagé à me payer à l'acquit
de mon débiteur, doit être déduit sur le pécule, et malgré
tout, ce dernier ne laisse pas que d'être toujours obligé
envers moi. Mais examinons si l'on ne pourrait pas dire
que l'obligation du débiteur a augmenté le pécule ?
Paul. Il est constant que si un créancier intente l'action
sur le pécule, et que le maître veuille déduire cette dette
de l'esclave sur le pécule, cette obligation du débiteur
entre dans le pécule.

57. TRYPHONINUS, *liv.* 8, *des disputes.*

Si un fils de famille, ou un esclave, à l'occasion
duquel l'action sur le pécule a été intentée, vient à mourir
avant que le jugement ait été rendu, son pécule sera
censé composé de ce qu'il avait au tems de sa mort.

§. 1. Mais Julien écrit que celui qui donne par son testament la liberté à son esclave, et lui lègue son pécule, est
censé lui léguer le pécule tel qu'il se poursuivait et comportait au tems où il lui a donné la liberté ; par conséquent toutes les augmentations survenues au pécule (1)
avant que la succession ait été acceptée, appartiennent à
l'affranchi.

§. 2. At , si quis extraneo (1) peculium servi legaverit , in conjecturâ voluntatis testatoris quæstionem esse ; et verisimilius esse , id legatum , quod mortis tempore in peculio fuerit : ità ut , quæ ex rebus peculiaribus antè aditam hereditatem accesserint , debeantur , veluti partus ancillarum , et fœtus pecudum : quæ autèm servo donata fuerint , sivè [quid] ex operis suis adquisierit , ad legatarium non pertinere.

58. Scævola , *lib.* 5 , *Digestorum.*

De servis , qui domino debebant , prælegatis.

Uni (2) ex heredibus *prædia* legavit , *ut instructa erant , cùm servis , et cœteris rebus , et quidquid ibi esset :* hi servi domino debitores fuerunt , tàm ex aliis causis , quàm ex ratione Kalendarii ; quæsitum est , àn cœteris heredibus adversùs eum pecuniæ [ab] his debitæ actio de peculio competit ? Respondit, non competere.

---

(1) D. l. 8. §. ult.

§. 2. Mais si le pécule de l'esclave a été légué à un étranger (1), il faut tâcher de découvrir quelle a pu être l'intention du testateur. Or il est plus vraisemblable qu'il n'y aura eu de légué que ce qui s'est trouvé dans le pécule au tems de la mort, en sorte que si avant que la succession ait été acceptée, il est survenu des augmentations dans le pécule, elles sont dues au légataire, tel serait, par exemple, l'enfant né d'une femme esclave, le croit des troupeaux. Mais ce qui aura été donné à l'esclave, de même que ce qu'il aura gagné par son travail, n'appartiendra pas au légataire.

58. Scævola, *liv.* 5, *du Digeste.*

Des esclaves débiteurs envers leur maitre, légués par préciput.

Un testateur (2) a légué à l'un de ses héritiers *une terre, telle qu'elle se poursuivait, comportait, avec tous les esclaves, et les instrumens nécessaires à son exploitation, en un mot tout ce qui était sur la terre.* Ces esclaves étaient débiteurs envers leur maitre, tant à plusieurs titres, qu'à cause de certains comptes qu'ils avaient à rendre. On a demandé, si les autres héritiers avaient le droit de former l'action sur le pécule pour raison de l'argent que devaient ces esclaves? J'ai répondu négativement.

----

(2) L. 54. supr. h. t.

TITULUS SECUNDUS.

Quandò de peculio actio annalis est.

⁓⁓⁓⁓⁓

1. ULPIANUS, *lib.* 29, *ad edictum.*

Edictum.

PRÆTOR ait : *post mortem ejus, qui in alteriùs potesate fuerit, posteàvè, quamvis emancipatus, manumissus, alienatusvè fuerit, duntaxàt de peculio, et si quid dolo malo ejus, in cujus potestate est, factum erit, quo minùs peculii esset, in* (1) *anno, quo primùm de eâ re experiundi potestas erit, judicium dabo.*

Quibus casibus actio est perpetua, vel annalis.

§. 1. Quamdiù servus, vel filius in potestate est, de peculio actio perpetua est : post mortem autèm ejus, vel postquàm emanipatus, manumissus, alienatusvè fuerit, temporaria esse incipit, id est, annalis.

______

(1) §. 1. infr. hic. l. 7. in pr. C. quod cùm eo, qui in alien. potest. l. 5. C. ad SC. Maced.

TITRE SECOND.

Des cas où l'action sur le pécule doit être formée dans l'année, et où elle est prescrite après ce laps de tems.

1. ULPIEN, *liv.* 29, *sur l'édit.*

Edit.

VOICI ce que dit le prêteur : *Après la mort de celui qui était sous la puissance d'autrui, ou après son émancipation, son affranchissement, ou son aliénation, je donnerai l'action sur le pécule à son créancier, contre celui sous la puissance duquel était son débiteur, pour qu'il le fasse payer, ou qu'il le fasse condamner, si par dol il a fait en sorte qu'il ne se trouvât rien dans le pécule, pourvu qu'il se présente dans l'année* (1) *où il aura pu intenter son action.*

Pour quelles causes l'action est perpétuelle, ou annuelle.

§. 1. Tant que l'esclave, ou le fils de famille, est sous la puissance, ou de son maître, ou de son père, l'action sur le pécule est perpétuelle. Mais après sa mort, ou son émancipation, ou son affranchissement, ou son aliénation, elle devient temporaire, c'est-à-dire, qu'elle est susceptible d'un terme qui ne s'étend pas au-delà d'une année.

Quo modo annus computatur.

§. 2. *Annus* autèm utilis computabitur : et ideò [et] si conditionalis sit obligatio , Julianus scripsit, ex eo computandum annum , non ex quo emancipatus est , sed ex quo peti potuit conditione existente.

Ratio edicti.

§. 3. Meritò autèm temporariam in hoc casû fecit prætor actionem : nàm cum morte vel alienatione extinguitur peculium sufficiebat , usquè ad annum produci obligationem.

Quibus ex causis incipit actio esse annalis.

§. 4. *Alienatio* autèm , et *manumissio* , ad servos pertinet , non ad filios. *Mors* autèm tàm ad servos , quàm ad filios refertur : *emancipatio* verò ad solum filium. Sed et si alio modo sinè emancipatione desierit esse in potestate , annalis erit actio. Sed et si morte patris vel deportatione , sui juris fuerit effectus filius , de peculio intrà annum heres patris vel fiscus tenebuntur.

De speciebus alienationum.

§. 5. In alienatione (1) accipitur utiquè venditor , qui actione de peculio intrà annum tenetur.

§. 6. Sed et si donavit servum , vel permutavit , vel in dotem dedit, in eâdèm causâ est.

____

(1) L. 47. §. ult. supr. de pecul.

Comment se compte l'année.

§. 2. Cette année, dont parle le préteur, est une année utile. C'est pourquoi, si l'obligation est conditionnelle, Julien écrit que l'année ne se comptera que du jour où la condition sera arrivée, et non de celui où il a été émancipé.

Motif de l'édit.

§. 3. Or, c'est avec raison que le préteur a rendu, dans ces cas, l'action temporaire, c'est-à-dire, qu'il a dit qu'elle serait intentée dans l'année. En effet, le pécule s'éteignant ou par la mort, ou par l'aliénation, il suffisait d'étendre l'obligation jusqu'à l'année au-delà.

Pour quelles causes l'action doit être formée dans l'année.

§. 4. Les mots d'*aliénation* et d'*affranchissement* ne s'appliquent qu'aux esclaves, et non pas au fils de famille. Le terme *de mort* s'applique tant aux esclaves qu'aux fils de famille. Le terme d'*émancipation* ne convient qu'aux seuls fils de famille. Mais si le fils de famille devient maître de sa personne par tout autre moyen, l'action devra être formée dans l'année. Si le fils est devenu jouissant de sa personne, c'est-à-dire, son maître, soit par la mort, soit par la déportation de son père, l'héritier du père, ou le fisc, seront tenus de l'action sur le pécule dans l'année de la mort, ou de la déportation.

Des espèces d'aliénation.

§. 5. Dans l'aliénation on comprend aussi le vendeur, que l'on peut actionner dans l'année (1).

§. 6. Si le maître a donné son esclave, ou s'il l'a échangé, ou s'il l'a donné en dot, il en est de même dans tous ces cas.

De servo legato.

§. 7. Itèm heres (1) ejus , qui servum legavit non cum peculio. Nàm si cum peculio vel legavit, vel liberum esse jussit , quæstionis fuit. Et mihi verius videtur, non dandam nequè in manumissum , nequè in eum , cui legatum sit peculium , de peculio actionem. An ergò teneatur heres ? Et ait Cæcilius , teneri : quià peculium penès (2) eum sit , qui, tradendo id legatario, se liberavit. Pegasus autèm , caveri heredi debere , ait , ab eo , cui peculium legatum sit : quià ad eum veniunt creditores ; ergò , si tradiderit sinè cautione, erit conveniendus.

Si hereditas præcepto servo, et peculio restituatur.

§. 8 Si præcepto servo et peculio , rogatus sit heres restituere hereditatem : si de peculio conveniatur, Trebelliani exceptione non utetur, ut Marcellus tractans admittit. Is autèm , cui restituta est hereditas, non tenetur , ut Scævola ait : cum (3) peculium non habeat , nec dolo fecerit, quominùs haberet.

De usufructû extincto.

§. 9. Usufructû quoquè extincto , intrà annum actionem dandam in usufructuarium, Pomponius lib. LXI scripsit.

Si post actionem annalem agatur perpetua.

§. 10. Quæsitum est apud Labeonem , si , cum

---

(1) L. 3. in pr. supr. d. t.
(2) Immò vide l. 35. supr. d. t.

De l'esclave légué.

§. 7. On doit dire la même chose à l'égard de l'héritier (1) du défunt qui a légué son esclave sans son pécule. Mais on a demandé, dans le cas où le maître a légué son esclave avec son pécule, ou lui a donné la liberté, on a demandé, dis-je, si le créancier pourrait intenter dans l'année l'action sur le pécule ; pour moi je pense que l'action sur le pécule ne peut être accordée, ni contre l'affranchi, ni contre le légataire ; mais l'héritier en sera-t-il donc tenu. Cæcilius penche pour l'affirmative, par la raison que le pécule se trouve dans les mains (2) de celui qui, en le délivrant au légataire, s'est libéré. Mais Pégase pense que le légataire doit donner caution à l'héritier, parce que c'est sur lui que les créanciers ont leur recours. Donc si l'héritier a délivré le pécule sans donner cette caution, il devra être actionné.

Si la succession est remise sous la réserve d'un esclave et de son pécule.

§. 8. Marcellus, qui traite cette question, dit que si l'héritier a été chargé de remettre la succession à un tiers, en se réservant pour lui un esclave et son pécule, il ne pourra pas opposer l'exception tirée du sénatus-consulte Trebelléien. Mais celui à qui la succession a été remise, n'est pas soumis à cette action, comme le dit Scævola, puisqu'il n'a pas eu de pécule (3), et que ce n'est pas par son fait qu'il n'en a pas eu.

De l'usufruit éteint.

§. 9. Pomponius, au liv. LXI, a écrit qu'après que l'usufruit est éteint on pouvait former dans l'année l'action contre l'usufruitier.

Si après l'action formée dans l'année, on peut la former de nouveau.

§. 10. On demande dans Labéon, si, lorsque le fils

---

(3) L. 28. supr. d. t.

filius viveret ; tu credens eum mortuum , annali
actione egeris ; et , quià annus præterierat , exceptione sis repulsus : àn rursùs experiri tibi ,
comperto errore permittendum est ? Et ait ,
permitti debere duntaxat de peculio , non etiàm
de in rem verso : nàm priore judicio de in
rem verso rectè actum est , quià annua exceptio ad peculium , non ad in rem versum pertinet.

2. Paulus , *lib.* 3o , *ad edictum.*

Quæ actiones sint annales , post mortem filii.

Cum post mortem filiifamiliâs annua adversùs
patrem actio est , quemadmodum adversùs eum
esset perpetua vivo filio : ideò , si ex causâ red-
hibitionis erat de peculio actio , sex mensium (1)
erit post mortem filii. [Idemquè] dicendum in
omnibus temporalibus actionibus.

De servo , qui est apud hostes.

§. 1. Si servus , cui creditum est , apud hostes
sit , de peculio actio in dominum non anno
finienda est , quamdiù postliminio reverti potest.

3. Pomponius. *lib.* 4 , *ad Quintum Mucium.*

*De augmento , et decremento peculii post mortem
servi.*

Definitione *peculii* interdùm utendum est ,
etiàm si servus in rerum naturâ esse desiit ,

---

(1) V. l. 19. in fin. l. 55. infr. de ædil. edict.

vivait, vous croyant qu'il fût mort, vous avez formé l'action dans l'année, et que pour avoir laissé écouler l'année, vous ayez été repoussé par une exception, il vous est permis de la former de nouveau, après avoir découvert votre erreur. On décide que vous pouvez seulement intenter l'action sur le pécule, mais non pas celle qui a lieu lorsque l'obligation a tourné au profit du père. Car la première action eût été régulière, si elle eût été motivée sur cette raison, parce que l'exception provenant de l'obligation de former l'action dans l'année, concerne seulement le pécule, et non pas l'action que l'on a contre celui, au profit de qui la chose a tourné.

2. PAUL, *liv.* 30, *sur l'édit.*

Quelles sont les actions qui doivent-être formées dans l'année.

Comme l'action que l'on a contre le père, est perpétuelle du vivant du fils de famille, de même elle se prescrit par une année après sa mort, c'est pourquoi, si l'action sur le pécule avait été intentée pour une cause rédhibitoire d'une vente, elle ne durera que six mois (1) après la mort du fils.

De l'esclave qui est chez les ennemis.

§. 1. Si l'esclave à qui l'on a prêté, est chez les ennemis, l'action sur le pécule ne sera pas prescrite par l'espace d'une année, tant que l'esclave pourra jouir du droit de postliminie. Il en faut dire de même de toutes les actions qui ont un terme fixe.

3. POMPONIUS, *liv.* 4, *sur Quintus Mucius.*

De l'augmentation, et de la diminution du pécule après la mort de l'esclave.

On doit se servir du terme de *pécule*, même après la mort de l'esclave, et l'action que le préteur accorde dans ce cas dans l'année, est l'action sur le pécule; car on a même égard alors aux augmentations et aux diminutions, comme

et actionem prætor de peculio intrà annum dat;
nàm et tunc et accessionem, et decessionem,
quasì peculii recipiendam, quamquàm jàm desiit
morte servi vel manumissione, esse peculium :
ut possit ei accedere, ut peculio, fructibus,
[vel] pecorum fœtû, ancillarumquè partibus;
et decedere, velutì si mortuum sit animal, vel
alio quolibèt modo perierit.

si le pécule existait, quoiqu'il soit éteint par la mort, ou l'affranchissement de l'esclave ; en sorte que les fruits, les enfans nés des femmes esclaves, le croît des troupeaux, sont regardés comme des augmentations, et que la mort, ou la perte quelle qu'elle soit de l'animal qui en faisait partie, est regardée comme des diminutions.

TITULUS TERTIUS.

De in rem (1) verso.

~~~~~~~~~

1. ULPIANUS, *lib.* 29 , *ad edictum.*

*Quibus casibus locum habet hæc actio, et quid differt
ab actione de peculio.*

Si hi, qui in potestate alienâ sunt; nihil in
peculio habent, vel habeant, non in solidum tamen, teneantur, qui eos habent in potestate, si
in rem eorum, quod acceptum est, conversum
sit; quasì (2) cùm ipsis potiùs contractum videatur.

§. 1. Nec videtur frustrà de in rem verso
actio promissa, quasì sufficeret de peculio.
Rectissimè enìm Labeo dicit, fieri posse, ut et
in rem versum sit, et cesset de peculio actio.

______

(1) Lib. 4. C. 26. §. 4. vers. in rem autèm. Inst. quod cùm eo, qui in
alien. potest.
~~~~~~~~~

TITRE TROIS.

De l'action qui a lieu, lorsque le père ou le maître a tiré quelqu'avantage (1) d'une obligation contractée par le fils de famille ou l'esclave.

1. ULPIEN, *liv.* 29, *sur l'édit.*

Dans quels cas cette action a lieu, et en quoi elle diffère de l'action sur le pécule.

Toutes les fois que ceux qui sont sous la puissance d'autrui n'auront rien dans leur pécule, ou que ce qui s'y trouvera sera insuffisant pour satisfaire leurs créanciers, ceux sous la puissance de qui ils sont, sont obligés en proportion de l'avantage qu'ils ont tiré de l'obligation, comme si l'on avait contracté à cet égard avec eux-mêmes (2).

§. 1. Et ce n'est pas sans raison valable que cette action est permise et accordée, comme si l'action sur le pécule était insuffisante. Car Labéon dit fort bien qu'il peut se faire que l'obligation ait tourné à l'avantage du maître, et que l'action sur le pécule ne puisse avoir lieu.

____

(2) §. ult. Inst. d. t.

8 ..

Quid enìm, si dominus peculium ademit sinè dolo malo ? Quid, si morte servi extinctum est peculium, et annus utilis præteriit ? De in rem verso nàmquè actio perpetua (1) est, et locum habet, sivè ademit sinè dolo malo, sivè (2) actio de peculio anno finita est.

§. 2. Itèm si plures agant de peculio : proficere hoc ei, cujus pecunia in rem versa est, debet, ut ipse uberiorem actionem habeat. Certè, si præventum sit ab aliquo, et actum de peculio, de in rem verso actio àn cesset, videndum ? Et refert Pomponius, Julianum existimare, de peculio actione perimi de in rem verso actionem : quià in peculium conversum est, quod in domini rem erat versum : et pro servo solutum est, quemadmodùm si ipsi servo à domino fuisset solutum : sed ità demùm, præstiterit ex actione de peculio dominus, quod servus in rem ejus vcrterat ; cæterùm, si non præstiterit, manet actio de in rem verso.

2. Javolenus, *lib.* 12 , *ex Cassio.*

Qui nummis acceptis servum manumisit, agi cùm eo de in rem verso non potest : quià, dando libertatem, locupletior ex nummis non fit.

3. Ulpianus , *lib.* 29 , *ad edictum.*

Quòd si servus domino quantitatem dederit,

Et en effet, qu'en serait-il, si sans mauvaise foi de la part du maître celui-ci avait ôté à son esclave son pécule ? Qu'en serait-il si le pécule se trouvait éteint par la mort de l'esclave, et que l'année utile fût écoulée ? Dans ces cas l'action dont il s'agit ici est perpétuelle (1), et a lieu même après que le pécule a été ôté sans mauvaise foi à l'esclave, et même après que l'année utile sur le pécule est écoulée (2).

§. 2. De même si l'action sur le pécule est intentée par plusieurs créanciers, celui dont les deniers auront tourné au profit du maître aura une action beaucoup plus étendue que celle de tous les autres créanciers. Mais examinons si dans le cas où un créancier plus diligent aurait prévenu celui-ci, et formé l'action sur le pécule, l'action que nous traitons ici cesse d'avoir lieu ? Pomponius rapporte que Julien pensait que l'action sur le pécule, lorsqu'elle était intentée avant, la détruisait, parce que ce qui avait tourné au profit du maître, était entré par suite dans le pécule, et que le paiement fait sur le pécule est censé fait à l'acquit de l'esclave, de même que si le maître lui-même avait payé le créancier. Mais on ne doit suivre l'opinion de Julien qu'autant que le maître actionné sur le pécule, aura donné au créancier le profit qu'il aura tiré de l'obligation de l'esclave. Dans le cas contraire, notre action, c'est-à-dire, celle dont il s'agit, subsiste dans toute son intégrité.

2. JAVOLÉNUS, *liv*. 12, *sur Cassius*.

Celui qui a reçu de l'argent de son esclave pour l'affranchir n'est pas soumis à l'action que nous traitons ici, parce que tout en donnant la liberté à son esclave, l'argent qu'il en a reçu ne l'a pas enrichi.

3. ULPIEN, *liv*. 29, *sur l'édit*.

Si un esclave avait donné à son maître une certaine

---

(2) L. 10. §. 5 infr. h. t.

ut manumittatur, quam à me mutuam accepit : in peculium quidem hanc quantitatem non computari, in rem autèm videri versum, si quid plùs sit in eo, quod servus dedit, quàm est in servi pretio.

Quid sit in rem versum.

§. 1. *In rem* (1) autèm *versum* videtur, sivè id ipsum, quod servus accepit, in rem domini convertit : (velutì si triticum acceperit, et id ipsum in familiam domini, cibariorum nomine, consumpserit; aut si pecuniam à creditore acceptam dominico creditori solverit : sed et si erravit in solvendo, et putavit creditorem eum qui non erat, æquè in rem versum esse, Pomponius lib. LXI. ait, quâtenùs indebiti repetitionem dominus haberet), sivè cum servus domini negotii gerendi administrandivè causâ quid gessit, (velutì si mutuatus sit pecuniam, ut frumentum compararet ad familiam alendam, vel si ad vestiendam), sivè peculiaritèr mutuatus, posteà in rem domini vertit. Hoc enim jure utimur, ut etiàm si priùs (2) in peculium vertit pecuniam, mòx in rem domini, esse de in rem verso actio possit.

§. 2. Et regularitèr dicimus, totièns de in rem verso esse actionem, quibus casibus procurator mandati, vel qui negotia gessit, negotiorum gestorum haberet actionem, quotièns que aliquid consumpsit servus, ut aut meliorem rem dominus habuerit, aut non deteriorem.

____

(1) L. 10. §. 4. infr. h. t.

somme, *pour obtenir de lui sa liberté*, et qu'il eût emprunté cette somme de moi, cette somme n'entre pas dans le pécule, mais elle est censée avoir tourné au profit du maître, si elle excède la valeur réelle de l'esclave.

Qu'est-ce que l'on entend par ces mots, tourner au profit.

§. 1. Une chose est censée *tourner au profit du maître* (1), soit que ce que l'esclave a reçu ait été employé pour lui, par exemple, si l'esclave a reçu du bled qu'il a employé pour la nourriture des esclaves de son maître, ou si avec l'argent qu'il a emprunté il a payé un créancier de son maître; si même l'esclave avait payé par erreur quelqu'un à qui il pensait que son maître dût quelque chose, lorsqu'au contraire il ne lui devait rien, suivant ce que dit Pomponius au liv. LXI, la somme n'en serait pas moins censée avoir tourné au profit du maître, puisque le maître a une action pour se faire rendre la chose comme ayant été induement payée, soit que l'esclave ait employé ce qu'il a reçu dans la gestion et administration des affaires de son maître, comme si par exemple, il avait emprunté pour acheter du bled à l'effet de nourrir les esclaves de son maître, ou pour les habiller; ou si ayant emprunté de l'argent pour son pécule, il l'a par suite employé pour son maître. Tel est l'usage que nous suivons; en sorte que si l'esclave a (2) commencé par employer l'argent qu'il a reçu dans son pécule, et qu'ensuite il s'en soit servi pour les affaires de son maître, il y a lieu dans ce cas à l'action dont nous parlons.

§. 2. Régulièrement parlant nous disons qu'il y a lieu à notre action dans tous les cas où le fondé de pouvoir aurait eu l'action du mandat, et où celui qui a géré les affaires de quelqu'un, aurait eu l'action de la gestion des affaires, en un mot, lorsque l'esclave a employé ce qu'il a reçu pour améliorer les affaires de son maître, et non pour les détériorer.

---

(2) L. 5. §. ult. infr. eod.

De sumptú in alimenta, et vestimenta servi, vel filiifamiliás.

§. 3. Proindè si servus sumpsit pecuniam, ut (1) se aleret, et vestiret (2) secundum consuetudinem domini, (id est, usquè ad eum modum, quem dominus ei præstare consueverat), in rem videri domini vertisse, Labeo scribit. Ergò idem erit et in filio.

De domo dominicá exornatá.

§. 4. Sed si mutuâ pecuniâ acceptâ domum dominicam exornavit tectoriis, et quibusdàm aliis, quæ magis ad voluptatem pertinent, quàm ad utilitatem, non videtur versum; quià nec procurator hæc imputaret: nisi fortè mandatum domini, aut voluntatem habuit; nec debere ex eo onerari (3) dominum, quod ipse facturus non esset. Quid ergò est ? Pati debet dominus, creditorem hæc auferre (4), sinè domûs suæ videlicèt injuriâ: nè cogendus sit dominus vendere domum, ut, quantì pretiosior facta est, id præstet.

De pecuniá creditá.

§. 5. Idem Labeo ait, si servus mutuatus nummos à me, alii eos crediderit, de in rem verso dominum teneri, quod nomen ei adquisitum est; quam sententiam Pomponius ità probat, si non peculiare nomen fecit, sed quasi dominicæ rationis: ex quâ causâ hactenùs erit

____

(1) L. 19. l. 20. in pr. l. ult. infr. eod.
(2) S. ult. infr. h. l.

Des dépenses faites pour la nourriture et l'habillement d'un esclave, ou d'un fils de famille.

§. 3. Par conséquent si l'esclave a reçu de l'argent pour se nourrir (1), ou pour s'habiller (2), de même que son maître était dans l'habitude de le faire, c'est-à-dire, sans qu'il se soit écarté de l'usage que son maître avait adopté à cette occasion, Labéon dit que cet argent a tourné au profit du maître. Il en sera donc de même à l'égard du fils de famille.

De la maison du maître qui a été décorée.

§. 4. Si la somme qui a été empruntée par l'esclave a servi à décorer la maison du maître, par exemple, à en blanchir les murs, ou à faire quelqu'autre chose qui tienne plus à l'agrément qu'elle n'est utile, elle n'est pas censée avoir tourné au profit du maître; la raison en est qu'un fondé de pouvoir ne pourrait pas s'en faire tenir compte, à moins que le maître ne lui eût ordonné de faire ces dépenses, ou que telle eût été sa volonté. En effet, le maître ne doit pas se (3) trouver chargé d'une dépense qu'il n'aurait pas faite lui-même. Qu'en est-il donc ? Le maître doit permettre au créancier d'enlever tous ces ouvrages (4) sans cependant détériorer sa maison, de peur qu'autrement il ne fût forcé de vendre sa maison pour payer les dépenses qui l'ont rendue plus précieuse.

De l'argent prêté.

§. 5. Le même Labéon dit que si j'ai prêté à un esclave de l'argent, qu'il a ensuite prêté à un autre, le maître de cet esclave est soumis à notre action, en ce que l'obligation de ce dernier débiteur lui est acquise. Pomponius n'approuve cette opinion, qu'autant que l'obligation ne sera pas entrée dans le pécule de l'esclave, mais qu'elle aura été portée dans les comptes du maître, et alors

---

(3) L. 10. l. 11. supr. de negot. gest.
(4) L. 3². supr. de rei vind. l. 10. §. 10. infr. mandati.

dominus obligatus, ut, si non putat sibi expedire nomen debitoris habere, cedat creditori actionibus, procuratoremquè eum faciat.

Si bono domini non cesserit.

§. 6. Necnon illud quoquè in rem domini versum, Labeo ait, quod mutuatus servus, domino emit volenti (1) ad luxuriæ materiam, unguenta fortè, vel si quid ad delicias, vel si quid ad turpes sumptus subministravit : nequè enim spectamus, àn bono domini cesserit, quod consumptum est, sed àn in negotium domini.

Si in rem versum periit.

§. 7. Undè rectè dicitur, et si frumentum comparavit (2) servus ad alendam domini familiam, et in horreo dominico reposuit, et hoc periit, vel corruptum est, vel arsit, videri versum.

§. 8. Sed et si servum domino necessarium emisset (3), isquè decessisset, vel insulam fulsisset (4), eaquè ruisset, dicerem, esse actionem de in rem verso.

De creditore decepto à servo.

§. 9. Sed si [sic] accepit, quasi in rem domini verteret, nec vertit, et decepit creditorem, non videtur versum, nec tenetur dominus :

____

(1) Excip. l. 12. §. 11. infr. d. t. l. 11. in pr. infr. in de impens. in res dot.
(2) L. 22. supr. de negot. gest.

celui-ci sera simplement obligé de transporter au créancier ses actions, s'il ne juge pas à propos de courir les risques de cette créance, qu'il craindrait douteuse, et il le fera à cette occasion son fondé de pouvoir.

Si la chose n'a pas tourné au profit du maître.

§. 6. Labéon dit que l'argent est encore censé tourner au profit du maître, quand l'esclave qui l'a emprunté a acheté du consentement de son maître (1) des objets de luxe, par exemple des parfums, ou s'il s'en est servi pour lui faire faire grande chère, même lorsqu'il le lui a donné pour l'employer à des dépenses honteuses et capables de faire rougir un homme décent et honnête; car nous ne considérons pas si la chose a tourné à l'avantage du maître, mais si elle a été employée dans ses affaires.

Si la chose a péri.

§. 7. C'est avec raison que l'on a dit d'après cela que si l'esclave a acheté (2) du bled pour nourrir tous les esclaves de son maître, et qu'il l'ait placé dans les greniers de celui-ci, mais qu'ensuite ce bled ait péri, ou se soit gâté, ou ait été brûlé, il n'en n'était pas moins censé avoir tourné au profit du maître.

§. 8. Si même l'esclave avait acheté un esclave, dont son maître avait besoin (3), et que cet esclave fût venu à mourir, ou s'il a réparé une maison de son maître, qui est tombée après ces réparations (4), je penserais qu'il y aurait lieu à notre action.

Du créancier trompé par l'esclave.

§. 9. Mais si l'esclave a emprunté, en disant qu'il ne faisait cet emprunt que pour l'employer au profit de son maître, et qu'il n'en eût rien fait, et qu'ainsi il eût trompé le créancier, dans ce cas l'emprunt n'est pas

---

(3) V. l. 11. §. 4. supr. de minor.
(4) L. 10. §. 1. supr. de negot. gest.

nè credulitas creditoris domino obesset , vel calliditas servi noceret. Quid tamèn, si is fuit servus, qui solitus erat accipiens vertere? Adhùc
non puto nocere domino, si aliâ mente servus
accepit : aut si, cùm hâc mente accepisset, posteà alio vertit; curiosus igitùr debet esse creditor,
quo vertatur.

Si nummi ad comparandam vestem accepti , perierint.
Si vestis quoquè periit.

§. 10. Si mutuatus sit pecuniam servus ad
vestem (1) comparandam, et nummi perierint,
quis de in rem verso agere possit : utrùm creditor, àn venditor? Puto autèm, si quidem pretium numeratum sit, creditorem de in rem verso
acturum, etsi vestis perierit: si autèm non fuit
pretium solutum, ad hoc tamèn data pecunia,
ut vestis emeretur, et pecunia perierit, vestis
tamèn familiæ divisa est, utiquè creditorem de
in rem verso habere actionem. An et venditor
habeat, quià res ejus pervenerunt in rem domini? Ratio hoc facit, ut teneatur ; undè incipit
dominus teneri ex unâ causâ duobus (2): proindè etsi tàm pecunia, quàm vestis periit, dicendum erit, utriquè dominum teneri , quoniàm
ambo in rem domini vertere voluerunt.

---

(1) §. 3. supr. h. l.
(2) Immò vide l. 18. in fin. infr. h. t.

censé avoir tourné au profit du maitre, et il n'est pas
tenu (le maitre) de notre action. Autrement la crédulité du
prêteur deviendrait préjudiciable au maitre, ou la trom-
perie et la fourberie de l'esclave lui deviendraient nuisi-
bles. Qu'en serait-il donc cependant, si cet esclave était
dans l'usage de recevoir de l'argent et de l'employer aux
affaires de son maitre? Je ne pense pas que le maitre dût
être la victime de ce que son esclave se serait comporté
pour cette fois autrement qu'il n'avait coutume de le faire,
ou de ce que l'esclave, ayant dans le principe reçu l'argent pour l'employer comme il se le proposait d'abord,
a changé d'intention. C'est à celui qui prête à s'informer
exactement de l'emploi auquel l'esclave destine la somme
qu'il lui donne.

Si l'argent que l'esclave a reçu pour acheter des habits,
a été perdu. Si les habits l'ont été également.

§. 10. Si l'esclave a emprunté une somme pour acheter
des habits (1), et qu'il l'ait perdue, quel est celui qui
pourra intenter contre le maitre l'action sur le pécule?
Est-ce le créancier, ou le vendeur? Je pense que si la
somme a été comptée au vendeur, le créancier sera en
droit de former contre le maitre l'action dont nous parlons,
encore que les habits aient été perdus. Mais si la somme
n'a pas été comptée au vendeur, que cependant l'argent
ait été donné à cette intention, et qu'il ait été perdu, si
malgré cela les habits ont été partagés entre tous les esclaves, le créancier aura contre leur maitre l'action qui a
lieu lorsque la chose a tourné au profit du maitre. Le vendeur serait-il aussi en droit de la former, puisque sa
chose a tourné à l'avantage du maitre, c'est-à-dire, qu'elle
a passé dans ses biens? D'après la raison qui doit servir
de guide, rien ne s'oppose à ce que le vendeur n'ait le
droit de la former; d'où il suit que le maitre est obligé
pour la même cause envers deux personnes (2); c'est pourquoi, soit que l'argent ait été perdu, soit les habits, on devra
dire que le maitre est obligé, tant envers celui qui l'a
prêté, qu'envers celui qui a vendu les habits, parce que
l'intention de l'un et de l'autre a été que ces objets tour-
nassent au profit du maitre.

4. GAJUS, *lib.* 9. *ad edictum provinciale.*

De occupatione.

Sed dicendum est, occupantis (1) meliorem conditionem esse debere: nàm, utrisque (2) condemnari dominum de in rem verso, iniquum est.

5. ULPIANUS, *liv.* 29, *ad edictum.*

De re emptâ domino.

Si res domino non necessarias emerit servus, quasi domino necessarias, veluti servos: hactenùs videri in rem ejus versum, Pomponius scribit, quatenùs servorum verum pretium facit (3): cum si necessarias emisset, in solidum, quantò venissent, teneretur.

De ratificatione domini.

§. 1. Idem ait, sivè ratum habeat servi contractum dominus, sivè non, de in rem verso esse actionem.

De re emptâ domino.

§. 2. Quod servus domino emit, si quidem voluntate ejus emit, potest *quod jussû* agi: si verò non ex voluntate, si quidem dominus ratum (4) habuerit, vel alioquin rem necessariam vel utilem domino emit, *de in rem verso* actio

---

(1) L. 52. in pr. circà med. supr. de pecul.
(2) V. 1. 26. supr. d. t. 1. 18. iufr. de verb. oblig. 1. 57. iufr. de reg. jur.

4. GAJUS. *liv.* 9, *sur l'édit provincial.*

De la poursuite.

Il faut observer que la condition du créancier le plus diligent est toujours la plus avantageuse (1) ; car il serait injuste de condamner le maître envers deux personnes à-la-fois pour la même cause (2).

5. ULPIEN, *liv.* 29, *sur l'édit.*

De la chose achetée pour le maître.

Si l'esclave a acheté pour son maître des choses qui n'é-taient pas nécessaires à son maître, par exemple des es-claves ; cette acquisition, suivant Pomponius, sera censée n'avoir tourné au profit du maître, que jusqu'à la due concurrence de la valeur des esclaves (3) ; de même que si c'était des choses nécessaires que l'esclave eût acheté, le maître ne serait obligé en entier, que pour le prix qu'elles auraient coûté.

De la ratification du maître.

§. 1. Le même Ulpien dit que, soit que le maître ait ratifié ce qu'a fait son esclave, soit qu'il ne l'ait pas fait, il y a lieu à notre action.

De la chose achetée pour le maître.

§. 2. Si l'esclave a acheté quelque chose pour son maître, d'après la volonté de celui-ci, on peut intenter contre le maître l'action à laquelle *son ordre donne lieu.* Si au contraire il a acheté sans la volonté de son maître, mais qu'ensuite ce dernier ait ratifié (4) ce qu'à fait son

---

(3) L. 12. infr. h. t.
(4) L. 1. §. 6. infr. quod jussû.

erit : si verò nihil eorum est , *de peculio* erit actio.

Si servus ab initio negotium peculiare gesserit.

§. 3. Placet, non solùm eam pecuniam in rem verti, quæ statìm à creditore ad dominum pervenerit, sed et quæ (1) priùs fuerit in peculio. Hoc autèm totièns verum est, quotièns servus rem domini gerens, locupletiorem eum facit nummis peculiaribus : alioquin si servo peculium dominus adimat, vel [si] vendat eum cùm peculio, vel rem ejus peculiarem, et pretium exigat, non videtur in rem versum.

6. TRYPHONINUS, *lib.* 1, *disputationum.*

Nàm si hoc verùm esset, etiàm antequàm venderet rem peculiarem, de in rem verso teneretur : quià hoc ipso, quod servus rem in peculio haberet, locupletior fieret : quod apertè falsùm est.

7. ULPIANUS, *lib.* 29 , *ad edictum.*

Et ideò, et si donaverit servus domino rem peculiarem, actio de in rem verso cessabit. Et sunt ista vera.

§. 1. Planè, si mutuum servus accepit, et donandi animo solvit, dùm non vult eum debito-

____

(1) L. 3. §. 1. in fin. supr. h. t.

esclave, ou si d'ailleurs l'esclave a acheté une chose réellement utile à son maître, il y aura lieu à notre action. Dans le cas où rien de ce dont on vient de parler n'a été fait, il y a simplement lieu à l'action *sur le pécule*.

Si l'esclave dans l'origine a géré les affaires de son pécule.

§. 2. Il est décidé que l'argent est censé employé pour le compte du maître, non-seulement lorsqu'il passe sur-le-champ des mains du créancier dans celles du maître, mais même dans le cas où il est resté pendant quelque tems, dans le pécule de l'esclave (1). Mais cela n'est vrai, qu'autant que l'esclave gérant les affaires de son maître l'a enrichi avec les deniers de son pécule. Autrement, si le maître prive l'esclave de son pécule, ou s'il le vend avec son pécule, ou s'il vend ce même pécule dont il reçoit le prix, l'argent qui aura passé dans le pécule ne sera pas censé avoir tourné au profit du maître.

6. TRYPHONINUS, *liv.* 1, *des disputes*

Car si cela était vrai, il serait tenu de l'action qui a lieu lorsque la chose a tourné au profit du maître, même avant d'avoir vendu les objets qui composent le pécule ; parce que, par cela même que l'argent serait dans le pécule de l'esclave, le maître en serait devenu plus riche ; ce qui est évidemment faux.

7. ULPIEN, *liv.* 29, *sur l'édit.*

Par conséquent si l'esclave a donné à son maître son pécule, l'action qui a eu lieu lorsque la chose a tourné au profit du maître, n'aura plus lieu, et cela est vrai.

§. 1. Mais si l'esclave a fait un emprunt, et qu'il en ait employé les fonds pour payer pour son maître, dans l'intention de lui en faire un don, parce qu'il ne veut pas l'avoir

rem facere peculiarem, de in rem verso actio
est.

§. 2. Illud verùm non est, quod Mela scribit,
si servo meo argentum dederis, ut pocula tibi
faceret ex quolibèt argento , mòx , factis poculis
servus decesserit, esse tibi adversùs me de in rem
verso actionem : quoniàm possum pocula vindicare.

De erogatis in funus ad dominum pertinentibus.

§. 3. Illud planè verum est, quod Labeo scribit, si odores et unguenta servus emerit , et ad
funus erogaverit, quod ad dominum suum pertinebat : videri in rem domini versum.

Si dominus evincat hereditatem , quam servus
vendiderat.

§. 4. Idem ait, et si hereditatem à servo tuo
emero, quæ ad te pertinebat , et creditoribus
pecuniam solvero , deindè [hanc] hereditatem
abstuleris mihi, ex empto actione me id ipsum
consecuturum ; videri enim in rem tuam versum : nàm et si hereditatem à servo emero, ut,
quod mihi ab ipso servo debebatur, compensa-
rem, licèt nihil solvi , tamèn consequi me ex
empto, quod ad dominum pervenit ; ego autèm
non puto, de in rem verso esse actionem emptori,
nisî hoc animo gesserit servus, ut in rem domini
verteret.

pour débiteur de son pécule, il y aura lieu à notre action.

§. 2. Mela se trompe quand il dit que si vous avez donné à mon esclave de la matière d'argent pour faire des coupes de telle matière d'argent qu'il voudrait employer et qu'après la confection de ces coupes, il soit décédé, vous avez contre moi l'action provenant de l'emploi fait à mon profit, parce que je puis les revendiquer comme m'appartenant.

Des dépenses faites par l'esclave à l'occasion des funé-railles qui regardaient le maître.

§. 3. Labéon pense juste, quand il dit que, lorsque l'esclave achète des parfums et des aromates qu'il emploie à des funérailles auxquelles son maître était obligé de pourvoir, il sera censé les avoir employé à l'usage de son maître.

Si l'acheteur est évincé par le maître d'un esclave d'une succession que celui-ci lui a vendue.

§. 4. Le même jurisconsulte dit que si j'ai acheté de votre esclave une succession qui vous appartenait et que j'aie payé des créanciers de cette succession ; qu'ensuite vous soyez parvenu à me l'enlever, j'aurais contre vous l'action provenant de la vente, *ex empto*, pour recouvrer ce que j'aurais payé à cette occasion ; car l'argent que j'aurais donné serait censé avoir tourné a votre avantage. En effet si j'avais acheté de votre esclave cette succession pour que je fisse compensation du prix auquel je l'aurais achetée avec ce que me devait votre esclave, quoique je n'eusse rien payé, je n'en serais pas moins en droit de former contre vous l'action provenant de la vente, *ex empto*, pour me faire rendre par vous ce dont vous auriez profité à cause de mon acquisition. Pour moi je pense que dans tous ces cas, l'acheteur ne peut intenter notre action qu'autant que l'esclave a eu l'intention d'employer au profit de son maître ce qu'il recevait.

De pecuniâ in dotem datâ.

§. 5. Si filiusfamiliâs pecuniam mutuatus, pro filiâ suâ dotem dederit, in rem versum patris videtur, quatenùs (1) avus pro nepte daturus fuit. Quæ sententia ità demùm mihi vera videtur, si hoc animo dedit, ut patris negotium gerens.

8. Paulus, *lib.* 30, *ad edictum.*

Et nihil interesse Pomponius ait, filiæ suæ nomine, àn sororis, vel neptis ex altero filio natæ dederit. Idem ergò dicemus, et si servus mutuatus fuerit, et domini sui filiæ nomine in dotem dederit.

9. Javolenus, *lib.* 12, *ex Cassio.*

Si verò pater dotem daturus non fuit (2), in rem patris versum esse non videtur.

10. Ulpianus, *lib.* 29, *ad edictum.*

Si filius pro patre obligatur.

Si pro patre filius fidejusserit, et creditori solverit, in rem patris videtur versum: quià patrem liberavit.

------

(1) L. 5. §. 8. infr. de jure dot.

De l'argent donné en dot.

§. 5. Si un fils de famille a donné en dot à sa fille une somme d'argent qu'il a emprunté, elle est censée avoir tourné au profit du père, en proportion (1) de ce que l'aïeul serait tenu de donner à titre de dot à sa petite fille. Mais cette opinion n'est vraie que dans la supposition que le fils aurait donné cette somme en dot dans l'intention de gérer les affaires de son père.

8. PAUL , *liv.* 30, *sur l'édit.*

Pomponius dit qu'il importe peu que ce fils de famille ait constitué la dot au profit de sa fille, ou de sa sœur, ou de la fille de son frère (sa nièce). Nous dirons la même chose du cas où l'esclave aurait emprunté une somme qu'il aurait constitué en dot au profit de la fille de son maître.

9. JAVOLÉNUS , *liv.* 12, *sur Cassius.*

Mais cet argent ne sera censé avoir tourné au profit du père, qu'autant que celui-ci était tenu de faire la dot (1).

10. ULPIEN , *liv.* 29, *sur l'édit.*

Si le fils qui s'est obligé pour son père a payé à son acquit.

Si un fils a répondu pour son père, et qu'il ait payé à son acquit son créancier, la somme qu'il aura payé sera censée avoir tourné au profit de son père, parce qu'il aura, par ce paiement, opéré sa libération.

----

(2) Immò vide l. ult. vers. nequè enim leges incognitæ. C. de dot. promiss. l. 19. infr. de ritù nupt.

Vel judicium suscipiat.

§. 1. Cui simile est, quod Papinianus lib. IX.
quæstionum scribit : **Si** filius quasì defensor patris judicium susceperi, et sit condemnatus, de
in rem verso teneri patrem : nàmquè filius eum
judicio (1) suscepto liberavit.

§. 2. Idem tractat Papinianus, et si, quod
patrem dare oporteret, à filio sim stipulatus, et
ità convenerim filium : nàm [et] hîc de in rem
verso forè actionem ; nisì si donare patri filius
voluit, dùm se obligat.

§. 3. Quarè potest dici, etsi de peculio actionem quasì defensor patris susceperit, teneri patrem de in rem verso usquè ad peculii quantitatem : cujus sententiæ id erit emolumentum,
ut, si finita sit actio de peculio (2), de in rem
verso conveniatur : ego et antè condemnationem,
post judicium patris nomine acceptum, de in
rem verso patrem teneri puto.

De parte.

§. 4. *In rem* autèm *versum* videtur, proùt (3)
aliquid versum est : proindè, si pars versa est,
de parte erit actio.

---

(1) V. l. 23. infr. de solut.
(2) L. 1. §. 1. in fin. supr. h. t.

Ou se charge de répondre à une action formée contre lui.

§. 1. Cette décision est tout-à-fait semblable à ce que dit Papinien au liv. IX des questions. Si un fils s'est chargé de répondre sur une action formée contre son père, en qualité de son défenseur, et qu'il ait été condamné, il y aura lieu dans ce cas à notre action *de in rem verso*; car le fils en prenant sa défense, l'a libéré (1).

§. 2. Le même Papinien demande, si dans le cas où j'aurais fait obliger le fils, pour ce que me devait le père, et dans celui où je l'aurais actionné à cette occasion, il en serait de même. Il répond que dans ce cas il y aurait lieu à l'action *de in rem verso*, à moins que le fils, en s'obligeant pour son père, n'ait eu l'intention de lui faire une donation.

§. 3. C'est la raison pour laquelle on peut dire que quoique le fils eût consenti à répondre sur l'action sur le pécule formée contre son père, en qualité de son défenseur, le père était soumis à notre action, jusques à la concurrence de ce qui compose le pécule. L'avantage que procure cette décision au créancier du fils, consiste en ce que si l'action sur le pécule (2) n'a plus lieu, il pourra recourir à celle qui a lieu, quand la chose a tourné au profit du père. Pour moi je pense que le père est tenu en vertu de notre action, et avant la condamnation, et même dès l'instant où le fils s'est chargé de le défendre contre l'action sur le pécule.

D'une partie.

§. 4. Il n'y a que ce qui a été véritablement employé, qui est censé (3) avoir tourné au profit du père. Par conséquent s'il n'y a qu'une partie de la somme qui ait été employée, le créancier n'aura action que pour une partie.

---

(3) L. 3. §. 1. supr. eod. §. 4. Inst. quod cùm eo, qui in alien. potest.

De sorte, et usuris.

§. 5. Sed utrùm in sortem duntaxàt tenebitur dominus, àn et in usuras? Et si quidèm promisit usuras, Marcellus lib. v. Digestorum scribit, dominum præstaturum : sed si non sint promissæ, utiquè non debebuntur, quià in stipulatum deductæ non sunt. Planè, si contemplatione domini pecuniam dedi non gerenti servo negotia domini, sed ipse gerens : negotiorum gestorum actione potero etiàm de usuris experiri.

Si duret versum, vel non. Si dominus, vel extraneus
solverit servo, vel filio.

§. 6. *Versum* autèm sic accipimus, ut (1) duret versum. Et ità demùm de in rem verso competit actio, si non sit à domino servo solutum, vel filio. Si tamèn in necem creditoris, id est, perdituro servo, vel filio solutum sit, [quamvis solutum sit,] definit quidèm versum, æquissimum autèm est, de dolo malo adversùs patrem vel dominum competere actionem. Nàm et peculiaris debitor, si fraudulentèr servo solverit, quod ei debebat, non liberatur.

De eo, quod servus debet domino ; et de eo, quod
creditori dominico solvit.

§. 7. Si domini debitor sit servus, et ab alio mutuatus, ei solverit, hactenùs non vertit (2), quatenùs domino debet ; quod excedit, vertit.

----

(1) Vide tamèn l. 17. in pr. infr. h. t.

Du capital et des intérêts.

§. 5. C'est une question de savoir si le maître n'est tenu à cet égard que du capital, et non des intérêts ? Si l'esclave a promis les intérêts, Marcellus au liv. v du Digeste écrit que le maître doit les payer. Mais s'il n'y a pas eu de promesse à cet égard, ils ne seront pas dûs, parce qu'il n'a pas été expressément stipulé qu'ils seraient payés. Mais si en considération du maître, dont je voulais en quelque sorte gérer les affaires, j'ai donné une somme d'argent à son esclave qui ne savait pas les gérer, je serai en droit de former contre lui l'action de la gestion des affaires pour me faire payer des intérêts.

Si l'emploi au profit du père, ou du maître, dure, ou ne dure pas. Si le maître, ou un étranger, paye l'esclave, ou le fils.

§. 6. Pour que ce qui a été employé soit censé l'avoir été au profit du maître, il faut que cet emploi subsiste (1) et l'action à laquelle cet emploi donne lieu, n'existe qu'autant que le maître n'a pas encore payé son esclave, ou le père son fils. Si cependant il avait payé son fils, ou son esclave, pour faire tort au créancier, c'est-à-dire, persuadé qu'il était, que le fils, ou l'esclave dissiperait l'argent, le paiement qu'il a fait est valable, et il n'y a pas lieu à notre action. Mais il est de toute justice, d'accorder l'action qui descend de la mauvaise foi contre le père, ou le maître. Car si un débiteur, dont la dette fait partie du pécule, paye frauduleusement à l'esclave ce qu'il lui doit n'est pas libéré.

De ce que l'esclave doit à son maître, et de ce qu'il a payé à l'acquit de son maître.

§. 7. Si l'esclave doit à son maître, et qu'il emprunte de quoi le payer, il ne fait pas tourner la somme entière au profit de son maître, relativement à ce qu'il lui doit, mais simplement l'excédent. Par conséquent si l'esclave

---

( ) L. 1 . infr. eod. l. 20. in pr. supr. de dolo malo.

Proindè si , cùm domino deberet trigintà , mutuatus quatragintà, creditori ejus solverit, vel familiam exhibuerit, dicendum erit , de in rem verso in decem competere actionem : aut , si tantundèm debeat , nihil videtur versum ; nàm (ut Pomponius scribit) adversùs lucrum domini videtur subventum. Et ideò , sivè debitor fuit domino, cum in rem verteret, nihil videri versum : sivè posteà (1) debitor esse domino cœperit; desinere versum. Idemquè et si solverit ei. Plùs dicit , etsì tantundèm ei donavit dominus, quantùm creditori solvit pro se , si quidèm remunerandi animo, non videri versum : si verò aliàs donavit, durare versum.

Si servus , postquàm in rem domini vertit , deindè ejus debitor , mòx creditor factus sit.

§. 8. Idem quærit, si decem in rem domini vertit , et posteà tantandèm summam à domino mutuatus sit, habeat prætereà et peculium decem : videndum ait, utrùm desiit esse versum? An verò , quoniàm est peculium, undè trabatur debitum , de in rem verso non tollimus actionem? An potiùs ex utroquè pro ratâ detrahimus? Ego autèm puto, sublatam de in rem verso actionem : cum debitor domini sit constitutus.

____

(1) §. 8. infr. h. l.

devait trente à son maître, et qu'ayant emprunté quarante, il ait payé avec ces quarante à un créancier de son
maître, on doit dire dans ce cas que l'action que nous
traitons aura lieu jusqu'à la concurrence de dix, ou si
l'esclave doit à son maître pareille somme de quarante, il
n'y aura rien qui puisse être censé avoir tourné au profit
du maître; car comme l'écrit Pomponius, cette action n'a
été établie que pour venir au secours du créancier contre
le gain que le maître voudrait tirer de ce qui aurait été
donné à l'esclave. C'est pourquoi, soit que l'esclave fût
débiteur de son maître, lorsqu'il employait l'argent à son
profit, cet argent n'est pas censé avoir tourné à son avantage; ou s'il ne l'a été qu'après (1), l'argent cesse d'être
regardé comme ayant été employé au profit du maître, de
même que si celui-ci avait payé à son esclave l'argent
qu'il avait employé à son profit. Il va plus loin, car il dit
que si le maître avait donné à son esclave une somme
égale à celle que celui-ci aurait payé pour lui à son créancier, s'il avait eu l'intention de le récompenser, le paiement fait par l'esclave au créancier du maître n'est pas
censé avoir tourné au profit de ce dernier; s'il l'a fait avec
toute autre intention, l'action provenant de l'emploi subsiste toujours.

*Si l'esclave, après avoir employé la chose au profit de son
maître, est devenu ensuite le débiteur de ce dernier et
puis après son créancier.*

§. 8. Le même jurisconsulte demande ce qu'il en serait
dans l'hypothèse suivante. L'esclave a employé une somme
de dix au profit de son maître, ensuite il a emprunté de
ce dernier pareille somme de dix; il s'agit d'examiner
si, dans le cas où il aurait, outre cette somme, un pécule
de la valeur de dix, l'argent employé par l'esclave au
profit de son maître cesserait d'être regardé comme tel;
ou bien au moyen de ce qu'il se trouve dans le pécule de
quoi satisfaire le maître, si nous laisserons subsister l'action fondée sur l'emploi? ou enfin si nous admettrons de
préférence la déduction au *prorata*, et de ce qui est dû à
l'esclave par le maître, et de ce qui se trouve dans le pécule. Pour moi je pense que l'action fondée sur l'emploi
fait au profit du maître cesse d'exister, puisque l'esclave
est devenu débiteur de son maître.

§. 9. Idem quærit, si in rem tuam verterit, et debitor tuus factus sit, mòx creditor ejusdem summæ, quam tibi debuit, àn renascatur de in rem verso actio, àn verò ex post facto non convalescat? Quod verùm est (1).

Si filius solvat, quod et ipse, et pater debet.

§. 10. Idem tractat, àn ex eventû possit in rem patris filius vertere: veluti si duo rei, pater et filius fuerint, et filius mutuatus suo nomine solvat: vel si filio jussû patris credidisti, et filius creditum tibi solvisset? Mihi videtur, si quidèm pecunia ad patrem pervenerat, videri in rem versum: quòd si non fuit, et suum negotium gerens filius solvit, non esse de in rem verso actionem.

11. PAULUS, *lib.* 30, *ad edictum.*

Si servus creditori suo solvit.

Quod servus in hoc mutuatus fuerit, ut creditori suo solveret, non erit in rem versum: quamvis actione de peculio liberatus sit dominus.

12. GAJUS, *lib.* 9, *ad edictum provinciale.*

De re emptâ patri, vel domino.

Si fundum patri dominovè emit servus vel filiusfamiliàs, versum quidèm esse videtur : ità

---

(1) Arg. l. 98. §. ult. vers. nec admissum est. infr. de solution.

§. 9. Le même propose encore ce cas. Si l'esclave a employé les deniers d'autrui au profit de son maître, et qu'il soit devenu le débiteur de celui-ci, et ensuite son créancier, l'action fondée sur l'emploi, et dont il s'agit ici, peut-elle revivre en faveur du créancier, ou bien reprendre son premier état, après avoir été éteinte? Elle reprend son premier état, et cette opinion est vraie (1).

Si le fils paye ce que lui et son père devaient.

§. 10. Le même jurisconsulte demande aussi, si le fils peut avoir employé les deniers d'un autre, sans que telle ait été son intention. Supposez, par exemple, que le père et le fils soient débiteurs solidaires, et que le fils ait fait un emprunt et ait payé en son nom, ou que vous ayez prêté au fils par l'ordre de son père, et que le fils vous paye ce qu'il vous doit, il me semble que si le père a touché la somme, elle est censée avoir tourné à son profit, mais si les choses n'ont pas été ainsi, et que le fils ait payé, dans l'intention de se libérer, il n'y aurait pas lieu à notre action.

11. PAUL, *liv.* 30, *sur l'édit.*

Ce que l'esclave aura emprunté pour payer un de ses créanciers, ne sera pas censé avoir tourné au profit du maître, quoique cet emprunt l'ait libéré de l'action sur le pécule.

12. GAJUS, *liv.* 9, *sur l'édit provincial.*

De la chose achetée au père, ou au maître.

Si un fils de famille ou un esclave, a acheté un fonds à son père, ou à son maître, il est censé avoir employé l'argent à son profit : de manière cependant que si ce fonds a été acheté au-dessus de sa valeur, il n'y aura que la véritable valeur qui sera censée avoir tourné au profit du

tamén, ut sivè minoris sit, quàm est emptus, tantùm videatur in rem versum, quanti dignus sit (1); sivè pluris sit, non plùs videatur in rem versum, quàm emptus est.

13. Ulpianus, *lib.* 29, *ad edictum.*

De servo communi.

Si in rem alteriùs ex dominis versum sit, utrùm is solus; in cujus rem versum est, àn et socius possit conveniri, quæritur? Et Julianus scribit, eum solùm conveniri, in cujus rem versum est, sicuti cum (2) solus jussit; quam sententiam puto veram.

14. Juliani, *lib.* 11, *Digestorum Marcellus notat.*

Interdùm et proptèr hoc, quod in rem alteriùs socii versum est, de in rem verso cùm altero agi potest: qui conventus, à socio petere potest id, in quo damnatus fuerit. Quid enim dicemus, si peculium servo ab altero ademptum fuerit? Paulus: Ergò hæc quæstio ità procedit, si de peculio agi non potest.

15. Ulpianus, *lib.* 2, *disputationum.*

De constituto.

Si filiusfamiliâs constituerit, quod pater de-

―――――――――――――――――――――――

(1) L. 5. in pr. supr. h. t.

maître, et si le fonds a été vendu au-dessous (1), il n'y aura que le prix auquel il aura été vendu, qui sera censé avoir été employé au profit du père, ou du maître.

13. Ulpien, *liv.* 29, *sur l'édit.*

De l'esclave commun.

Supposons que l'esclave appartînt à deux maîtres, et que les deniers aient été employés au profit de l'un d'eux ; on demande, dans ce cas, si l'action ne peut être formée que contre celui au profit de qui les deniers ont été employés, ou si elle peut l'être également contre le co-propriétaire ? Julien écrit qu'il n'y a que celui au profit de qui les deniers ont été employés, qui puisse être actionné, comme lorsqu'il n'y a qu'un seul (2) propriétaire qui a donné ordre. Ce sentiment me paraît vrai.

14. *Remarque de* Marcellus *sur* Julien *au liv.* 11, *du Digeste.*

Il y a cependant des cas où, lorsque la somme a été employée au profit de l'un des maîtres, l'on peut former contre l'autre l'action que nous traitons *de in rem verso*, si ce dernier peut répéter de son associé ce qui lui en aura coûté à cette occasion. Que dirons-nous en effet, si l'un des maîtres de l'esclave lui a enlevé son pécule. Paul ; cette question n'a donc lieu que dans le cas où l'on ne peut pas former l'action sur le pécule.

15. Ulpien, *liv.* 2, *des disputes.*

Du constitut.

Si le fils de famille s'est obligé par constitut à payer ce

---

(2) L. alt. §. 1. infr. *quod jussu.*

buit, videndum est, àn de in rem verso actio dari debeat? Atquin non liberavit patrem: nàm qui constituit (1), se quidèm obligat, patrem verò non liberat; planè si solvat post constitutum, licèt pro se videatur solvisse (hoc est, ob id, quod constituit), in rem tamèn vertisse patris meritò dicetur.

16. Alfenus, *lib.* 2, *Digestorum.*

De re venditâ, aliâque ejusdem generis emptâ.

Quidàm fundum colendum servo suo locavit, et boves ei dederat : cum hi boves non essent idonei, jusserat eos vendere, et his nummis, qui recepti essent, alios reparari : servus boves vendiderat, alios redemerat, nummos venditori non solverat; posteà conturbaverat: qui boves vendiderat, nummos à domino petebat actione de peculio, aut quod in rem domini versum esset, cum boves, pro quibus pecunia peteretur, penès (2) dominum essent. *Respondit,* non videri peculii quicquàm esse : nisi si quid, deducto (3) eo quod servus domino debuisset, reliquum fieret. Illud sibi videri, boves quidèm in rem domini versos esse, sed pro eâ re solvisse tantùm, quanti priores boves venissent : si quo amplioris pecuniæ posteriores boves essent, ejus oportere dominum condemnari.

------

(1) L. 28. supr. de constit. pecun.
(2) L. 36. in pr. supr. de hered. petit.

qui

qui est dû par son père, y a-t-il lieu dans ce cas à notre action ? On pourrait objecter que le père n'est pas libéré par ce constitut ; car le fils qui s'oblige par constitut (1) s'oblige bien à la vérité, mais il ne libère pas son père. Mais s'il paye après s'être constitué débiteur, encore qu'il paraisse avoir payé en son propre acquit, c'est-à-dire, parce qu'il s'est obligé, on pourra cependant dire, et avec raison, que les deniers dont le fils s'est servi ont été employés au profit du père.

16. ALFENUS, *liv. 2, du Digeste.*

De la chose vendue, et de l'achat d'une autre chose de la même espèce.

Un particulier a loué à son esclave une terre pour la faire valoir, et lui a donné des bœufs à cet effet. Ces bœufs n'étant pas propres au labour, il lui ordonna de les vendre, et d'en acheter d'autres avec l'argent qu'il en retirerait. L'esclave avait vendu les bœufs, en avait acheté d'autres, et au lieu de les payer, il dissipa l'argent qu'il avait tiré de la vente des bœufs. Celui qui les avait vendus, en demandait le prix au maître de l'esclave en vertu de l'action sur le pécule, ou de celle qui a lieu lorsque la chose a tourné au profit du maître. Et il se fondait sur ce que les bœufs étaient entre les mains du maître (2). J'ai répondu qu'il ne serait censé y avoir de pécule, qu'autant que, déduction faite de ce que l'esclave devrait à son maître (3), il resterait quelque chose. Je conviens que les bœufs sont entre les mains du maître, mais aussi je réponds qu'il avait payé pour ces mêmes bœufs le prix que l'esclave avait tiré de la vente des premiers. Si les derniers achetés ont excédé par leur prix la somme que l'esclave a reçue de la vente des premiers, le maître devra être condamné à payer ce surplus.

---

(3) L. 10. §. 7. supr. h. t.

17. AFRICANUS , *lib.* 8 , *quæstionum.*

Si in rem domini pecuniam mutuatus , sinè culpâ eam perdidit.

Servus in rem domini pecuniam mutuatus , sinè culpâ eam perdidit. Nihilominùs posse cùm domino de in rem verso agi (1) , existimavit ; nàm et si procurator meus in negotia mea impensurus , pecuniam mutuatus , sinè culpâ eam perdiderat , rectè eum hoc nomine mandati , vel negotiorum gestorum acturum.

De vicario.

§. 1. Cùm Stycho vicario servi tui Pamphili contraxi. Actio de peculio , et in rem verso , [ità] dari debet , ut quod vel in tuam ipsius rem , vel in peculium Pamphili , versum sit , comprehendatur : scilicèt , etiàm si mortuo vel alienato Stycho , agatur. Quòd si Pamphilo mortuo agam , màgis est , ut , quamvis Stychus vivat , tamèn de eo , quod in peculio Pamphili versum est , non nisi intrà annum , quàm is decessit , actio dari debeat ; etenìm quodammodò de peculio Pamphili tùm experiri videbor : sicuti si , quod jussû ejus credidissem , experirer. Nec nos movere debet , quod Stychus , de cujus peculio agitur , vivat : quandò non alitèr ea res in peculio ejus esse potest , quàm si Pamphili peculium maneat. Ea-

---

(1) Immò vide d. l. 10. §. 6.

17. AFFRICANUS, *liv.* 8, *des questions.*

Si l'esclave, ayant emprunté pour l'avantage de son maître, perd sans sa faute la somme qu'on lui a prêtée.

Un esclave, ayant emprunté une somme pour l'employer au profit de son maître, l'a perdue sans qu'il y eût de sa faute. J'ai pensé que cette circonstance n'empêchait pas que le créancier ne pût former contre le maître l'action dont nous parlons, *de in rem verso* (1) ; car si mon fondé de pouvoir qui devait employer pour mes propres affaires, l'argent qu'il avait emprunté, l'avait perdu, sans qu'il y eût de sa faute, on pourrait former régulièrement contre moi à cet égard l'action du mandat, ou celle de la gestion des affaires.

De l'esclave en second.

§. 1. J'ai contracté avec Stychus, esclave faisant partie du pécule de Pamphile votre esclave. L'action sur le pécule, doit-être accordée ainsi que celle que nous traitons *de in rem verso*, autant qu'il paraîtra que l'obligation aura tourné à votre avantage, ou qu'elle aura amélioré le pécule de Pamphile, fut-elle même intentée après la mort, ou l'aliénation de Stychus. Mais si je forme l'action après la mort de de Pamphile, il est plus convenable que, quoique Stychus vive encore, l'action fondée sur l'emploi dans le pécule de Pamphile ne soit accordée que dans l'année de sa mort ; car, dans ce cas, je paraîtrais intenter l'action sur le pécule de Pamphile, de même que je l'intenterais si j'avais prêté à l'esclave en second par l'ordre de l'esclave en chef. Et nous ne devons pas nous livrer à aucun doute à cet égard, par la raison que Stychus, du pécule duquel il s'agit, vit encore, puisque cette chose ne peut se trouver dans son pécule, qu'autant que celui de Pamphile ne lui sera pas ôté. Par la même raison, nous disons que ce qui a été em-

dem ratio efficiet, ut id, quod in peculio Pamphili versum [sit], ità præstari debere dicamus, ut priùs ejus, quod tibi Pamphilus debuerit, deductio fiat: quod verò in tuam rem versum fuerit, præstetur, etiàm non deducto eo, quod Pamphilus tibi debet.

18. Neratius, *lib. 2, membranarum.*

De fidejubente pro servo.

Quamvìs in eam rem pro servo meo fidejusseris, quæ ità contracta est, ut in rem meam versaretur; velutì, si cum servus frumentum emisset, quo familia aleretur, venditori frumenti fidejusseris: propius est tamèn, ut de peculio eo nomine, non de in rem verso agere possis: ut unius (1) duntaxàt in quoquo contractû, de in rem verso sit actio, qui id ipsum credidit, quod in rem domini versum est.

19. Paulus, *lib. 4, quæstionum.*

De togâ, quam filius emit, et pater dedicavit, in funus ejus.

Filiusfamiliâs togam emit: mortuo deindè eo, pater ignorans, et putans suam esse, dedicavit eam in funus ejus. Neratius libro responsorum ait, in rem patris versum videri : in actione autèm de peculio, quod in rerum naturâ non esset, uno modo æstimari debere, si dolo (2)

---

(1) V. l. 3. in fin. l. 4. supr. h. t.

ployé dans le pécule de Pamphile ne pourra être rendu qu'après que vous aurez déduit ce que celui-ci vous devait ; mais ce qui aura été employé à vos propres affaires sera rendu, sans déduire ce que Pamphile vous doit.

18. NÉRATIUS, *liv.* 2, *des feuilles.*

De celui qui répond pour un esclave.

Quoique vous ayez répondu pour mon esclave dans une affaire qui, par l'issue qu'elle devait avoir, devait tourner à mon profit, supposez, par exemple, que mon esclave eût acheté du bled pour nourrir mes autres esclaves, il est cependant plus probable que vous aurez plutôt contre moi l'action sur le pécule, que celle fondée sur ce que ce bled acheté avec votre argent aura été employé à mon profit ; en sorte que dans toute espèce de contrats (1), l'action dont il est question ici ne soit uniquement accordée qu'à celui qui a donné la chose qui a tourné au profit du maître.

19. PAUL, *liv.* 4, *des questions.*

D'une robe qu'un fils de famille a acheté, et que le père a employé à ses funérailles.

Un fils de famille a acheté une robe, et est mort ensuite. Le père, qui croyait que cette robe appartenait à son fils, l'a employé à ses funérailles. Nératius, au livre des réponses, dit que cette acquisition est censée avoir tourné au profit du père. Quant à l'action sur le pécule, on ne doit estimer les choses qui ont cessé d'y exister, que dans un seul cas, celui où elles ne s'y trouvent plus par la faute (2) de celui contre qui on forme cette action. Or, si

---

(2) L. 9. S. 4. supr. de pecul.

malo ejus, quo cùm agatur, factum esset. At-
quìn si filio pater togam emere debuit (1), in
rem patris [res] versa est, non nunc, quo fune-
rabitur, sed quo tempore emit: funus enìm filii,
æs alienum patris est. Et [hoc] Neratius quoquè, qui de in rem verso patrem teneri putavit,
ostendit, negotium hoc (id est, sepulturam, et
funus filii) patris esse æs alienum, non filii.
Factus est ergò debitor peculii, quamvìs res non
exstet: ut etiàm de peculio possit conveniri: in
quam actionem venit, et quod in rem versum
est; quæ tamèn adjectio tunc necessaria esset,
cum annus post mortem filii excessit.

20. SCÆVOLA, *lib.* 1, *responsorum.*

*De filiâfamiliâs, quæ pecuniam à viro creditam
consumpsit in alimenta.*

Pater pro filiâ dotem promisit, et convenit,
ut, (2) ispse filiam aleret: non præstante patre,
filia à viro mutuam pecuniam accepit, et mortua
est in matrimonio. *Respondi*, si ad ea id, quod
creditum est, erogatum esset, sinè quibus aut se
tueri, aut servos paternos exhibere non posset:
dandam de in rem verso utilem actionem.

De verso in rem pupilli. De promissione tutoris.

§. 1. Servus absentis Reipublicæ causâ pupilli
servis pecuniam credidit, subscribente tutore,
stipulatione in personam tutoris translatâ: *quæsitum est*, àn adversùs pupillum competat actio?

____

(1) L. 3. §. 3. supr. h. t.

le père a dû acheter une robe à son fils (1), cette robe a tourné
à son profit, non pas à la vérité dans le moment où il l'a
employée aux funérailles de son fils, mais dans celui où le
fils l'a achetée; car les funérailles du fils sont pour le père
une dette sacrée à laquelle il ne peut se soustraire. Nératius qui soutient à cette occasion qu'il y a contre le père
l'action fondée sur l'emploi fait à son compte, démontre
très-clairement que les funérailles du fils sont à la charge
du père et non à celle du fils. Le père devient donc débiteur du pécule, quoique la chose n'existe plus, en sorte
qu'il peut être actionné sur le pécule. Cette action sur le
pécule comprend également celle fondée sur l'emploi fait
pour le compte du père; cependant cette action accessoire ne devient nécessaire que lorsque l'année dans laquelle le fils est mort est écoulée.

20. Scævola, *liv.* 1, *des réponses.*

*De la fille de famille qui a emprunté de l'argent de son
mari pour avoir des alimens.*

Un père s'est obligé à donner une dot à sa fille, et est
en outre convenu de nourrir sa fille (2). Le père ne fournis-
sant pas la dot, sa fille emprunta de son mari une
somme, et mourut étant mariée. J'ai répondu, si la
somme que le mari a prêtée a été employée à des choses
nécessaires pour l'entretien de la fille, ou pour la nourriture des esclaves du père, on accordera au mari l'action
utile fondée sur l'emploi fait au profit du père.

§. 1. Un esclave a prêté de l'argent aux esclaves d'un
pupille absent pour le service de la république : l'obligation a été signée par le tuteur de ce pupille, et rédigée
de manière qu'on pouvait la regarder comme lui étant

______

(a) Adde l. 1. §. 3. supr. l. 21. in pr. infr. eod. l. 17. in pr. infr. de
doli mali et met. except.

Respondi, si, cum in rem pupilli daretur, id in rem ejus versum est, et quo magis actus servorum confirmaretur, tutor spopondit, posse nihilominùs dici, de in rem verso cùm (1) pupillo actionem forè.

21. IDEM, *lib.* 5, *Digestorum.*

De filiâfamiliâs quæ pecuniam à vero creditam, aliam-
què ejus pecuniam consumpsit in alimenta.

Filiamfamiliâs duxit uxorem, patre dotem promittente, et convenit inter omnes personas, uti eam (2) pater aut ipsa se tueretur : maritus ei mutuos nummos dedit, cum justè putaret, patrem ejus ministraturum tantum salarium, quantum dare filiæ suæ instituerat : eos nummos illa in usus necessarios sibi, et in servos, quos secùm habebat, consumpsit : aliquantum et, cum ei res familiares creditæ essent, ex pecuniâ mariti in easdem causâs convertit ; deindè priùs, quàm pater salarium expleret, moritur filiâ : pater impensam recusat : maritus res mulieris retinet. *Quæro*, àn de in rem verso adversùs patrem actio competat ? *Respondit*, si ad ea id, quod creditum est, de ærogatum esset, sinè quibus aut se tueri, aut servos paternos exhibere non posset, dandam de in rem verso utilem actionem.

____

(1) L. 2. in pr. infr. quod jussû.

personnelle, *on a demandé* si l'action avait lieu contre le pupille? J'ai répondu, si l'argent a été donné pour être employé au compte du pupille, et qu'il ait été employé en conséquence de cette destination première, qu'enfin le tuteur ne soit intervenu que pour corroborer le contrat des esclaves, il y aura lieu contre le pupille à l'action fondée sur ce que l'emploi de la somme a tourné à son profit (1).

21. Le même, *liv. 5, du Digeste.*

De la fille de famille qui a emploié à se nourrir une somme qu'elle a emprunté à son mari.

Un particulier épousa une fille de famille à laquelle le père promit une dot, et il fût convenu entre les parties que la femme serait entretenue ou avec les deniers de son père (2), ou avec les siens propres. Le mari prêta à sa femme une somme d'argent, pensant avec raison que son père lui payerait une pension qui équivaudrait à ce qu'il se proposait de lui donner. La femme employa les deniers que son mari lui avait prêtés pour s'entretenir elle et ses esclaves; et comme on lui avait fourni à crédit différens effets, elle les paya avec une partie de l'argent qu'elle avait reçu de son mari. Elle mourut avant que son père lui eût payé en entier la pension qu'il lui avait promis. Le père refusant de payer les dépenses que sa fille avait faites pour acheter les différens effets dont nous venons de parler, le mari crut devoir les retenir. Je demande, si le mari aurait contre son beau-père l'action fondée sur ce que les deniers qu'il avait prêtés avaient été employés pour son compte. J'ai répondu que, si l'argent que le mari avait prêté, avait été employé à des choses sans lesquelles la femme n'aurait pu subvenir à ses besoins personnels, ni à ceux de ses esclaves, il y aurait lieu dans ce cas à l'action utile, *de in rem verso.*

---

(2) L. 20. in pr. supr. h. t.

TITULUS QUARTUS.

Quod (1) *jussû.*

~~~~~~~~

1. ULPIANUS, *lib.* 29, *ad edictum.*

Ratio edicti.

Merito *ex jussû domini in solidum* (2) *adversùs eum judicium datur.* Nàm quodammodo cùm eo contrahitur, qui jubet (3).

Quibus modis jubetur.

§. 1. *Jussum* autèm accipiendum est : sivè testato quis, sivè per epistolam, sivè verbis aut per nuncium, sivè specialitèr in uno contractû jusserit, sivè generalitèr; et ideò, et si sic contestatus sit, *quod voles cùm Stycho servo meo negotium gerere periculo meo*: videtur ad omnia jussisse, nisi certa lex aliquid prohibet.

---

(1) Lib. 4. B. 26. §. 1. Inst. quod cùm eo, qui in alien. potest.
(2) L. pen. supr. d. t. d. §. 1. Inst. eod.
~~~~~~~~

TITRE QUATRE.

De l'action accordée au créancier contre le père ou le maître, par l'ordre (1) desquels l'obligation du fils ou de l'esclave a été contractée.

1. ULPIEN, *liv.* 29, *sur l'édit.*

Motif de l'édit.

C'EST à juste titre que l'on accorde une action pour le tout, contre le maître (2) par l'ordre de qui l'esclave a contracté. Car on est en quelque sorte censé avoir contracté avec celui qui a donné l'ordre (3).

De quelle manière l'ordre peut être donné.

§. 1. L'ordre est censé donné, soit qu'il ait été donné en présence de témoins, soit dans une lettre, soit verbalement, soit par un exprès, soit enfin qu'il ait été donné spécialement par une espèce de contrats, ou par toute espèce de contrats en général; c'est pourquoi si celui qui a donné l'ordre s'est ainsi exprimé devant témoins, *vous contracterez comme vous le voudrez, à mes risques, périls et fortune avec mon esclave Stychus*, il est censé avoir donné un ordre général qui porte sur toute espèce d'affaires, à moins que quelque loi particulière ne s'y opposât.

____

(3) S. ult. Inst. d. t.

De jussû, vel mandato revocando.

§. 2. Sed ego quæro, àn revocare hoc jussum, antèquàm credatur, possit? Et puto posse : quemadmodùm si mandasset, et posteà antè contractum contrariâ voluntate mandatum revocasset, et me certiorasset.

De mandato.

§. 3. Sed etsi mandaverit (1) pater, dominusve, videtur jussisse.

Vel suscriptione.

§. 4. Sed etsi servi chirographo subscripsit (2) dominus, tenetur *quod jussu.*

Vel fidejussione.

§. 5. Quid ergò, si fidejusserit pro servo ? Ait Marcellus non teneri *quod jussu* quasi extraneus enim intervenit : nequè hoc dicit ideò, quod tenetur ex causâ fidejussionis; sed quià aliud est jubere. Deniquè idem scribit, etsi inutilitèr fidejusserit, tamèn eum non obligari, quasi jusserit. Quæ sententia verior est.

Vel ratificatione domini, vel patris.

§. 6. Si ratum (3) habuerit quis, quod servus

____

(1) L. 8. C. l. 7. supr. d. t.
(2) L. 5. C. d. t. l. 8. §. 15. infr. quibus modis pignus vel hypotheca solvitur.

De l'ordre, ou de la procuration qui peut être révoquée.

§. 2. Je demande si je suis le maître de révoquer cet ordre avant que l'on ait contracté avec mon esclave ? Je pense que je le puis, de même que je pourrais révoquer mon fondé de pouvoir, avant que l'on eût contracté avec lui, dans le cas où j'aurais changé de volonté, mais pourvu que j'eusse dénoncé cette révocation aux parties intéressées.

De la procuration.

§. 3. Si le père, ou le maître (1) a constitué son esclave, ou son fils pour son fondé de pouvoir, il est censé avoir *donné l'ordre.*

Ou de la signature.

§. 4. Le maître est également censé avoir *donné l'ordre,* lorsqu'il a signé l'obligation de son esclave (2).

Ou si le maître a répondu pour son esclave.

§. 5. Qu'en serait-il s'il avait répondu pour son esclave ? Marcellus dit que dans ce cas il ne peut être regardé comme ayant *donné l'ordre.* Car il n'a répondu que comme l'eût pu faire toute autre personne, et sa décision est fondée, non pas sur ce qu'il prétend qu'il ne soit pas obligé par cela même qu'il a répondu, mais parce qu'il y a de la différence entre répondre pour quelqu'un, et lui ordonner de faire une chose. Le même jurisconsulte dit, que quand même il eût répondu inutilement, on ne pourrait pas en conclure, qu'il fût obligé par le contrat de son esclave, comme lui ayant donné ordre. Cette opinion est la plus juste.

De la ratification du père, ou du maître.

§. 6. La ratification (3) qui survient, soit de la part du

---

(3) L. 5. §. 2. supr. de in rem vers. l. ult. C. quod cùm eo, qui in alien. potestate.

ejus gesserit, vel filius, *quod jussu* actio in eos
datur.

De jussû pupilli.

§. 7. Si pupillus dominus jusserit, utiquè non (1)
tenetur, nisì tutore auctore jussit.

Vel fructuarii, vel bonæ fidei possessoris.

§. 8. Si jussû fructuarii erit cùm servo contractum; itèm ejus, cui bonâ fide servit : Marcellus putat, *quod jussu* dandam in eos actionem.
Quam sententiam et ego probo.

Vel curatoris, vel procuratoris.

§. 9. Si curatore adolescentis, vel furiosi, vel
prodigi jubente, cùm servo contractum sit, putat
Labeo dandam *quod jussu* actionem in eos ,
quorum servus fuerit. Idem et (2) in vero procuratore. Sed si procurator verus non sit, in
ipsum potiùs dandam actionem, idem Labeo ait.

2. PAULUS, *lib. 30. ad edictum.*

De jussû tutoris.

Si, tutoris jussû, servo pupilli creditum sit,
puto, si ex utilitate (3) pupilli fuerit creditum,
in pupillum esse dandam actionem, quod jussit
tutor.

---

(1) Vide tamèn l. 3. §. 1. in fin. infr. quib ex caus. in posses.
(2) L. 5. in fin. supr. de instit. ect.

maître, soit de la part du père, donne lieu à l'action sur l'ordre contre l'un ou l'autre.

De l'ordre donné par un pupille.

§. 7. L'ordre donné par un pupille, ne l'oblige (1) qu'autant que l'autorité de son tuteur a corroboré cet ordre.

Ou par l'usufruitier, ou par un possesseur de bonne foi.

§. 8. L'usufruitier et le possesseur de bonne foi sont obligés en *vertu de l'ordre* que l'un et l'aure ont donné à l'esclave. C'est le sentiment de Marcellus, auquel je donne mon assentiment.

Ou par un curateur, ou un fondé de pouvoir.

§. 9. Si l'on a contracté avec l'esclave d'un mineur, d'un interdit pour cause de démence, ou de prodigalité, d'après l'ordre du curateur de ces personnes, Labéon pense que l'on peut former contre elles l'action provenant *de l'ordre* donné par leur curateur relativement à ce qui a été contracté avec leur esclave. Il en est de même (2) à l'égard du véritable fondé de pouvoir. Mais si l'ordre est donné par un faux fondé de procuration, suivant le même Labéon, l'action doit être formée contre lui-même.

2. PAUL, *liv.* 3o, *sur l'édit.*

De l'ordre du tuteur.

Si l'on a prêté à l'esclave d'un pupille, d'après l'ordre du tuteur de celui-ci, je pense que si l'emprunt (3) a été employé à l'avantage du pupille, c'est contre le pupille lui-même que notre action doit être formée, parce que c'est le tuteur qui a donné l'ordre.

---

(3) L. 2o. in fin. supr. tit. prox.

De ancillâ, et filiâ.

§. 1. Si jussû domini ancillæ, vel jussû patris filiæ creditum sit, danda est in eos *quod jussu* actio.

Si is, qui jussit, dominus sit.

§. 2. Si jussû meo cùm alieno servo contractum fuerit, eumquè posteà redemero, *quod jussu* non tenebor : nè actio, quæ ab initio inutilis fuerit, eventû confirmetur.

3. ULPIANUS, *lib.* 2, *responsorum.*

De mutuo, et pignore.

Dominum, qui jussit semissibus usuris servo suo pecuniam mutuam credi, eâtenùs teneri, quâtenùs jussit : nec pignoris obligationem locum habere in his prædiis, quæ servus non ex voluntate domini obligavit.

4. IDEM, *lib.* 10, *ad edictum.*

De jussû administratoris rerum civitatis.

Si jussû ejus, qui administrationi rerum civitatis præpositus est, cùm servo civitatis negotium contractum sit, Pomponius scribit, *quod jussu* cùm eo agi posse.

De la femme esclave, et de la fille de famille.

§. 1. Notre action a également lieu dans le cas où on a prêté à une femme esclave par l'ordre de son maître, ou à une fille de famille par l'ordre de son père.

Si celui qui donne l'ordre à un esclave qui ne lui appartenait pas, vient à l'acheter.

§. 2. Si quelqu'un contracte par mon ordre avec un esclave étranger, et qu'ensuite j'achète cet esclave, je ne serai pas obligé en vertu *de l'ordre* que j'aurai donné. Autrement l'action qui dans le principe était nulle, cesserait de l'être par un effet du hasard.

3. ULPIEN, *liv.* 2, *des réponses.*

Du prêt, et du gage.

Le maître qui a ordonné que l'on prêtât à son esclave de l'argent à six pour cent par an n'est obligé qu'en raison et en proportion de l'ordre qu'il a donné, et on ne peut rien exiger de lui au-delà, c'est-à-dire, de six pour cent. Il y a plus, c'est que les terres que l'esclave a engagé sans la volonté et le consentement de son maître, ne peuvent servir d'hypothèque.

4. LE MÊME, *liv.* 10, *sur l'édit.*

De l'ordre donné par le syndic d'un corps de ville.

Si l'on a contracté avec l'esclave d'un corps de ville, d'après l'ordre du syndic de ce même corps de ville, on peut former, suivant Pomponius, notre action contre ce syndic.

5. Paulus, *lib.* 4. *ad Plautium.*

Si pecuniam accepturus jusserit servo, filiovè
numerari.

Si dominus, vel pater pecuniam mutuam accepturus, jusserit servo filiovè numerari, nulla
quæstio est, quìn ipsi condici possit. Immò hoc
casû de jussû actio non competit.

De servo communi.

§. 1. Si unus ex servi dominis jussit contrahi
cùm eo, is (1) solus tenebitur; sed si duo jusse-
runt, cùm quovìs in solidum agi potest : quià
similes sunt duobus mandantibus.

____

(1) L. 13. supr. tit. prox.

Finis libri decimi quinti.

5. PAUL, *liv.* 4, *sur* *Plautius.*

Si celui qui voulait emprunter a donné ordre de compter
l'argent, soit à son esclave, soit à son fils.

Si un maître, ou un père de famille qui voulait emprunter une somme, a ordonné qu'elle fût comptée, soit
à son esclave, soit à son fils, il n'y a pas de doute qu'il
est soumis à l'action du prêt. Et dans ce cas il n'y a pas
lieu à l'action fondée sur l'ordre.

De l'esclave commun.

§. 1. S'il n'y a que l'un des deux maîtres qui ait ordonné de contracter avec l'esclave commun (1), lui seul sera
soumis à notre action. Si tous deux ont donné l'ordre, il
sera libre d'actionner celui des deux que l'on voudra,
parce que dans ce cas ils sont assimilés à deux consti-
tuans.

Fin du livre quinzième.

LIBER SEXTUS DECIMUS.

TITULUS PRIMUS.

Ad Senatûsconsultum (1) *Vellejanum.*

~~~~~~~~

1. PAULUS, *lib.* 30, *ad edictum.*

Summa.

VELLEJANO Senatûsconsulto plenissimè comprehensum est, *nè pro ullo fœminæ intercederent.*

Et ratio Senatûsconsulti.

§. 1. Nàm sicùt moribus civilia (2) officia adempta sunt fœminis, et pleraquè ipso jure non valent: ità multò magis adimendum eis fuit id officium, in quo non sola opera nudumquè ministerium earum versaretur, sed etiàm periculum rei familiaris.

______

(1) Lib. 4. C. 29.
~~~~~~~~

LIVRE SEIZE.

TITRE PREMIER

Du Sénatus-Consulte (1) Velléien.

***

1. PAUL, *liv.* 30, *sur l'édit.*

Disposition.

LE Sénatus-Consulte Velléien porte formellement, *que les femmes ne peuvent s'obliger pour autrui.*

Et motif du Sénatus-Consulte.

§. 1. En effet, de même que d'après notre usage les femmes ne peuvent remplir des charges civiles (2) et publiques, et que pour le plus souvent on regarde comme nulles les obligations qu'elles ont contractées, à plus forte raison a-t-on dû les rendre inhabiles à former un contrat dans lequel elles ne prêtent pas seulement leur ministère, mais encore dans lequel elles exposent toute leur fortune.

(2) L. 2. in pr. infr. de reg. jur.

Quomodo mulieri succurritur.

§. 2. Æquum autèm visum est , ità mulieri succurri , ut in veterem debitorem , aut in eum, qui pro se constituisset mulierem ream , actio daretur : magis enìm ille , quàm creditor , mulierem decepit.

2. Ulpianus, *lib.* 29 , *ad edictum.*

De edictis Augusti , et Claudii.

Et primò quidèm temporibus Divi Augusti , mòx deindè Claudii , edictis eorum erat interdictum , *nè fœminæ pro viris suis intercederent.*

Senatûsconsulti verba.

§. 1. Posteà factum est Senatûsconsultum , quo plenissimè fœminis omnibus subventum est; cujus Senatûsconsulti verba hæc sunt : *Quòd Marcus Silanus , et Vellejus Tutor , consules , verba fecerunt de obligationibus fœminarum , quæ pro aliis reæ fierent , quid de eâ re fieri oportet , de eâ re ità consuluerunt : Quod ad fidejussiones et mutui dationes pro aliis , quibus intercesserint fœminæ , pertinet , tametsì antè videtur ità jus dictum esse , nè eo nomine ab his petitio , nèvè in eas actio detur , cum eas virilibus* (1) *officiis fungi , et ejus generis obligationibus obstringi non sit æquum : arbitrari Senatum , rectè atquè ordine facturos , ad quos de eâ re in jure aditum erit , si dederint operam , ut in eâ re Senatus voluntas servetur.*

---

(1) D. l. 2. in pr.

Comment on vient au secours de la femme.

§. 2. Il a paru juste de venir au secours de la femme qui s'est obligée pour autrui, en reportant l'action contre l'ancien débiteur, ou contre celui qui l'a fait obliger pour lui; car c'est plus lui qui a trompé la femme que le créancier lui-même.

2. ULPIEN, *liv.* 29, *sur l'édit.*

Des édits des empereurs Auguste, et Claude.

Il y eut d'abord sous Auguste, et ensuite sous l'empereur Claude, des édits par lesquels il était défendu *aux femmes de s'obliger pour leurs maris.*

Expressions du Sénatus-Consulte.

§. 1. Il parût ensuite un Sénatus-Consulte par lequel on vint de la manière la plus formelle et la plus étendue, au secours des femmes. Voici ce que porte ce Sénatus-Consulte : *D'après le rapport que Marcellus Silanus, et Velléjus Tutor consuls ont fait au sénat, sur les obligations des femmes qui s'obligent pour les autres, le sénat a arrêté et décrété ce qui suit : Quand à ce qui regarde les cas où les femmes ont répondu, et emprunté pour des personnes tierces, quoique les lois anciennes aient déja décidé, que l'on ne pourrait former contre elles aucune demande ni action, puisqu'il n'a pas paru juste qu'elles exerçassent des fonctions qui n'appartiennent qu'aux hommes (1), et de les obliger en vertu d'actes de cette espèce, le sénat a décrété dans sa sagesse, que les juges qui connaîtraient de ces sortes d'affaires, tiendraient la main à l'exécution de la volonté du sénat, à cet égard.*

Et ejus commendatio.

§. 2. **Verba itaquè** Senatûsconsulti excutiamus, priùs providentiâ amplissimi ordinis laudatâ: quià opem tulit mulieribus, proptèr sexûs imbecillitatem, multis hujuscemodi casibus suppositis, atquè objectis.

De mulieribus deceptis, vel decipientibus.

§. 3. **Sed** ità demùm eis subvenit, si non callidè sint versatæ. Hoc enim Divus Pius et Severus rescripserunt, nàm deceptis (1), non decipientibus, opitulatur. Et est et Græcum Severi [tale] rescriptum: *Decipientibus mulieribus Senatusconsultum auxilio non est :* infirmitas enìm fœminarum, non calliditas, auxilium demit.

De contractibus.

§. 4. *Omnis omninò obligatio* Senatûsconsulto Vellejano comprehenditur : sivè verbis, sivè re, sivè quocunquè alio contractû intercesserint.

De defensione alteriús.

§. 5. **Sed** etsi mulier defensor alicujus exstiterit, procùl dubio intercedit; suscipit enim in se alienam obligationem: quippè cum ex hâc re subeat condemnationem. Proindè nequè maritum (2), nequè filium, nequè patrem (3) permittitur mulieri defendere.

---

(1) L. 3o. in pr. infr. l. 3.1. 18. C. h. t. l. 2 C. si minor se major.
(2) Excip. l. 3. §. 2. infr. de liberal. caus.

Eloge de ce Sénatus-Consulte.

§. 2. C'est pourquoi nous allons interpréter ce Sénatus-Consulte dont nous ferons préalablement l'éloge, en ce qu'il vient au secours des femmes, d'autant plus faciles à tromper, qu'elles sont plus faibles, et pour atteindre plus particulièrement notre but, nous supposerons maintes et maintes hypothèses dans l'espèce que nous traitons.

Des femmes qui trompent, et de celles qui sont trompées.

§. 3. Le Sénatus-Consulte ne vient au secours des femmes que, lorsqu'il n'y a pas de mauvaise foi de leur part. C'est ce que les empereurs Antonin et Sévère ont déclaré dans leurs rescrits. Car on ne vient au secours que de celles qui sont trompées (1), et non à celui de celles qui trompent. Voici ce que porte le rescrit de l'empereur Sévère : *Ce Sénatus-Consulte n'est d'aucune utilité pour les femmes qui trompent ;* car il ne remédie qu'à leur faiblesse, mais il ne favorise pas leur mauvaise foi.

Des contrats.

§. 4. Le Sénatus-Consulte Velléien renferme toutes sortes d'obligations, soit que les femmes se soient obligées verbalement, soit que leur obligation ait exigé la tradition de la chose, soit qu'elles se soient engagées par toute autre espèce de contrat.

De la défense d'un tiers.

§. 5. Si une femme se charge de la défense de quelqu'un, nul doute que par cela même, elle ne soit censée s'être obligée. Car par la raison qu'elle s'est engagée à payer pour un autre, elle s'est chargée de l'obligation d'autrui. Il n'est donc pas permis à une femme d'après ce qui vient d'être dit, de s'obliger pour son mari (2), non plus que (3) pour son père, et son fils.

---

(3) Vide tamen l. 41. supr. de procurat.

3. Paulus, *lib.* 30, *ad edictum.*

Sed si eum defendat, qui damnatus regressum ad eam habeat : (veluti cum venditorem hereditatis sibi venditæ, vel fidejussorem suum defendat): intercedere non videtur.

4. Ulpianus, *lib.* 29, *ad edictum.*

De ignorantiâ creditoris.

Sed si ego cùm muliere ab initio contraxerim, cum ignorarem (1), cui hæc factum vellet, non dubito Senatûsconsultum cessare : et ità Divus Pius et Imperator noster rescripserunt.

Si mulier donatura mutuetur.

§. 1. Proindè, si, dùm vult Titio donatum, accepit à me mutuam pecuniam, et eam Titio donavit, cessat Senatûsconsultum. Sed et si tibi donatura, creditori tuo nummos numeravit (2), non intercedit : Senatus enìm obligatæ (3) mulieri succurrere voluit, non donanti ; hoc ideò, quià faciliùs se mulier obligat, quàm alicui donat.

5. Gaius, *lib.* 9, *ad edictum provinciale.*

Aut suam rem vendat.

Nec interest, pecuniam solvendi causâ nume-

---

(1) L. 19. §. ult. in pr. infr. h. t.
(2) L. 5. 1, 8. §. 5. infr. l. 1. l. 4. C. eod.

3. PAUL, *liv.* 30, *sur l'édit.*

Mais admettons qu'une femme défende en justice une personne qui, étant condamnée, a son recours contre elle, si, par exemple, celui à qui elle a vendu une succession, ou celui qui a répondu pour elle ; dans ce cas elle n'est pas censée s'être obligée.

4. ULPIEN, *liv.* 29, *sur l'édit.*

De l'ignorance du créancier.

Si dans le principe j'ai contracté avec une femme que j'ignorais être dans l'intention de faire passer à une autre (1) l'objet du contrat que nous avons fait ensemble, je ne doute pas que dans ce cas les dispositions du Sénatus-Consulte ne peuvent la concerner. C'est ce que notre empereur et Antonin ont déclaré dans leurs rescrits.

Si la femme ayant l'intention de donner, fait un emprunt.

§. 1. Par conséquent, si une femme veut faire une donation à Titius, et qu'elle emprunte de moi une somme qu'elle donne à Titius, il n'y a pas lieu au Sénatus-Consulte. Si même, voulant vous faire une donation, elle emploie l'argent que je lui ai donné à payer votre créancier, elle ne pourra pas recourir au bénéfice du Sénatus-Consulte ; car le Sénatus-Consulte a voulu simplement venir au secours de la femme qui (2) s'est obligée, mais non pas au secours de celle qui veut faire une donation (3). La raison de cette disposition du Sénatus-Consulte est fondée sur ce qu'une femme est plus facilement portée à s'obliger qu'à donner.

5. GAJUS, *liv.* 9, *sur l'édit provincial.*

Si elle vend sa propre chose.

Il importe peu que la femme ait payé de ses propres,

---

(3) L. 21. infr. eod.

ret, àn quamlibèt suam rem in solutum det:
nàm etsì vendiderit rem suam, sivè pretium acceptum pro alio solvit, sivè emptorem delegavit
creditori alieno, non puto Senatûsconsulto locum esse.

6. ULPIANUS, *lib. 29, ad edictum.*

De his, qui mandato mulieris fidejusserunt.

Si fidejussores pro defensore absentis filii, [ex]
mandato (1) matris ejus intercesserint, *quæri-*
tur, àn etiàm his Senatûsconsulto subveniatur?
Et ait Papinianus lib. IX. quæstionum, exceptione eos usuros. Nec multùm facere, quod pro
defensore fidejusserunt : cum contemplatione
mandati matris intervenerunt. Planè (inquit) si,
qui accepit eos fidejussores, matrem eis man-
dasse ignoravit, exceptionem Senatûsconsulti
replicatione doli repellendam.

7. PAPINIANUS, *lib. 9, quæstionum.*

Quanquàm igitùr fidejussor, doli replicatione
positâ, defensionem exceptionis amittat, nullam
tamèn replicationem adversùs mulierem habebit:
quià facti non potest ignorationem prætendere.
Sed non erit iniquum, dari negotiorum gestorum
actionem in defensorem : quià mandati causâ
per Senatûsconsultum constituitur irrita, et pecunia fidejussoris liberatur.

---

(1) L. 3o. in fin. infr. 1. 15. C. eod.

ou qu'elle donne en paiement une chose qui lui appartienne ; car soit qu'elle ait vendu une chose qui lui appartenait, soit qu'elle ait payé pour un autre avec le prix qu'elle aurait reçu de la vente qu'elle aurait faite, ou qu'elle ait fait une délégation dont elle a chargé l'acheteur au profit d'un créancier étranger, je ne pense pas qu'elle puisse jouir du bénéfice du Sénatus-Consulte.

6. ULPIEN, *liv.* 29, *sur l'édit.*

De ceux qui ont répondu par l'ordre d'une femme.

Si quelqu'un a répondu pour un fils absent, et que la mère (1) ait donné au défenseur de son fils d'autres répondans, l'on demande si dans cette hypothèse on peut recourir au bénéfice de notre Sénatus-Consulte ? Papinien, au liv. IX, des questions, dit que ces répondans peuvent opposer l'exception que leur offre le Sénatus-Consulte, et on ne peut leur opposer qu'ils ont répondu pour le défenseur du fils; puisqu'ils n'ont répondu qu'en considération de la mère. Assurément dit Papinien, si celui qui a accepté ces répondans, a ignoré que la mère les eût chargé de répondre, il pourrait repousser l'exception tirée du Sénatus-Consulte Velléien, en leur répliquant qu'il y a eu mauvaise foi de leur part, en le laissant à cet égard dans l'ignorance.

7. PAPINIEN, *liv.* 9, *des questions.*

Quoique le répondant, au moyen de la réplique tirée de sa mauvaise foi, perde l'avantage que lui offrait l'exception, il ne pourra cependant user d'aucune replique envers la femme, parce qu'il ne peut pas exciper de l'ignorance du fait. Mais il n'y aura pas d'injustice à lui accorder contre ce défenseur l'action de la gestion des affaires d'autrui, parce que d'après le Sénatus-Consulte la procuration donnée par la femme est nulle, et que le répondant en payant a libéré le défenseur.

8. ULPIANUS, *lib.* 29, *ad edictum.*

De pignore dato, vel reddito.

Quamvis pignoris datio intercessionem faciat, tamèn Julianus lib. XII. Digestorum scribit, redditionem pignoris, si creditrix mulier rem, quam pignori acceperat, debitori liberaverit, non esse intercessionem.

De promissione indemnitatis.

§. 1. Si mulier intervenerit apud (1) tutores filii sui, nè [hi] prædia ejus distraherent, et indemnitatem eis repromiserit, Papinianus lib. IX. quæstionum non putat eam intercessisse: nullam enim obligationem alienam recepisse, nequè veterem, nequè novam: sed ipsam fecisse hanc obligationem.

§. 2. Si mulier apud primum pro secundo intervenerit, mòx pro primo apud creditorem ejus: duas intercessiones factas, Julianus lib. XII. Digestorum scribit; unam pro secundo apud primum, aliam pro primo apud creditorem ejus: et ideò [et] primo restitui (2) obligationem, et adversùs eum. *Marcellus* autèm *notat*, esse aliquam differentiam: utrùm hoc agatur, ut ab initio mulier in alterius locum subdatur, et onus debito-

---

(1) L. 6. C. eod.

8. ULPIEN, *liv.* 29, *sur l'édit.*

Du gage donné ou rendu

Quoiqu'une femme, en donnant un gage pour un autre, soit assimilée à celle qui s'est obligée, cependant Julien écrit au liv. XII du Digeste, que si une femme était créancière, et qu'encore qu'en rendant le gage elle libérât son débiteur, la reddition de ce gage ne devait pas être regardée de sa part comme une obligation dont elle se serait grévée.

De la promesse d'une indemnité.

§. 1. Si une femme est intervenue auprès des tuteurs de ses enfans (1) pour que ceux-ci ne vendissent pas leurs terres, et qu'elle leur ait promis une indemnité, dans le cas où ils éprouveraient quelque perte à cet égard, Papinien, au liv. IX des questions, dit que l'on ne peut pas, dans ce cas, dire que ce soit un contrat dans lequel la femme s'est obligée pour une autre. Car dans notre hypothèse, ce n'est ni une obligation ancienne ni nouvelle qu'elle contracte pour autrui; c'est une obligation personnelle dont elle se grève.

§. 2. Si une femme s'est obligée envers Primus pour le compte de Secundus, ensuite pour Primus vis-à-vis du créancier de celui-ci, Julien dit, au liv. XII du Digeste, qu'il y a ici de la part de la femme deux contrats obligatoires pour autrui; l'un pour Secundus vis-à-vis de Primus; l'autre pour Primus à l'égard de son créancier; c'est pourquoi Primus redevient le créancier de Secundus(2), de même qu'il redevient le débiteur de son propre créancier. Marcellus remarque à ce sujet qu'il faut admettre quelque distinction, et examiner si dans l'origine la femme a entendu se constituer débitrice, et se mettre au lieu et place du débiteur, dont le créancier a voulu transporter

---

(1) V. l. 16. C. eod.

ris, à quo obligationem transferre creditor voluit, suscipiat, àn verò quasi debitrix delegetur; scilicèt, ut, si quasi debitrix delegata est, una sit intercessio; proindè secundum hanc suam distinctionem, in primâ visione, ubi quasi debitrix delegata est, exceptionem ei Senatûsconsulti Marcellus non daret; sed condemnata, vel antè condemnationem, condicere utiquè ei, à quo delegata est, poterit, vel quod ei abest, vel, si nondùm abest, liberationem.

De repetitione soluti. De delegatione.

§. 3. Interdùm intercedenti mulieri et condictio competit; putà, si contrà Senatûsconsultum obligata, debitorem suum delegaverit; nàm hic ipsi competit condictio; quemadmodùm si pecuniam solvisset, condiceret: solvit enim et qui reum delegat (1).

§. 4. Sed si is, qui à muliere delegatus est, debitor ejus non fuit: exceptione Senatûsconsulti poterit uti, quemadmodùm mulieris fidejussor.

§. 5. Planè, si mulier intercessura, debitorem suum delegaverit, Senatûsconsultum cessat: quià, etsi pecuniam numerasset (2), cessaret Senatûsconsultum; mulier enim per Senatûsconsultum relevatur: non quæ deminuit, restituitur.

( ) L. 8. infr. de fidejuss. l. 187. infr. de verb. sign.
(2) L. 4. in fin. supr. h. t.

l'obligation

l'obligation sur elle, ou si elle ne s'est obligée que comme
ayant été déléguée par son propre débiteur, en sorte que
de cette manière la femme ne s'oblige qu'une seule fois
pour autrui ; par conséquent, d'après la distinction de
Marcellus, dans la seconde hypothèse, où elle a été déléguée comme débitrice, la femme n'aurait pas, suivant
lui, l'exception tirée du Sénatus-Consulte. Mais une fois
condamnée, ou même avant de l'avoir été, elle pourra
revendiquer sur celui par qui elle aura été déléguée ce qu'elle
aura payé, ou si elle n'a rien payé, elle pourra demander
à être déchargée, c'est-à-dire, sa libération.

De la répétition de ce qui a été payé. De la délégation.

§. 3. Il est des cas où la femme, outre l'exception du
Sénatus-Consulte Velléien, a encore le droit de former l'action par laquelle on demande ce qui a été induement payé, *ex
condicto*. Si, par exemple, s'étant obligée contre les dispositions du Sénatus-Consulte, elle a délégué un de ses
débiteurs en paiement, car dans ce cas elle aurait action
pour se faire rendre ce qu'elle aurait payé, elle aurait de
même cette action, si elle-même eût payé en vertu d'une
semblable obligation ; car il n'y a pas de différence entre
payer, ou déléguer un de ses débiteurs en paiement (1).

§. 4. Mais si celui qui a été délégué par la femme,
n'est pas le débiteur de celle-ci, il pourra recourir à l'exception du Sénatus-Consulte Velléien, comme le ferait
celui qui aurait répondu pour la femme.

§. 5. Mais si une femme voulant payer pour un autre,
a délégué son propre débiteur, il n'y a pas lieu dans ce
cas au Sénatus-Consulte, parce que, encore qu'elle eût
compté les espèces (2), elle ne pourrait pas recourir au
Sénatus-Consulte ; car le Sénatus-Consulte vient bien, à
la vérité, au secours des femmes qui se sont obligées,
mais il ne protège nullement celles qui ont aliéné leurs
biens.

§. 6. Sed si cum delegaverit, qui debitor ejus non fuit, fraus Senatûsconsulto facta videbitur: et ideò exceptio datur.

De acceptilatione. De solutione.

§. 7. Quotièns pro debitore intercesserit mulier, datur in eum pristina actio: etsi ille priùs acceptilatione liberatus sit, quàm mulier intercesserit.

§. 8. Si convenerit cùm debitore, ut expromissorem daret, et acceptum ei latum sit, deindè is dederit mulierem, quæ auxilio Senatûsconsulti munita est: potest ei condici, quasi non dedisset; quid enim interest, non det, àn talem det? Non erit igitùr actio utilis necessaria, cum condictio competat.

§. 9. Marcellus quoquè scribit, si mulieri post intercessionem accepto tulerit creditor, nihilominùs restitutoriam actionem ei dari debere: inanem enìm obligationem dimisit.

§. 10. Si mulier post intercessionem sic solverit, ne repetere possit, justè prior debitor actionem recusat. Sed cum relevatur reus, si mulier sic solvit, ut repetere non possit, et cum ei mulieri, quæ repetere non poterat, si solvisset, accepto tulit creditor, similitèr relevatur reus.

Quibus, et in quos actio restituitur.

§. 11. Quamquàm in omnes, qui liberati sunt, restituitur actio, non tamèn omnibus restituitur: utputà, duo rei stipulandi fuerunt: apud

§. 6. Mais si elle a délégué celui qui ne lui devait rien, elle sera censée avoir voulu éluder le Sénatus - Consulte. C'est pourquoi il y aura lieu à l'exception du Sénatus-Consulte.

De l'acceptillation. Du paiement.

§. 7. Toutes les fois qu'une femme a répondu pour un débiteur, l'action que le créancier avait contre lui revit, l'eût-il même libéré en considération de ce que la femme s'obligeait pour lui, et avant que cette obligation arrivât.

§. 8. Si un créancier est convenu avec son débiteur, qu'il lui donnerait à sa place un répondant, et qu'il lui accorde en conséquence sa libération, qu'ensuite ce débiteur lui donne pour répondant une femme qui en pareil cas est protégée par le Sénatus-Consulte, il peut se faire rendre par le débiteur la quittance qu'il lui a donné, car pour le créancier, lui donner un répondant de cette espèce, c'est pour lui la même chose, que si on ne lui en donnait pas. Le créancier n'aura donc pas besoin de l'action utile, puisqu'il en a une pour se faire rendre ce qu'il a induement et mal à propos donné.

§. 9. Marcellus écrit aussi que si un créancier libère une femme qui s'est obligée pour autrui, on ne doit pas moins lui accorder l'action en restitution, car il s'est désaisi d'une obligation qui ne pouvait lui être d'aucune utilité.

§. 10. Si la femme qui s'est obligée pour autrui paie le créancier, et qu'elle ne puisse redemander ce qu'elle a donné, le premier débiteur pourra avec juste raison refuser de répondre contre l'action que le créancier pourait former contre lui, et comme le débiteur est déchargé de sa dette, si la femme en payant, paie de manière à ne pouvoir répéter ce qu'elle a donné, de même le débiteur est déchargé de son obligation, si le créancier a libéré la femme de quelque manière que ce soit.

En faveur de qui, et contre qui l'action est rétablie.

§. 11. Quoique l'action soit rétablie contre tous ceux pour qui une femme s'est obligée, cependant, elle n'est pas rendue à toute espèce de créanciers ; par exemple un débiteur avait deux créanciers solidaires ; une femme s'est

alterum mulier intercessit: ei soli restituitur obligatio, [apud] quem intercessit.

Si creditor mulieri.

§. 12. Si mulieri heres exstiterit creditor, videndum, àn restitutoria uti non possit? Et ait Julianus lib. XII. restitutoriâ eum nihilominùs usurum: non immeritò, cum non obligatæ cùm effectû successerit. Deniquè in Falcidiâ hoc æs alienum non imputabitur.

Vel mulier debitori successerit.

§. 13. Planè, si mihi proponas, mulierem veteri debitori successisse, dicendum erit, restitutoriâ eam conveniri posse: sed et directâ actione: nihil enìm ejus interest, quâ actione conveniatur.

Si mulier pro alio contraxerit.

§. 14. Si cum essem tibi contracturus, mulier intervenerit, ut cùm ipsâ potiùs contraham: videtur intercessisse; quo casû datur in te actio, quæ instituit magìs, quàm restituit obligationem; ut perindè obligeris eodem genere obligationis, quo mulier est obligata: verbi gratiâ, si per stipulationem mulier, et tu, quasì ex stipulatû, convenieris.

De intercessione pro pupillo vel minori viginti quinquè annis, vel filiofamiliâs.

§. 15. Illud videndum est, si mulier pro eo intervenit, qui, si cùm ipso contractum esset, non obligaretur, àn hâc actione ille debeat te-

obligée pour lui vis-à-vis de l'un d'eux, il n'y aura qu'en faveur de celui vis-à-vis de qui la femme se sera obligée que l'action sera rétablie.

Si le créancier a succédé à la femme.

§. 12. Si le créancier est devenu l'héritier d'une femme qui s'était obligée pour un autre envers lui, nous avons à examiner s'il a le droit de rétablir son action contre son ancien débiteur? Julien au liv. XII, dit qu'il n'a pas ce droit. Et c'est avec raison qu'il porte cette décision. En effet il succède à une femme qui dans le principe n'était pas obligée efficacement. Cette obligation de la femme ne sera pas regardée comme une dette de la succession, conformément à la loi Falcidia.

Ou si la femme a succédé au débiteur.

§. 13. Mais si vous supposiez que la femme fût devenue héritière de l'ancien débiteur, pour lequel elle se serait obligée, il faudrait dire alors que le créancier pourrait reprendre son ancienne action contre elle, même former contre elle une action directe, par ce qu'il lui importe peu que l'on intente contre elle l'une ou l'autre action.

Si la femme a contracté pour un autre.

§. 14. Si étant sur le point de contracter avec vous, une femme était intervenue, préférant que je contractasse plutôt avec elle qu'avec vous, elle est censée s'être obligée pour autrui. Dans ce cas j'ai contre vous une action qui constitue plutôt l'obligation, qu'elle ne la rétablit; ensorte que vous êtes obligé dans le même genre que la femme elle même était obligée; par exemple, si la femme s'est obligée par stipulation, vous serez censé vous être obligé de même, et c'est sous ce rapport que je formerai contre vous l'action.

Si une femme s'est obligée pour un pupille, mineur de 25 ans, ou un fils de famille.

§. 15. Nous avons à examiner si dans le cas où une femme se serait obligée, pour quelqu'un qui, quand même on aurait contracté avec lui, ne serait pas obligé, nous

neri: utputà, si pro pupillo intercessit, qui sinè tutoris auctoritate non obligatur? Et puto, non obligari pupillum, nisi locupletior factus est ex hoc contractû. Itèm si minor viginti quinquè annis sit, pro quo mulier intercessit, in integrum restitutionem poterit implorare; vel [si] filius contrà Senatûsconsultum contracturus est.

9. PAULUS, *lib. 6, regularum.*

Vel servo alieno.

Sed si pro alieno (1) servo intercedat, quemadmodùm in patremfamiliâs priorem reum restituitur actio, ità in dominum quoquè restituenda erit.

10. ULPIANUS, *lib. 29, ad edictum.*

De successoribus. De rei persecutione, de tempore harum actionum.

Hæ actiones, quæ in eos, pro quibus mulier intercessit, dantur, et heredibus (2), et in heredes, et perpetuò competunt: habent enim rei persecutionem; cæteris quoquè honorariis successoribus dabuntur, et adversus eos.

11. PAULUS, *lib. 3o, ad edictum.*

De scientiâ vel ignorantiâ creditoris.

Si mulier, tanquàm in usûs suos pecuniam acceperit alii creditura, non est locus Senatûsconsulto;

---

(1) L. ult. in fin. supr. eod.

avons, dis-je, à examiner si dans ce cas, ce particulier serait soumis à cette action ; par exemple, supposez que cette femme se soit obligée pour un pupille qui ne peut s'obliger sans l'autorité de son tuteur ? Je ne pense pas que le pupille soit obligé, à moins qu'il n'ait tiré quelqu'avantage de ce contrat. De même si c'est pour un mineur de 25 ans, que la femme se soit obligée, il pourra demander à être restitué. Le fils de famille qui aura contracté contre les dispositions du Sénatus-Consulte Macédonien, pourra également être restitué en entier.

9. Paul, *liv. 6, des règles.*

Ou l'esclave d'autrui.

Mais si une femme s'oblige (1), pour l'esclave d'autrui, l'action est rétablie contre le maître, de même que dans le cas où elle serait obligée pour un fils de famille, elle serait rétablie contre le père.

10. Ulpien, *liv. 29, sur l'édit.*

De ceux qui succèdent. De la poursuite de la chose. Du tems que durent ces actions.

Ces actions qui sont rétablies contre ceux pour qui une femme s'est obligée, sont perpétuelles, et elles se transmettent pour et contre les héritiers, (1) la raison en est fondée sur ce qu'elles ont pour objet la poursuite d'une chose ; elles sont également accordées aux héritiers à titre prétorien, et contre eux.

11. Paul, *liv. 30, sur l'édit.*

De la connaissance ou de l'ignorance du créancier.

Si une femme voulant prêter à un tiers a fait un emprunt comme si les deniers de cet emprunt eussent dû être employés à son usage, il n'y a pas lieu dans ce cas au Sénatus-Consulte en sa faveur. Autrement personne ne voudrait

____

(1) L. 20 C. eod.

alioquin nemo cum fœminis contrahet : quià ignorari potest, quid acturæ sint.

12. Idem, *lib. 6, brevium.*

Imò tunc locus est Senatûsconsulto, cum scit creditor eam intercedere.

13. Gajus, *lib. 9, ad edictum provinciale.*

Quibus casibus mulier obligatur.

Aliquandò, licét alienam obligationem suscipiat mulier, non adjuvatur hoc Senatûsconsulto: quod tùm accidit, cùm primâ facie quidèm alienam, re verâ autèm suam obligationem suscipiat: ut ecce, si ancilla ob pactionem libertatis expromissore dato, post manumissionem id ipsum suscipiat, quod expromissor debeat; aut hereditatem emerit (1), et æs alienum hereditarium in se transcribat; aut si pro fidejussore suo intercedat.

De pignore prioris debitoris.

§. 1. De pignoribus prioris debitoris non est creditori novâ actione opus : cum quasi Serviana, (quæ [et] hypothecaria vocatur) in his utilis sit, quià vérum est, convenisse de pignoribus, nec solutam esse pecuniam.

De intercessione conditionali vel in diem.

§. 2. Si sub conditione, vel in diem mulier pro alio intercesserit, etiàm pendente conditione,

___

(1) L. 32. in pr. infr. eod.

contracter avec les femmes ; parce que l'on peut ignorer quelles sont leurs intentions.

12. LE MÊME, *liv. 6, des abrégés.*

Néanmoins toutes les fois que le créancier sait que la femme a l'intention de s'obliger pour autrui, il y a lieu au Sénatusconsulte.

13. GAJUS, *liv. 9, sur l'édit provincial.*

Dans quels cas la femme est obligée.

Il est des cas où quoique la femme se charge de l'obligation d'un autre, le Sénatus-Consulte ne vient pas à son secours ; ce qui arrive lorsque la femme paraît au premier abord s'être obligée pour autrui, et que réellement elle contracte pour elle-même ; par exemple, si une femme esclave a fourni à son maître, à qui elle a promis une somme pour avoir sa liberté, un répondant qui s'est obligé envers lui à cet égard, ou si une femme achète une succession (1), et qu'elle en transporte les dettes sur sa personne, ou si elle s'oblige pour celui même qui a répondu pour elle.

Du gage du premier débiteur.

§. 1. Lorsque le créancier a reçu des gages de son premier débiteur pour qui une femme s'est obligée, il n'a pas besoin d'une nouvelle action, parce que l'action Servienne, que l'on appelle aussi hypothécaire lui est utile ; et en effet, il y a eu convention de gage, et la dette n'a pas été payée.

De l'obligation conditionnelle ou à un jour fixe.

§. 2. Si une femme s'est obligée pour un autre, ou sous condition, ou à un jour fixe, le créancier peut former contre son ancien débiteur l'action en rétablissement de la première obligation, s'il le juge à propos, même pendant

volenti creditori, cùm priore actio danda est restitutoria. Quo enim bonum est, exspectare conditionem, vel diem, cum in eâ causâ sit prior iste debitor, ut omnimodò ipse debeat suscipere actionem ?

14. JULIANUS, *lib.* 12, *Digestorum.*

In quos actio restituitur.

Si mulier contrà Senatûsconsultum intercesserit: æquum est, non solùm in veterem debitorem, sed et in fidejussores ejus actionem restitui: nàm, cum mulieris personâ subtrahatur creditori proptèr Senatûsconsultum, integra causa præstino restituenda est.

15. IDEM, *lib.* 51, *Digestorum.*

Si mulier alii debitum exegerit, et de rato caverit.

Si mulieri solvero id, quod tibi debebam, et ab eâ ratam rem te habiturum, stipulatus fuero, et fortè te ratum non habente, agere ex stipulatû instituero, exceptio Senatûsconsulti, quod de intercessionibus fœminarum factum est, non proderit mulieri; non enim videri potest alienam obligationem recusare, cum maneam debito obligatus, et ipsa de lucro agat : ac potiùs reddere cogatur, quod non debitum acceperat, quàm pro alio solvere.

16. IDEM, *lib.* 4, *ad Ursejum Ferocem.*

Si debitor, mulieri intercedenti solverit.

Si mulier contrà Senatûsconsultum [Vellejanum] pro me intercessisset Titio, egoque mulieri

que la condition est encore en suspens. Et pour quelles raisons attendrait-on l'événement d'une condition, ou l'échéance d'un terme, puisque ce premier débiteur est dans le cas de défendre nécessairement sur l'action que son créancier a contre lui.

14. JULIEN, *liv.* 12, *du Digeste.*

Contre qui l'action est rétablie.

Si une femme s'oblige pour un autre contre les dispositions du Sénatus-Consulte Velléien, la justice veut que l'action soit rétablie non-seulement contre le premier débiteur, mais encore contre ceux qui ont répondu ; car le créancier étant par le Sénatus-Consulte forcé d'abandonner la femme qui s'est obligée envers lui, il doit-être rétabli dans son premier état.

15. LE MÊME, *liv.* 51, *du Digeste.*

Si une femme a reçu la créance d'un autre, et a promis de faire ratifier le véritable créancier.

Si j'ai payé à une femme ce que je vous devais, et que j'aie tiré d'elle une promesse qu'elle vous ferait ratifier ce paiement, mais que vous, refusant de ratifier, j'intente contre elle une action en vertu de la promesse qu'elle m'a faite, elle ne pourra pas m'opposer l'exception du Sénatus-Consulte Velléien, rendu en faveur des femmes qui s'obligent pour autrui; car elle ne doit pas être regardée comme refusant de se charger de l'obligation d'autrui, puisque je reste toujours obligé envers mon créancier, et qu'elle ne veut que gagner ce que je lui ai donné. Et dans ce cas elle est plutôt considérée rendre ce qu'elle a induement reçu, que payer pour un autre.

16 LE MÊME, *liv.* 4, *sur Ursejus Ferox.*

Si un débiteur a payé à une femme qui s'est obligée pour lui.

Si une femme contre les dispositions du Sénatus-Consulte Velléien s'était obligée pour moi envers Titius, et que

id solvissem (1), et ab eâ Titius eam pecuniam
peteret, exceptio [hujus] Senatûsconsulti non
est profutura mulieri: nequè enìm eam pericli-
tari, nè eam pecuniam perdat, cum jàm eam
habeat.

De fidejussore.

§. 1. Si ab eâ muliere, quæ contrà Senatûsconsultum intercessisset, fidejussorem accepis-
sem: Gajus Cassius respondit, ità demùm fidejussori exceptionem dandam, si à muliere rogatus
fuisset. Julianus autèm rectè putat, fidejussori
exceptionem (2) dandam, etiamsi mandati actionem adversùs mulierem non habet: quià totam
obligationem senatus improbat: et à prætore restituitur prior debitor creditori.

17. AFFRICANUS, *lib.* 4, *quæstionum.*

De ignorantiâ creditoris.

Vir uxori, donationis causâ (3), rem viliori
pretio addixerat, et in id pretium creditori suo
delegaverat. *Respondi,* venditionem nullius mo-
menti esse; et si creditor pecuniam à muliere
peteret, exceptionem utilem forè: quamvìs creditor existimaverit, mulierem debitricem mariti
fuisse. Nec id contrarium videri debere ei, quod
placeat, si quandò in hoc mulier mutuata est,
ut marito crederet, non obstaturam exceptionem, si creditor ignoraverit, in (4) quam
causam mulier mutuaretur: quoniàm quidem
plurimùm intersit, utrùm cùm muliere quis ab

---

(1) Adde l. 22. infr. eod.
(2) L. 7. in fin. infr. de except.

l'ayant payé (1) Titius exigeât d'elle ce que j'aurais payé, elle ne pourrait pas lui opposer l'exception du Sénatus-Consulte, car elle n'est pas exposée à perdre ce qu'elle donnera au créancier, puisque déjà elle l'a reçu de moi.

Du répondant.

§. 1. Si j'avais reçu un répondant d'une femme qui se serait obligée contre les dispositions du Sénatus-Consulte, Gajus Cassius a répondu, que l'on ne pourrait accorder a ce répondant l'exception tirée du Sénatus-Consulte qu'autant que la femme l'aurait chargé de répondre pour elle. Mais Julien pense avec raison que l'exception doit-être accordée (2) au répondant, quand bien même il n'aurait pas contre la femme l'action provenant du mandat; parce que le Sénatus-Consulte réprouve une telle obligation; d'ailleurs l'obligation du créancier est rétablie par le Préteur contre l'ancien débiteur.

17. AFRICANUS, *liv.* 4, *des questions.*

De l'ignorance du créancier.

Un mari voulant faire une donation à sa femme (3), lui avait vendu une chose à vil prix, et l'avait déléguée à un de ses créanciers pour qu'elle lui en donnât le prix en paiement. J'ai répondu que cette vente était nulle, et que si le créancier actionnait la femme à l'effet d'en être payé, elle lui opposerait avec avantage l'exception du Sénatus-Consulte, encore que le créancier pensât que la femme dût à son mari. Et cette opinion n'est pas contraire à ce qui a été décidé dans le cas où une femme qui emprunte pour son mari, dans l'intention de lui prêter, ne peut opposer l'exception du Sénatus-Consulte, si le créancier (4) a ignoré pour quel motif la femme empruntait; parce qu'il y a beaucoup de différence entre celui qui dans le principe contracte avec une femme et celui qui transporte sur elle l'obligation; car alors le

---

(3) L. 38. infr. de contrah. empt.
(4) L. 19. §. ult. in pr. infr. h. t.

initio contrahat, àn alienam obligationem in eam transferat: tunc enìm diligentiorem esse debere.

Si mulier consentiat obligatione rei sibi pignoratæ.

§. 1. Si mulier dixisset, sibi rem dotis nomine obligatam, et creditor curasset ei pecuniam dotis solvi, qui idem pignus acciperet: mulieri etiàm pecunia credita deberetur; [si] possessor creditor adversùs eam Servianâ agentem exciperet, *si non voluntate ejus pignus datum esset*, replicationem mulieri senatusconsulti non profuturam: nisì creditor scisset, etiàm aliam pecuniam ei deberi.

Si mulier una cùm alio mutuata sit, vel intercesserit.

§. 2. Mulier, et Titius, cum in rem communem mutuarentur, ejusdem pecuniæ rei facti sunt: non omnimodò mulierem pro parte socii videri intercessisse dicebat; nàm si ob eam causam mutuati fuerint, ex quâ, si creditor pecuniam non dedisset, majus damnum mulier passura fuerat: (veluti quod communis insula fulta non esset, vel quod fundus communis in publicum committeretur), potiùs esse, ut Senatûsconsulto locus non sit: at, si in aliquam emptionem mutua pecunia sit accepta, tunc pro parte intercessionem factam videri; et ideò creditorem partem duntaxàt pecuniæ à muliere petere posse; quòd si totum petierit, exceptione pro parte summovetur.

créancier doit-être plus soigneux à s'informer dans quelle intention la femme s'oblige.

Si la femme consent à ce que la chose qui lui a été donnée en gage soit obligée.

§. 1. Un mari avait donné à sa femme tant pour sûreté de sa dot que d'une somme qu'elle lui avait prêtée, un gage qu'il voulait donner à son créancier ; la femme s'y opposait en disant que ce gage lui avoit été donné pour sûreté de sa dot. Le créancier qui voulait avoir le gage, fit rembourser à la femme sa dot ; mais indépendamment de la dot il était dû à la femme une somme de laquelle le même gage répondait, en admettant que le créancier soit en possession du gage, et que la femme voulant lui ôter ce gage, intente contre lui l'action Servienne (c'est-à-dire l'action hypothécaire) et que le créancier lui opposât que c'est de son consentement qu'il a le gage entre les mains, elle ne pourra se servir utilement de la replique du Sénatus-Consulte Velléien, à moins que le créancier ne sçût qu'il était dû à la femme, outre la dot une autre somme dont ce gage répondait.

Si une femme a fait un emprunt conjointement avec quelqu'un, ou si elle s'est obligée.

§. 2. Une femme et Titius ayant emprunté une somme pour l'employer sur un bien qui leur était commun, sont devenus débiteurs solidaires de cette somme. Je disais à cette occasion que quoique la femme se fût obligée pour la portion de son co-propriétaire, elle ne pouvait pas cependant être censée s'être obligée pour autrui ; car si la cause pour laquelle ils ont mutuellement fait cet emprunt était tellement juste, que sans cet emprunt la femme eut dû éprouver un plus grand préjudice, supposez, par exemple, que sans cet emprunt une maison n'ayant pu être réparée, eût croulée, ou qu'un fonds commun eût été confisqué par défaut de paiement des contributions, il n'y a nul inconvénient à dire que dans ce cas il n'y a pas lieu au Sénatus - Consulte ; mais si cet emprunt a été fait en commun pour quelqu'acquisition, elle est censée en partie s'être obligée pour autrui. Ainsi le créancier ne peut exiger de la femme qu'une partie de la somme qu'il a prêtée. S'il exigeait la somme entière, elle lui opposerait l'exception du Sénatus-Consulte.

18. Paulus , *lib.* 8 , *ad Plautium.*

Idem (1) , et si pro debitore meo Titius , et mulier , duo rei intercesserint.

19. Africanus, *lib.* 4, *quæstionum.*

De promissione indemnitatis.

Tutor pupilli decesserat , herede instituto Titio : cum de adeundâ hereditate dubitaret , quoniàm malè gesta tutela existimaretur, persuadente matre pupilli , ut suo periculo adiret, adiit : stipulatusquè de eâ est , *indemnem se eo nomine præstari.* Si ex eâ causâ Titius pupillo aliquid præstitisset, isquè matrem conveniret , negavit exceptioni Senatûsconsulti locum esse : quandò vix sit , ut aliqua apud (2) eundem pro eo ipso incercessisse intelligi possit.

De hereditate aditâ mandato mulieris.

§. 1. Nec dissimilem huic propositioni ex facto agitatam : cum quidam vir prætorius decessisset duobus filiis superstitibus, quorum alter impubes [esset] , et alter legitimus tutor fratri esset, et eum paternâ hereditate abstinere vellet : mandatû uxoris defuncti, quæ mater pupillo esset , abstento pupillo solùm se hereditati miscuisse : ubi similiter se respondisse [Julianus] ait , si , ex

––––––––––––––––

(1) Immò vide l. 48. in pr. infr. de fidejuss.

18. PAUL, *liv. 8, sur Plautius.*

Il en est de même si (1) Titius et une femme s'obligent solidairement pour mon débiteur.

19. AFFRICANUS, *liv. 4, des questions.*

De la promesse d'une indemnité.

Le tuteur d'un pupille était décédé, et avait institué Titius pour son héritier. Titius hésitant a accepter la succession, parce qu'il soupçonnait que le tuteur avait mal géré les affaires du pupille, se détermina a accepter la succession, à la sollicitation de la mère du pupille, qui se chargeât de tous les risques, et il lui fit faire une promesse *d'être indemnisé par elle, de ce qui lui en pourrait coûter à cet égard.* Si en conséquence de cette promesse, il intente contre la mère du pupille son action pour se faire rendre ce qu'il aura été condamné de payer au pupille, j'ai dit que je ne croyais pas que la mère pût exciper de la disposition du Sénatus-Consulte puisqu'il est très-difficile d'imaginer qu'une femme s'oblige pour quelqu'un vis-à-vis de lui même.

D'une succession acceptée par l'ordre de la mère.

§. 1. L'espèce suivante est à peu-près semblable à celle-ci. Un particulier qui avait été préteur, mourut en laissant après lui deux enfans, dont l'un était impubère, et l'autre, au moyen de ce qu'il était majeur, se trouvait tuteur légitime de son frère. Celui-ci voulait renoncer à la succession paternelle, mais la veuve du défunt, mère du pupille, le chargeât d'accepter la succession. Il fit renoncer le pupille, et accepta seul la succession. Julien dit qu'il a décidé dans cette espèce, suivant ce qui a été rapporté ci-dessus, c'est-à-dire, que si le frère tuteur avait été actionné par son frère pupille, sous le rapport de l'acceptation par lui faite de la succession, et qu'il eût été condamné à lui

---

(1) L. 71. in pr. infr. d. t.

[eâ] causâ agente pupillo, damnum eo nomine passus esset, non impediri eum Senatûsconsulto, quominùs à muliere rem servaret.

§. 2. In propositâ specie et illud tractandum est, àn is, qui mandato mulieris adierit, si damnum ob id patiatur, quod debitores hereditarii solvendo non fuerint, Senatûsconsulto locus sit, quasi quodammodò eorum obligationes mulier susceperit? Magis autèm est, ut nè ob hanc quidem causam Senatûsconsultum locum habeat : quandò non eâ mente fuerit, ut pro his intercederet, sed tutoris adversùs pupillum, et cæteros fortè creditores, indemnem heredititatem præstaret.

De emptione hereditatis.

§. 3. Deniquè si ponamus, mulierem in emptionem hereditatis eo nomine damnum pati, quod debitores hereditarii solvendo non sint : nulla (puto) dubitatio erit, quìn Senatûsconsulto locus non sit : etiamsi maximè creditoribus aliquantùm præstiterit.

De promissione quantòminùs à debitoribus hereditariis
servari poterit.

§. 4. Quid ergò, si, cum procterea de adeundâ hereditate dubitaret Titius, quod parum idonea nomina debitorum viderentur, mulier hoc ipsum repromisit, *ut quantò minùs à quoquo eorum servari posset, ipsa præstaret?* Propè est, ut sit intercessio.

De creditore delegeto à muliere.

§. 5. Cum haberes Titium debitorem, et pro

payer quelque chose, le Sénatus-Consulte Velléien n'empêchait pas qu'il ne répétât de la mère du pupille ce qu'il aurait payé à ce dernier.

§. 2. Cette espèce a donné lieu de faire la question suivante. Si quelqu'un avait accepté une succession par l'ordre d'une femme, et qu'il vînt à perdre par l'insolvabilité des débiteurs de la succession, y aurait-il lieu dans ce cas au Sénatus-Consulte, en ce que l'on pourrait en quelque sorte dire que la femme s'est chargée de leurs obligations? Mais il est plus à propos de dire que cette raison ne donnerait pas lieu au Sénatus-Consulte, car son intention n'a pas été de s'obliger pour les débiteurs de la succession, mais qu'elle a voulu garantir le tuteur contre le pupille, et peut-être la succession elle-même contre toute espèce de créanciers.

De l'acquisition d'une succession.

§. 3. Enfin supposons qu'une femme en achetant une succession ait fait une mauvaise acquisition, et perdu à cette occasion, parce que les débiteurs de cette succession se sont trouvés insolvables, nul doute, suivant moi, qu'elle ne peut pas recourir au Sénatus-Consulte Velléien, eut-elle même payé quelque chose aux créanciers de cette succession.

De la promesse de tenir compte de ce que l'héritier touchera en moins des créanciers de la succession.

§. 4. Qu'en serait-il donc si Titius hésitant d'accepter une succession, en ce que les obligations des créanciers paraissent peu solides, la femme lui faisait une promesse, qu'elle lui tiendrait compte de ce qu'il retirerait en moins des débiteurs de la succession? Tout fait présumer dans ce cas que la femme s'est obligée pour autrui.

Du créancier délégué par une femme.

§. 5. Vous aviez pour débiteur Titius, pour lequel

eo mulier intercedere vellet, nec tu mulieris nomen propter Senatûsconsultum sequereris, petiit
à me mulier mutuam pecuniam solutura tibi: et
stipulanti mihi promisit, ignoranti (1) in quam
rem mutuaretur, atquè ità numerare me tibi jussit:
deindè ego, quià ad manum nummos non habebam, stipulanti tibi promisi. *Quæsitum est*, si
eam pecuniam à muliere petam, àn exceptio Senatûsconsulti ei prosit? *Respondit*, videndum,
nè non sinè ratione dicatur, ejus loco, qui pro
muliere fidejusserit, haberi me debere: ut,
quemadmodùm illi, quamvis ignoraverit mulierem intercedere, exceptio adversùs creditorem
detur, nè in mulierem mandati actio competat,
ità mihi quoquè adversùs te utilis exceptio detur, mihique in mulierem actio denegetur,
quandò hæc actio periculo mulieris futura sit.
Et hæc paulò expeditiùs dicenda, si priùs, quàm
ego tibi pecuniam solverim, compererim eam
intercessisse. Cæterùm si antè solverim, videndum, utrumnè nihilominùs mulieri quidem exceptio adversùs me dari debeat, et ego tibi condicere pecuniam possim: àn verò perindè haben-
dum sit, ac si initio ego pecuniam mulieri
credidissem, ac rursùs tu mihi in creditum isses;
quod quidem magis dicendum existimavit, ut
sic Senatûsconsulto locus non sit: sicuti et cum
debitorem suum mulier deleget, intercessioni
locus non sit. Quæ posteà non rectè comparari
ait: quandò delegatione debitoris factâ, mulier
non obligetur, at in proposito alienam obligationem in se transtulerit: quod certè senatus
fieri noluerit.

---

(1) L. 4. in pr. l. 17. in fin. pr. supr. h. t.

une femme voulait s'obliger, mais comme vous ne vouliez
pas avoir cette femme pour obligée à cause du Sénatus-
Consulte Velléien, elle m'a emprunté une somme pour
vous payer (1), j'en ai tiré une promesse de me rendre cette
somme, ignorant l'usage auquel elle la destinait. Et elle m'a
chargé de vous la compter. Ensuite moi qui n'avait pas
chez moi la somme pour vous la donner comptant, je me
suis obligé envers vous à vous la payer. On a demandé,
si, dans le cas ou j'actionnerais cette femme pour qu'elle
me rendit la somme que je lui ai prêtée, elle pourrait m'opposer le Sénatus – Consulte Velléien ? J'ai répondu qu'il
fallait examiner si l'on ne serait pas fondé à dire, que je
suis censé avoir répondu pour la femme vis-à-vis du créancier de Titius pour lequel elle avait voulu s'obliger; en
sorte que de même que l'on accorde l'exception du Sénatus-Consulte à celui qui a répondu pour une femme
qu'il ignorait s'obliger pour autrui, contre le créancier de
cette femme, pour éviter qu'il n'ait contre elle l'action du
mandat, de même j'ai contre vous une action utile, et on
m'en refuse une contre la femme, puisque cette action
serait à ses risques périls et fortune. Cette opinion serait
plus admissable, si avant que je vous eusse payé la somme,
j'avais découvert que la femme s'était obligée pour autrui;
mais si j'ai payé avant d'avoir acquis cette connaissance, il
faut examiner, si l'on doit accorder à la femme contre moi
l'exception, et si je puis vous faire rendre la somme comme
ayant été induement payée, ou si la chose doit être considérée comme, si dans le principe, j'eusse prêté à la femme,
et qu'ensuite vous m'ayez prêté de rechef, et cette opinion
me paraît devoir-être adoptée de préférence, donc qu'il
n'y aura pas lieu au Sénatus-Consulte comme cela arrive
dans le cas ou la femme délègue son propre débiteur à
son créancier; mais ensuite Julien dit qu'il n'y a pas de
comparaison entre ces deux espèces, puisqu'en cas de la
part de la femme de délégation de son débiteur à son
créancier, elle ne s'oblige pas pour autrui, mais dans l'espèce proposée, elle se charge de l'obligation d'autrui, ce
qui est absolument en opposition avec la disposition du
Sénatus-Consulte.

20. IDEM, *lib.* 8, *quæstionum.*

De intercessione pro uno ex duobus reis.

Si pro uno reo intercessit mulier, adversùs utrumquè restituitur actio creditori.

21. CALLISTRATUS, *lib.* 3, *institutionum.*

Si actio mulieris intercedentis vertatur.

Si pro aliquo mulier intercesserit, sed in rem ejus, quod acceptum est, versaretur, exceptio Senatûsconsulti locum non habet : quià non fit pauperior.

De donatione pro patre.

§. 1. Itèm, si quid liberalitèr fecerit, veluti nè judicatus pater ejus proptèr solutionem vexetur, non erit tuta Senatûsconsulto : oneribus (1) enìm earum senatus succurrit.

22. PAULUS, *lib.* 6, *regularum.*

Si mulier pecuniam accepit ut solveret, vel expromitteret.

Si mulieri dederim pecuniam, ut eam creditori meo solvat (2), vel expromittat, si ea expromiserit, locum non esse Senatûsconsulto Pomponius scribit : quià mandati actione obligata, in rem suam videtur obligari.

---

(1) L. 4. in fin. supr. eod.

20. LE MÊME, *liv. 8, des questions.*

De l'obligation en cas de deux débiteurs en faveur de l'un d'eux.

Si, en supposant deux débiteurs, une femme ne s'est obligée que pour un seul, l'obligation est rétablie en faveur du créancier contre l'un et l'autre.

21. CALLISTRATE, *liv. 8, des institutes.*

Si la femme s'est obligée pour un autre, mais que la chose ait tourné a son profit.

Si une femme a répondu pour quelqu'un, mais que ce qu'elle a donné ait été employé pour son compte, il n'y aura pas lieu au Sénatus-Consulte, parce qu'elle n'en est pas devenue plus pauvre.

De l'obligation de la fille au profit de son père.

§. 1. De même si la femme s'est obligée pour un autre par un esprit de libéralité, par exemple, pour mettre son père à l'abri des vexations qu'il pourrait éprouver de la part d'un créancier en vertu d'un jugement que celui-ci aurait obtenu, il n'y aura pas non plus lieu au Sénatus-Consulte; car le Sénat n'a eu intention que de venir au secours de celles qui s'obligent inconsidérément (1).

22. PAUL, *liv. 6, des règles.*

Si une femme a reçu de l'argent pour payer, ou si elle s'oblige elle-même.

Si j'ai donné de l'argent à une femme pour payer mon créancier (2), ou qu'elle se constitue débitrice à ma place; Pomponius dit qu'il n'y a pas lieu au Sénatus-Consulte, parce que se trouvant obligée envers moi en vertu de l'action du mandat, elle est censée s'obliger pour elle-même.

---

(2) Adde l. 16. in pr. supr. eod.

23. IDEM, *lib. singul. ad Senatusconsultum Vellejanum.*

De interrogatione in jure.

Si mulier in jure interrogata, responderit *se heredem esse*; si sciens se heredem non esse, responderit : minimè (1) intercessisse videri, quià (2) decepit; quòd si existimavit se heredem, et eo nomine decepta responderit : in eam actionem quidem dari, pleriquè existimaverunt, sed exceptione Senatûsconsulti adjuvari.

24. IDEM, *lib. singulari de intercessionibus fœminarum.*

De muliere delegata.

Debitrix (3) mulier à creditore delegata, pro eo, cui delegata est, promisit : non utetur exceptione.

Vel pecuniam promittente nè delegatur.

§. 1. Sed si pecuniam promisit, nè delegetur, intercessisse videtur.

De restituendâ actione.

§. 2. Si Senatûsconsulti beneficium intervenerit, utrùm statim, cum mulier intercesserit, actio in priorem debitorem competit; àn, si mulier solutum condicat? Puto, statim (4), et non exspectandam solutionem.

---

(1) Immò vide l. 26. infr. eod.
(2) V. l. 30. in pr. infr. eod.

23. LE MÊME, *liv. unique sur le Sénatus-Consulte Velléien.*

De l'interrogation juridique.

Si une femme à qui on a demandé en justice, *si elle était héritière*, a répondu, sachant (1) qu'elle ne l'était pas, d'une manière affirmative, elle ne sera pas censée s'être obligée pour autrui, parce qu'elle en a imposé à la justice. Mais si elle croyait-être véritablement héritière (2), et qu'elle ait répondu par suite de l'erreur où elle a été, beaucoup de jurisconsultes ont pensé que l'on avait à la vérité action contre elle en vertu de sa déclaration; mais qu'elle pouvait recourir à l'exception du Sénatus-Consulte Velléien.

24. LE MÊME, *livre unique des obligations contractées par les femmes qui se sont obligées pour autrui.*

De la femme qui a été déléguée.

Si une femme débitrice qui (3) a été déleguée à un autre par son créancier s'est obligée pour celui a qui elle a été déléguée, elle ne pourra pas se servir de l'exception du Sénatus-Consulte.

Ou qui pour ne pas l'être, a donné une somme d'argent.

§. 1. Mais si elle s'est obligée à donner une somme pour n'être pas déléguée, elle est censée s'être obligée.

Du rétablissement de l'action.

§. 2. Si le Sénatus-Consulte a lieu, l'action sera-t-elle rétablie en faveur du créancier contre l'ancien débiteur, du moment où la femme s'oblige pour lui, où du moment où elle se fait rendre ce qu'elle a donné pour lui? Je pense que (4) cette action est rétablie à l'instant, et qu'il ne faut pas attendre que la somme induement payée par la femme soit rétablie.

---

(3) L. 2. C. eod.
(4) S. ult. infr. h. l.

Temporali.

§. 3. Si pro eo, qui temporali actione teneretur, mulier intercesserit, temporalis actio restituetur: sic tamèn, ut ex præcedenti causâ, continua tempora numerarentur post restitutionem; quamvìs statìm, atque intercessit mulier, competierat.

25. MODESTINUS, *lib. sing. de eurematicis.*

Si domina servo suo credi jusserit.

Si domina servo suo credi jusserit, actione honorariâ tenebitur.

Vel pro eo fidejusserit.

§. 1. Quòd si pro eo fidejusserit, exceptione Senatûsconsulti Vellejani, judicio conventa adversùs creditorem tueri se poterit: nisì pro suo negotio hoc fecerit.

26. ULPIANUS, *lib.* 37, *ad edictum.*

De interrogatione in jure.

Si mulier, intercedendi animo, servum alienum *suum esse* responderit, quasi intercesserit (1), auxilio Senatûsconsulti ûtetur: planè, si *pro bonâ fide serviente sibi* responderit, non videtur intercessisse.

27. PAPINIANUS, *lib.* 3, *responsorum.*

De bonâ fide creditoris.

Bonâ fide personam mulieris in contrahendo

______

(1) Immò vide l. 23. supr. h. t.

De l'action qui dure un tems.

§. 3. Si une femme s'est obligée pour quelqu'un qui est soumis à une action qui ne doit durer qu'un certain tems, cette action sera rendue au créancier, ensorte que cependant le tems fixé pour cette action courrera du jour où l'action aura été rétablie, quoiqu'elle lui appartienne au moment où la femme s'est obligée.

25. MODESTINUS, *liv. unique des cautions.*

Si une maîtresse a ordonné de prêter à son esclave.

Si une maîtresse a ordonné que l'on prêtât à son esclave, on aura contre elle l'action que le préteur a introduite en pareille circonstance.

On a répondu pour lui.

§. 1. Mais si elle a répondu, et qu'elle soit actionnée par le créancier, elle pourra recourir à l'exception du Sénatus-Consulte Velléien, pourvu toutefois qu'elle n'ait pas agi pour elle-même, c'est-à-dire, que l'obligation ne la regardât pas personnellement.

26. ULPIEN, *liv.* 37, *sur l'édit.*

De l'interrogatoire juridique.

Si une femme dans l'intention de s'obliger pour autrui, a répondu en justice qu'un esclave qui n'était pas le sien, *lui appartenait*, ce sera la même chose que si elle s'était obligée pour le maître de cet esclave (1), et elle jouira du bénéfice du Sénatus-Consulte, mais si elle a répondu pour un homme *qu'elle croyait de bonne foi son esclave*, elle ne sera pas regardée comme s'étant obligée pour autrui.

27. PAPINIEN, *liv.* 3, *des réponses.*

De la bonne foi du créancier

L'exception du Sénatus-Consulte ne pourra pas atteindre

secutus, ob ea quæ inter virum et uxorem, acceptâ pecuniâ, gesta sunt, exceptione Senatûsconsulti non summovetur.

De intercessione apud servum.

§. 1. Cum servi ad negotiationem præpositi, cùm alio contrahentes, personam mulieris, ut idoneæ, sequuntur : exceptione Senatûsconsulti dominum summovet, nec videtur deterior causa domini per servum fieri (1), sed nihil esse domino quæsitum : non magis, quàm si litigiosum prædium servus, aut liberum hominem emerit.

Si mulier pro debitrice suâ quam delegavit promiserit.

§. 2. Uxor debitricem suam viro delegavit, ut vir creditori ejus pecuniam solveret : si fidem suam pro eâ, quam delegavit, apud vicum obligaverit, locum exceptio Senatûsconsulti non habebit, quià mulier suum negotium gessit.

28. SCÆVOLA, *lib.* 1, *responsorum.*

De confessione testatoris.

Seja mancipia emit, et mutuam pecuniam accepit sub fidejussore marito, eamquè solvit venditori : posteà maritus decedens non solvendo, in fraudem creditoris cavit testamento, *se eam pecuniam universam debere* : Quæritur, àn intercessisse mulier videretur ? Respondi, secundùm ea, quæ proponerentur, non intercessisse.

---

(1) V. l. pen. infr. depositi. l. ult. in fin. C. de adquir. et retin. possess.

le créancier qui aura contracté de bonne foi avec une femme,
parce que l'argent qu'il aura prêté aura servi a des choses
qui regardaient le mari et la femme.

De l'obligation d'une femme envers un esclave.

§. 1. Lorsque des esclaves préposés à un commerce,
contractent avec un tiers pour lequel s'oblige une femme
dont ils regardent l'obligation comme valable, elle est en
droit d'opposer au maître de ces esclaves l'exception du
Sénatus-Consulte, et celui-ci ne sera pas censé éprouver
de préjudice par le fait de ses esclaves (1), puisque dans ce
cas, ils n'ont rien acquis à son profit, et qu'il en est de
même dans ce cas que si son esclave avait acheté un fonds
en litige, ou un homme qu'il croyait esclave.

Si une femme s'est obligée pour sa débitrice qu'elle a déléguée.

§. 2. Une femme a délégué à son mari une autre femme
qui était sa débitrice, à l'effet par son mari de payer en
son acquit ce qu'elle devait à quelqu'un ; si elle a garanti
à son mari la solvabilité de sa débitrice, il n'y aura pas
lieu à l'exception du Sénatus-Consulte, parce qu'elle s'est
obligée en son nom dans sa propre affaire.

28. SCÆVOLA, *liv.* 1, *des réponses.*

De la déclaration du testateur.

Séja a acheté des esclaves et a, pour les payer, fait un
emprunt, pour sûreté duquel elle a donné son mari pour
répondant, et elle a employé la somme qu'elle a empruntée
à payer les esclaves qu'elle avait achetés. Le mari est mort
insolvable, et a déclaré dans son testament, pour frau-
der ses créanciers, *qu'il était débiteur de la totalité de
cette somme.* On demande si, dans cette hypothèse, la
femme est censée s'être obligée pour autrui ? J'ai répondu
que dans l'espèce proposée la femme ne s'était pas obligée
pour autrui.

De muliere mutuatâ, ut pro marito solvat.

§. 1. Fundum uxoris suæ maritus obligavit Sempronio ob conductionem: mòx mulier à Numerio suâ fide mutuam pecuniam acceptam sub obligatione ejusdem fundi solvit [statim] Sempronio pro marito suo: Quæsitum est, àn adversùs Senatûsconsultum obligata sit? Respondi, si Numerius scisset (1), eam intercedere, fore Senatûsconsulto, de quo quæreretur, locum.

29. PAULUS, *lib.* 16, *responsorum.*

De muliere mutatâ pro aliis, pignusquè creditori dante, et à debitoribus accipiente.

Quidàm voluit heredibus Lucii Titii mutuam pecuniam dare, et cùm eis contrahere; sed quoniàm facultates eorum suspectas habuit, magìs voluit uxori testatoris dare pecuniam, et ab eâ pignus recipere: mulier eandem pecuniam dedit heredibus, et ab his pignus accepit: Quæro, àn intercessisse videatur, et àn pignora, quæ ipsâ accepit, teneantur creditori? Paulus respondit, si creditor, cum contrahere vellet cùm heredibus Lucii Titii, evitatis his, magìs mulierem ream elegit: et in ipsiùs personâ Senatûsconsulto, quòd de (2) intercessionibus factum est, locum esse, et pignora [ab eâ] data non teneri. Eas autèm res, quas mulier ab his, pro quibus intercedebat, pignori accepit, creditori mulieris obligatas non esse: sed non sinè ratione prætorem facturum, si non tantùm [in] personâ, subductâ

____

(1) L. 12. supr. h. t.

De la femme qui emprunte pour payer en l'acquit de son mari.

§. 1. Un mari a hypothéqué à Sempronius de qui il tenait un bien à loyer, un fonds de terre qui appartenait à sa femme. En suite la femme ayant emprunté sur sa parole de l'argent à Numérius, sous l'hypothèque du même fonds de terre, a payé à Sempronius ce que lui devait son mari. On a demandé si dans ce cas la femme s'était obligée contre le vœu du Sénatus-Consulte ? J'ai répondu que si Numérius savait que la femme s'obligeait pour autrui (1), il y avait lieu contre lui à l'exception du Sénatus-Consulte.

29. PAUL, *liv.* 16, *des réponses.*

De la femme qui a emprunté pour autrui, et donné à cette occasion un gage et qui en reçoit pareillement de ceux pour qui elle a emprunté.

Quelqu'un voulût prêter de l'argent aux héritiers de Lucius Titius, et contracter avec eux ; mais comme il révoquait en doute leur solvabilité, il aimât mieux prêter à la veuve et en recevoir un gage. La femme prêta la même somme qu'elle avait empruntée, aux héritiers, et reçut d'eux à son tour un gage. Je demande si cette femme est censée s'être obligée pour autrui, et si le gage qu'elle-même a reçu est obligé vis-à-vis du créancier ? Voici ce que Paul a répondu à ce sujet. Si le créancier, lorsqu'il voulût contracter avec les héritiers de Lucius Titius, a préféré, au lieu d'avoir affaire à eux, de traiter avec la femme, et l'avoir pour débitrice, la disposition du Sénatus-Consulte qui a été faite relativement (2) aux femmes qui s'obligent pour autrui, frappe directement sur lui, et le gage qu'il a reçu de la femme ne lui est pas hypothéqué, de même que celui que la femme a reçu de ceux pour qui elle s'obligeait. Mais ce sera avec raison que le préteur, en restituant la femme contre son obligation, rétablira le créancier dans son action contre les principaux débiteurs

---

(1) L. 2. C. eod.

muliere, in principales debitores, dederit actionem, sed etiàm in res, quæ mulieri obligatæ sunt.

Si fraus Senatûs-Consulto fiat.

§. 1. Paulus respondit, ea, quæ in fraudem Senatûsconsulti, quod de intercessione fœminarum factum est, excogitata probari possunt, rata haberi non oportere.

3o. Idem, *lib. 2, sententiarum.*

De dolo mulieris.

Si decipiendi (1) animo, vel cum sciret se non teneri, mulier pro aliquo intercesserit, exceptio ei Senatûsconsulti non datur : actionem enim, quæ in dolum mulieris competit, amplissimus Ordo non excludit.

De procuratore qui mandato mulieris intercessit.

§. 1. Procurator, si mandatû mulieris pro alio intercesserit, exceptione Senatûsconsulti Vellejani adjuvatur : nè alias actio intercidat.

31. Idem, *lib. 1, ad Neratium.*

Si mulier nolit solutum repetere, sed mandato agere.

[Paulus] : Si mulier, quod ex intercessione solvit, nolit repetere, sed mandati agere, et cavere velit de indemnitate reo, audienda est.

____

(1) L. 2. §. 3. l. 23. supr. eod.

et que même il affectera et hypothéquera au créancier le gage que dans l'origine ils avaient donné à la femme.

S'il a été fait quelque chose pour éluder le Sénatus-Consulte.

§. 1. Paul a répondu que tout ce qui sera prouvé avoir été fait et imaginé pour éluder le Sénatus-Consulte établi à l'égard des femmes qui se sont obligées pour autrui, ne doit pas avoir d'effet.

30. LE MÊME, *liv.* 30, *des sentences.*

De la mauvaise foi de la femme.

Si une femme, dans l'intention de tromper (1), ou sachant qu'elle ne pouvait être obligée, s'est engagée pour autrui, elle ne pourra pas jouir de l'exception du Sénatus-Consulte; car le Sénat n'a pas entendu priver le créancier de l'action qu'il a contre la femme qui a été de mauvaise foi.

Du fondé de pouvoir qui s'oblige pour autrui, au nom d'une femme dont il a les pouvoirs.

§. 1. Le fondé de pouvoir qui s'oblige pour un autre, au nom d'une femme, du pouvoir de laquelle il est chargé, a pour lui l'exception du Sénatus-Consulte Velléien, de peur que si il néglige cette action, il n'ait pas facilement de recours contre la femme.

31. LE MÊME, *liv.* 1, *sur Nératius.*

Si la femme ne veut pas redemander ce qu'elle a payé, mais intenter l'action du mandat.

PAUL. Si une femme qui s'est obligée pour autrui, ne veut pas redemander ce qu'elle a payé à celui vis-à-vis de qui elle s'est obligée, mais intenter l'action du mandat contre son débiteur, en lui donnant caution de le garantir contre son créancier, elle devra être écoutée; et admise à le faire.

Tom. 9

32. POMPONIUS, *lib.* 1, *Senatusconsultorum.*

De aditione hereditatis.

Si mulier hereditatem (1) alicujus adeat , ut æs alienum ejus suscipiat, vix est, ut succurri ei debeat : nisi si fraude creditorum id conceptum sit: *nec enìm loco minoris viginti quinquè annis circumscripti per omnia habenda est mulier.*

De pignore.

§. 1. Si mulier rem à se pignori datam per intercessionem , recipere velit , fructus etiàm liberos recipit : et si res deterior facta fuerit, eo nomine magis æstimetur. Sed si creditor, qui pignus per intecessionem acceperit, hoc alii vendidit (2) : vera est eorum opinio , qui petitionem dandam ei putant, et adversùs bonæ fidei emptorem : *nè melioris conditionis emptor sit , quam fuerit venditor* (3).

De venditione in fraudem Senatûs-Consulti.

§. 2. Itèm, si mulier creditori viri fundum vendidit [et tradidit] eâ conditione, *ut emptor acceptam pecuniam viro referret*, et hunc fundum vindicat : exceptio quidem opponitur ei de re emptâ, et traditâ, sed replicabitur (4) à muliere, *aut si ea venditio contrà Senatusconsultum facta sit.* Et hoc procedit , sivè ipse creditor emerit , sivè interposuerit alium , quo mulier

---

(1) L. 13. in pr. supr. eod.
(2) Adde l. 7. C. eod. l. 39. in fin. supr. de rei vind.

32. POMPONIUS, *liv.* 1, *des Sénatus-Consultes.*

De l'acceptation d'une succession.

Si une femme accepte la succession de quelqu'un (1) avec l'intention de prendre sur elle les dettes qui en dépendent, à peine mérite-t-elle la protection du Sénatus-Consulte, à moins cependant qu'elle n'ait été induite dans cette fausse démarche par la fourberie, et la mauvaise foi des créanciers ; *car une femme ne doit pas être assimilée en tout à un mineur de vingt-cinq ans qui été trompé.*

Du gage.

§. 1. Si une femme veut recouvrer le gage qu'elle a donné à l'occasion d'une obligation qu'elle a contractée pour autrui, elle doit en recouvrer également les fruits perçus ; et si le gage a été détérioré, le créancier devra l'indemniser du préjudice qu'elle éprouve sous le rapport de cette détérioration. Mais si le créancier avait vendu (2) le gage, l'opinion de ceux qui pensent que la femme a le droit de le revendiquer sur l'acheteur même de bonne foi, est vraie, *afin que la condition de l'acheteur ne soit pas meilleure que celle du vendeur.* (3)

De la vente faite en fraude du Sénatus-Consulte.

§. 2. Si une femme a vendu un bien fonds au créancier de son mari, et qu'elle le lui livre sous cette condition, *que l'acquéreur retiendra le prix de son acquisition pour se remplir de ce que son mari lui doit,* si elle le revendique, il lui opposera l'exception tirée de ce que ce fonds lui a été vendu et livré par elle, mais la femme repliquera (4) que cette vente aura été faite contre la disposition du Sénatus-Consulte Velléien ; et ce dont nous venons de parler a lieu, soit que le créancier ait acheté lui-même le bien, soit qu'il ait interposé une tierce personne, pour que la femme en fût plus sûrement privée. Il en est de

---

(3) L. 173. §. 1. infr. de reg. jur.
(4) Immò vide. l. 4. C. h. t.

eà ratione careat re suâ. Idem est, et si non pro
viro, sed pro alio debitore rem suam tradidit.

Si quis intercedat mandato mulieris.

§. 3. Si mulier, nè ipsa intercederet, alii man-
daret, ut id faceret, àn in hujus personâ locus
huic Senatûsconsulto sit, qui rogatû mulieris id
faceret? Totus enìm sermo Senatûsconsulti ad
petitionem non dandam adversùs ipsam mulierem spectat. Et puto, rem ità esse distinguen-
dam: ut si quidèm creditor, cui me obligavi,
mandante muliere hoc in fraudem Senatûsconsulti egisset, nè ipsa interveniret contrà Senatusconsultum, daret autèm alium, excludendum
eum exceptione fraudis Senatûsconsulti factæ:
si verò is ignorasset, ego autèm scissem, tunc
mandati me agentem cùm muliere, excludendum esse, me autèm creditori teneri.

De muliere judicium suscipiente. De renunciatione
exceptionis.

§. 4. Si mulier pro eo, pro quo intercesserit,
judicium parata sit accipere, ut non in veterem
debitorem actio detur: quoniàm Senatûsconsulti
exceptionem opponere potest: cavere debebit,
exceptione se non usuram, et sic ad judicem
ire.

§. 5. *Intercedere* mulierem intelligendum est,
etiàm pro eo, qui obligari non possit, velutì, si
pro servo alieno (1) intercedit: sed, rescissâ intercessione, in dominum restituenda est actio.

____

(1) L. 9. supr. eod.

même dans le cas où elle aurait vendu ce bien pour tout autre que son mari.

Si quelqu'un s'oblige par l'ordre de la femme.

§. 3. Si une femme, pour ne pas paraître s'obliger pour autrui, charge quelqu'un de le faire pour elle, celui qui s'est obligé pour cette femme, serait-il en droit de recourir au Sénatus-Consulte ? Tout le contexte du Sénatus-Consulte n'a pour objet que de refuser au créancier l'action contre la femme. Pour moi, je pense qu'il faut faire ici une distinction ; car, ou le créancier vis-à-vis de qui je me suis obligé, la femme m'ayant chargé de le faire, n'a eu recours à ce moyen, que pour éluder le Sénatus-Consulte et que la femme s'obligeât malgré sa disposition, et dans ce cas on lui opposerait une exception tirée de ce qu'il est contrevenu frauduleusement au Sénatus-Consulte, ou au contraire le créancier ignorait ce que je savais, c'est-à-dire, que la femme agissait frauduleusement contre les dispositions du Sénatus-Consulte, alors si je forme contre la femme l'action du mandat, elle m'opposera l'exception du Sénatus-Consulte, et je resterai toujours obligé envers le créancier auquel je n'aurai rien à opposer.

De la femme qui se charge de défendre en jugement. De la renonciation à l'exception.

§. 4. Si une femme est disposée à défendre en jugement celui pour lequel elle s'est obligée, afin que le créancier ne puisse pas être rétabli dans son ancienne action contre l'ancien débiteur, au moyen de ce qu'elle pourrait opposer l'exception du Sénatus-Consulte, elle doit donner caution qu'elle ne se servira pas de cette exception, et se présenter ainsi en justice.

§. 5. Une femme est censée dans cette matière *s'obliger pour autrui*, lors même qu'elle s'oblige pour celui qui n'a pu être obligé, par exemple, si elle s'oblige pour l'esclave d'autrui (1) ; mais alors l'obligation de la femme étant annulée, l'action sera rétablie contre le maître.

TITULUS SECUNDUS.

De compensationibus (1)

〜〜〜〜〜〜

1. MODESTINUS, *lib.* 6: *Pandectarum.*

Definitio compensationis.

COMPENSATIO, est debiti et crediti inter se contributio.

2. JULIANUS, *lib.* 90, *Digestorum.*

Effectus.

Unusquisquè creditorem suum, eundemquè debitorem, petentem summovet, si paratus est compensare.

3. POMPONIUS, *lib.* 25, *ad Sabinum.*

Utilitas.

Ideò compensatio necessaria est, quià in-

____

(1) L. 4. C. 31. S. 30. 39. Inst. de action.

TITRE SECOND.

Des Compensations (1).

~~~~~~~~

1. MODESTINUS, *liv.* 6, *des Pandectes.*

Définition de la Compensation.

On entend par Compensation, la contribution d'une dette
et d'une créance ; c'est-à-dire, que l'on compense ce que
deux personnes se doivent réciproquement.

2. JULIEN, *liv.* 90, *du Digeste.*

Son effet.

Toute personne peut opposer la compensation, lorsqu'elle
est citée en justice, si le créancier qui l'actionne est également son débiteur.

3. POMPONIUS, *lib.* 25, *sur Sabinus.*

Son utilité.

La compensation est nécessaire, parce que nous avons
~~~~~~~~

terest nostra potiùs non solvere (1), quàm solutum repetere.

4. PAULUS, *lib.* 3, *ad Sabinum.*

Fidejussor compensare potest.

Verum est, quod et Neratio placebat, et Pomponius ait, ipso jure eo minùs fidejussorem (2)
ex omni contractû debere, quod ex compensatione reus retinere potest : sicùt enìm, cum totum
peto à reo, malè peto, ità et fidejussor non tenetur ipso jure in majorem quantitatem, quam (3)
reus condemnari potest.

5. GAJUS, *lib.* 9, *ad edictum provinciale.*

Si quid à fidejussore petatur, æquissimum est,
eligere fidejussorem, quod ipsi, àn quod (4) reo
debetur, compensare malit : sed et, si utrumquè
velit compensare, audiendus est.

6. ULPIANUS, *lib.* 3o, *ad Sabinum.*

Naturale debitum compensari potest.

Etiàm quod naturâ debetur, venit in compensationem.

7. IDEM, *lib.* 28, *ad edictum.*

In diem debitum antè diem compensare non potest.

Quod in diem debetur (5), non compensabitur,
antequàm dies venit, quanquàm dari oporteat.

---

(1) L. 15. in pr. infr. de fidejuss.
(2) L. 5. infr. h. t.
(3) §. 5. Inst. de fidejuss.

plutôt intérêt à ne pas payer (1) ce que nous ne devons pas, qu'à être obligé de former une demande, pour répéter ce que nous avons payé.

4. PAUL, *liv*. 3, *sur Sabinus.*

Le répondant peut user de la compensation.

L'opinion de Nératius adoptée par Pomponius est des plus juste. Suivant ces jurisconsultes si le principal obligé est en droit de retenir par la compensation ce qu'il doit (2), son répondant est libéré d'autant de plein droit; car de même que si je demandais à mon débiteur la totalité de ce qu'il me doit, ma demande ne serait pas régulière, de même le répondant ne peut être tenu de plein droit, que pour la somme à laquelle le principal obligé (3) serait lui-même condamné.

5. GAJUS, *liv*. 9, *sur l'edit provincial.*

Si on forme une demande contre un répondant, l'équité exige qu'il ait le choix de compenser ce qui lui est dû à lui-même, avec ce qui est dû au principal obligé (4), il doit même être admis, s'il le demande, à compenser l'un et l'autre.

6. ULPIEN, *lib.* 30, *sur Sabinus.*

Une dette qui provient d'une obligation naturelle peut être compensée.

Ce qui est dû en vertu d'une obligation naturelle, peut aussi faire la matière de la compensation.

7. LE MÊME, *liv*. 28, *sur l'édit.*

Ce qui est dû à terme ne peut être compensé avant l'échéance du terme.

Ce qui est dû à terme fixe ne peut entrer (5) dans la compensation avant l'échéance du terme, encore qu'en définitif, il doive être payé.

---

(4) L. 4. supr. h. t.
(5) L. 16. §. 1. infr. eod.

Non admissâ compensatione utrum salva maneat petitio.

§. 1. Si rationem compensationis judex non habuerit (1), salva manet petitio: nec enim rei judicatæ exceptio objici potest. Aliud dicam, si reprobavit compensationem, quasi non existente debito: tunc enìm rei judicatæ mihi nocebit exceptio.

8. GAIUS, *lib.* 9, *ad edictum provinciale.*

De litis contestatione.

In compensationem etiàm id deducitur, quo nomine cùm actore lis contestata est: nè (2) diligentior quisquè deterioris conditionis habeatur, si compensatio ei denegetur.

9. PAULUS, *lib.* 32, *ad edictum.*

De debito peculiari.

Si cùm filiofamiliâs aut servo contracta sit societas, et agat dominus vel pater, solidum per compensationem servamus: quamvis, si ageremus, duntaxàt de peculio præstaretur.

De eo quod patri rei debetur.

§. 1. Sed si cùm filiofamiliâs agatur, àn, quæ patri debeantur, filius compensare possit, quæritur? Et magìs est admittendum: quià unus contractus est; sed cùm conditione, ut caveat, *patrem suum ratum habiturum*, id est, non exacturum, quod is compensaverit.

---

(1) L. 8. §. 2. supr. de negot. gest. l. 1. §. 4. infr. de contrar. tutel. l. 18. in fin supr. commodati,

Si la demande subsiste la compensation n'ayant pas été admise.

§. 1. Si le juge n'a pas eu égard à la compensation (1) demandée, l'action du créancier subsiste toujours, et on ne peut pas lui opposer l'exception tirée de la chose jugée. Il en serait autrement si le juge n'avait pas admis la compensation, parce qu'il aurait décidé qu'il n'était rien dû. Car dans ce cas, on pourrait m'opposer utilement l'exception de la chose jugée.

8. Gajus, *liv.* 9, *sur l'édit provincial.*

De la contestation en justice.

La compensation frappe aussi sur les créances pour lesquelles il y a déjà eu instance avec le demandeur, quoiqu'il ne soit pas encore intervenu de jugement, autrement si la compensation n'était pas admise, le créancier rendrait sa condition plus désavantageuse, en ayant cherché à se faire payer plus promptement de ce qui lui était dû (2).

9. Paul, *liv.* 32, *sur l'édit.*

De la dette péculiaire.

Si nous avons contracté une société avec un fils de famille, ou un esclave, et que le père, ou le maître vienne à nous actionner, nous retiendrons par compensation contre lui tout ce qui pourra être dû en vertu de cette société, encore que si nous l'actionnions, il ne fût obligé de payer que sur les fonds du pécule.

De ce qui est dû au père du défendeur.

§. 1. Mais si l'action était formée contre un fils de famille, on demande si le fils pourrait demander la compensation de ce qui serait dû à son père ? Sa demande doit être admise, parce que dans ce cas il n'y a qu'un seul et même contrat ; mais il doit donner caution *que son père ratiffiera*, c'est-à-dire, qu'il ne répétera pas ce que son fils aura fait entrer dans la compensation.

---

(2) L. 29. infr. de novat. l. 86. infr. de reg. jur.

10. Ulpianus, *lib.* 63, *ad edictum.*

De sociis.

Si ambò socii parem negligentiam societati adhibuimus, dicendum est, desinere nos invicèm esse obligatos, ipso jure compensatione negligentiæ factâ. Simili modo probatur, si alter ex re communi aliquid percepit, alter tantam negligentiam exhibuerit, quæ eâdem quantitate æstimatur, compensationem factam videri, et ipso jure invicèm liberationem.

De condictione indebiti.

§. 1. Si quis igitùr compensare potens, solveverit, condicere (1) poterit, quasi indebito soluto.

De maleficiis.

§. 2. Quotièns ex maleficio oritur actio, utputà, ex causâ furtivâ, cæterorumquè maleficiorum, si de eâ pecuniariè agitur, compensatio locum habet. Idem est, et si condicatur ex causâ furtivâ. Sed et qui noxali judicio convenitur, compensationem opponere potest. (2)

De stipulationibus prætoriis.

§. 3. In stipulationibus quoquè, quæ instar (3) actionum habent, [id est, prætoriis] compensatio locum habet: et secundum Julianum, tàm in ipsâ stipulatione, quàm ex stipulatû actione poterit objici compensatio.

---

(1) L. 5. §. pen. infr. de impens. in res dotal.
(2) Adde l. 1. C. rer amotar. l. 7. §. 5. infr. soluto matrim.

10. ULPIEN, *liv.* 63, *sur l'édit.*

Des associés.

Si deux associés ont été tous deux aussi négligens l'un que l'autre, il faut dire que dans cette hypothèse, ils cessent d'être mutuellement obligés l'un envers l'autre, et qu'alors il se fait de plein droit une compensation de leur négligence respective. Il faut raisonner de même du cas, où de deux associés l'un a reçu quelque chose à l'occasion d'une chose commune, et que l'autre s'est rendu coupable d'une négligence de nature a pouvoir équivaloir à la chose reçue par l'autre associé, parce qu'alors il semble qu'il s'est opéré tout naturellement une compensation, qui produit de plein droit leur libération mutuelle.

De la répétition de ce qui à été induement payé.

§. 1. Si celui qui avait le droit de demander la compensation, ne l'a pas fait, et a payé, il pourra redemander ce qu'il aura payé, comme ayant été induement payé (1).

Des délits.

§. 2. Toutes les fois que l'action provient d'un délit, par exemple, d'un vol et autres ; s'il s'agit simplement d'intérêts pécuniaires, la compensation a lieu. Il en est de même dans l'action par laquelle on poursuit la restitution de la chose volée. Celui contre qui on forme une action noxale peut de même opposer la compensation. (2)

Des stipulations prétoriennes.

§. 3. Dans les stipulations qui produisent une espèce d'action, c'est-à-dire les stipulations prétoriennes (3), la compensation a également lieu, et suivant Julien, on pourra l'opposer non-seulement à l'instant de la stipulation même, mais encore, lors que l'action à laquelle elle aura donné lieu, sera formée.

---

(3) L. 1. §. 2. infr. de stipul. prætor.

11. IDEM , *lib. 32, ad edictum.*

De usuris.

Cum alter alteri pecuniam sinè usuris , alter usurariam debet, constitutum est à Divo Severo, concurrentis (1) apud utrumquè quantitatis usuras non esse præstandas.

12. IDEM , *lib. 64, ad Sabinum.*

De fisco.

Idem juris est non solùm in privatis , verum etiàm in causâ (2) fisci constitutum. Sed et si invicèm sit usuraria pecunia , diversæ tamèn [sint] usuræ , compensatio nihilominùs locum habet ejus, quod invicèm debetur.

13. IDEM , *lib. 66, ad edictum.*

Si sæpiùs objiciatur compensatio.

Quod Labeo ait , non est sinè ratione , ut , si cui petitioni specialitèr destinata est compensatio, in cæteris non objiciatur.

14. JAVOLENUS , *lib. 15, ex Cassio.*

De obligatione cui obstat exceptio.

Quæcunquè per exceptionem perimi possunt, in compensationem non veniunt.

---

(1) L. 4. l. 5. C. h. t. l. 7. C. de solution.

11. LE MÊME, *liv.* 32, *sur l'édit.*

Des intérêts.

L'empereur Sévère a déclaré, que lorsque de deux personnes qui se devaient mutuellement une somme quelconque, l'une en devait une avec les intérêts, et que l'autre en devait une sans intérêts, il n'est pas dû d'intérêts pour celles (1) qu'elles se doivent réciproquement.

12. LE MÊME, *liv.* 64, *sur Sabinus.*

Du fisc.

Cette décision de l'empereur concerne non-seulement les particuliers mais encore le fisc (2). Mais si les deux sommes doivent également des intérêts, et que cependant ils ne soient pas les mêmes, la compensation a néanmoins lieu, à l'égard des sommes qui sont respectivement dues.

13. LE MÊME, *liv.* 66, *sur l'édit.*

Si on oppose plus d'une fois la compensation.

Ce n'est pas sans une grande raison que Labéon dit que si la compensation d'une dette est spécialement destinée à une certaine créance, on ne doit pas opposer cette compensation faite, si l'on agit en vertu d'une créance différente.

14. JAVOLÉNUS, *liv.* 13, *sur Cassius.*

De l'obligation à laquelle l'exception est nuisible.

Tout ce qu'une exception peut détruire ne peut faire l'objet de la compensation.

____

(2) L. 1. C. h. t.

15. Idem, *lib.* 2, *epistolarum.*

De eo quod certo loco.

Pecuniam certo loco (1) *à Titio dari* stipulatus sum: is petit à me, quam ei debeo, pecuniam: Quæro, àn hoc quoquè pensandum sit, quanti mea interfuit, certo loco dari? Respondit : Si Titius petit, eam quoquè pecuniam, quam certo loco promisit, in compensationem deduci oportet: sed cùm suâ causâ, id est, ut ratio habeatur, quanti Titii interfuerit, eo loco, quo convenerit, pecuniam dari.

16. Papinianus, *lib.* 3, *quæstionum.*

De eo quod alius quam actor debet.

Cum militi castrensium bonorum alius, cæterorum alius heres exstitit, et debitor alteri heredum obligatus, vult compensare, quod ab (2) alio debetur, non audietur.

De re judicatâ.

§. 1. Cum intrà diem ad judicati executionem datum, judicatus Titio, agit cùm eodem Titio, qui et ipse pridèm illi judicatus est, compensatio admittetur: aliud est enim, diem obligationis non venisse; aliud, humanitatis gratiâ tempus indulgeri solutionis.

17. Idem, *lib.* 1, *responsorum.*

De ædili condemnato et arctiorem annonnam præditam.

Ideò condemnatus, quod arctiorem annonam

---

(1) L. 2. §. ult, supr, de eo, quod certo loco.

i5. Le même, *liv.* 2, *des lettres.*

De ce qui est dû dans un lieu convenu.

J'ai fait promettre à Titius de me payer *une somme dans un lieu que je lui ai désigné* et convenu (1). Il me demande une somme que je lui dois. Je demande à cette occasion si je dois faire entrer dans la compensation l'intérêt que j'ai à ce que la somme que j'avais stipulé de Titius me fût payée dans le lieu convenu. J'ai répondu que si Titius forme sa demande, on doit faire entrer en compensation la somme qu'il doit payer dans le lieu convenu, mais avec tous ses accessoires, c'est-à-dire que l'on aura aussi égard à l'intérêt que j'avais à être payé dans le lieu convenu.

16. Papinien, *liv.* 3, *des questions.*

De ce qui est dû par tout autre que le demandeur.

Lorsqu'un soldat laisse deux héritiers dont l'un hérite des biens qu'il a acquis à l'armée, et l'autre hérite de ses autres biens, si un débiteur de la succession de ce soldat, obligé envers l'un de ses héritiers, veut exiger la compensation de ce qui est dû par l'autre (2), il sera débouté de sa demande.

De la chose jugée.

§. 1. Lorsqu'un débiteur condamné à payer une somme à Titius dans les délais fixés pour exécuter le jugement, actionne à son tour le même Titius, qui a été condamné envers lui par un jugement antérieur, il y aura lieu à la compensation, car autre chose est de dire qu'une dette ne soit pas exigible, ou qu'un créancier, par humanité pour son débiteur, diffère le moment de ce paiement.

17. Le même, *liv.* 1, *des réponses.*

De l'édile condamné pour n'avoir pas fait une juste distribution de bled.

Celui dont la condamnation aura été basée sur ce que

____

(2) L. 18. §. 1 *infr. h. t.*

Ædilitatis tempore præbuit, frumentariæ pecuniæ debitor non videbitur: et ideò compensationem habebit.

18. IDEM, *lib.* 3, *responsorum.*

De procuratore in rem suam.

In rem suam procurator datus, post litis contestationem si vice mutuâ conveniatur, æquitate compensationis utetur.

De eo quod aliò quam reo debetur.

§. 1. Creditor compensare non cogitur, quod (1) alii, quàm debitori suo debet: quamvis creditor ejus pro eo, qui convenitur ob debitum proprium, velit compensare.

19. IDEM, *lib.* 11, *responsorum.*

De pecuniâ solutâ servo publico.

Debitor pecuniam publicam servo publico citrà (2) voluntatem eorum solvit, quibus debitum rectè solvi potuit: obligatio pristina manebit, sed dabitur ei compensatio peculii sini (3), quod servus publicus habebit.

20. IDEM, *lib.* 13, *responsorum.*

De curatore rei frumentariæ condemnato.

Ob negotium copiarum expeditionis tempore

---

(1) L. 9. C. 1. 26. in fin. supr. eod.
(2) L. 12. C. de solution.

dans le tems de ses fonctions d'édile, il aura distribué une moindre quantité de bled qu'il n'aurait dû le faire, ne sera pas assimilé à un débiteur pour vente de bled, par conséquent, il pourra opposer au fisc la compensation.

18. LE MÊME, *liv.* 3, *des réponses.*

Du fondé de pouvoir dans une affaire qui le concerne.

Si le fondé pouvoir qui agit dans une affaire qui le concerne est actionné après la contestation en cause, par son adversaire pour une somme qu'il lui doit, pourra dans ce cas opposer la compensation.

De ce qui est dû à tout autre qu'au débiteur.

§. 1. Le créancier n'est pas obligé de compenser à l'égard de son débiteur, ce qu'il doit à un autre (1), quoique le créancier de celui qui est actionné à cause de ce qu'il doit consentit à la compensation.

19. LE MÊME, *liv.* 11, *des réponses.*

De l'argent payé à un esclave public.

Un débiteur a payé une somme à un esclave public sans la volonté (2) et le consentement de ceux à qui cette somme devait-être payée pour qu'elle le fût valablement; ce paiement ne le libérera pas, mais il exercera (3) la compensation sur le pécule qu'aura l'esclave publique.

20. LE MÊME, *liv.* 13, *des réponses.*

Du chargé des fournitures de vivres condamné.

Il a été décidé que celui qui a été condamné pour n'avoir

---

(3) Immò vide l. 9. in pr. supr. h. t.

mandatum, curatorem (1) condemnatum, pecuniam jure compensationis retinere non placuit: quoniàm eâ non compensatur.

21. PAULUS, *lib.* 1, *quœstionum.*

De procuratore convento.

Posteà quàm placuit inter omnes, id, quod invicèm debetur, ipso jure (2) compensari, si procurator absentis conveniatur, non debebit de rato cavere, quià nihil compensat, sed ab initio minùs ab eo petitur.

22. SCÆVOLA, *lib.* 2, *quœstionum.*

De debito alternato.

Si debeas decèm [millia], aut hominem ; utrùm adversarius volet, ità compensatio hujus debiti admittitur, si adversarius palàm dixisset, utrùm voluisset.

23, PAULUS, *lib.* 9, *responsorum.*

Id, quod pupillorum nomine debetur, si tutor petat, non posse compensationem objici ejus pecuniæ, quam ipse tutor suo nomine adversario debet.

24. IDEM, *lib.* 3. *decretorum.*

De fisco.

Jussit Imperator audiri adprobantem sibi à fisco deberi, quod (3) ipse covenitur.

---

(1) L. 5. C. eod. l. 46. §. 5. infr. de jure fisci.
(2) L. ult. in pr. C. h. t.

pas (1) rempli les engagemens qu'il avait pris pour la four-
niture des troupes dans le tems où elles étaient en campagne,
ne pouvait pas retenir par forme de compensation ce qu'il
devait.

21. PAUL, *liv.* 1, *des questions.*

Du fondé de pouvoir actionné.

Puisqu'il a été généralement décidé que ce qui est dû
tant d'une part que de l'autre, était susceptible (2) d'être
compensé, si le fondé de pouvoir d'une personne absente
était actionné, il ne serait pas tenu de donner caution que
le maître de l'affaire ratifiera ce qu'il aura fait; parce qu'en
cela il n'y a nulle compensation, et que le créancier ne fait
que réduire dès l'origine l'objet de sa demande.

22. SCÆVOLA, *liv.* 2, *des questions.*

De la dette alternative.

Si vous devez dix mille, ou un esclave au choix de celui
à qui vous le devez, la compensation de cette dette ne sera
admise qu'autant que votre créancier aura publiquement
fait connaître le choix qu'il aura fait.

23. PAUL, *liv.* 9, *des réponses.*

Si un tuteur demande au nom de ses pupilles ce qui leur
est dû, le débiteur ne pourra pas demander la compensation
de ce que le tuteur lui doit personnellement.

24. LE MÊME, *liv.* 3, *des décrets.*

Du fisc.

L'empereur a ordonné que l'on écoutât celui qui étant
actionné par le fisc, prouverait que le fisc lui devrait une
somme égale à celle pour laquelle on l'actionnerait (3).

---

(3) L. 46. §. 5. inir. de jur. fis.

TITULUS TERTIUS.

Depositi (1), *vel contrà.*

~~~~~~~~~~

1. ULPIANUS, *lib.* 30, *ad edictum.*

Definitio et ethymologia depositi.

DEPOSITUM est, quod custodiendum alicui datum est. Dictum ex eo, quod ponitur, præpositio enim *de* auget depositum, ut ostendat, totum fidei ejus commissum, quod ad custodiam rei pertinet.

Edictum.

§. 1. Prætor ait: *Quòd nequè tumultus, nequè incendii, nequè ruinæ, nequè naufragii causâ depositum sit, in simplum: [ex] earum autèm rerum, quæ suprà comprehensæ sunt, in ipsum in duplum* (2) : *in heredem ejus, quod dolo malo ejus factum esse dicetur, qui mortuus sit, in simplum* (3): *quod ipsius, in duplum judicium dabo.*

____

(1) Lib. 4. C. 34. 3. Inst. quib. mod. re contrah. oblig. l. 1. §. 5, infr. de oblig. et act. Nov. 88.
~~~~~~~~~~

TITRE TROIS.

Des actions directe et contraire qui dérivent du dépôt (1).

1. ULPIEN, *liv.* 30, *sur l'édit.*

Définition et ethymologie du dépôt.

ON entend par dépôt ce que l'on confie à quelqu'un pour le garder. Le dépôt tire son ethymologie du mot *posé.* Car la préposition *dé* ajoute à la signification du mot, pour démontrer que tout ce qui est relatif à la garde de la chose, est confié à la foi de celui entre les mains de qui il a été déposé.

Édit.

§. 1. Le Préteur s'exprime ainsi : « *Lorsque ce qui aura* » *été déposé l'aura été hors le cas de tumulte, d'incendie, de* » *ruine et de naufrage, je donnerai contre le dépositaire,* » *une action au simple, mais dans les cas ci-dessus men-* » *tionnés, cette action sera au double (2) cette action sera* » *au simple (3) contre l'hériter afin qu'il soit tenu de ré-* » *parer le tort qu'éprouve le déposant par la mauvaise foi* » *du défunt, elle sera au double si le tort vient du fait* » *de l'héritier lui-même* ».

---

(2) §. 17. in fin. Inst. de action.
(3) L. 18. infr. h. t.

Ratio edicti.

§. 2. Meritò has causas deponendi separavit prætor, quæ continent fortuitam causam depositionis ex necessitate descendentem, non ex voluntate proficiscentem.

Quid sit deponere tumultûs, vel cœterarum causarum gratiâ.

§. 3. Eum tamèn *deponere tumultûs, vel incendii, vel cœterarum causarum gratiâ* intelligendum est, qui nullam aliam causam deponendi habet, quàm imminens ex causis suprà scriptis periculum.

Ratio edicti.

§. 4. Hæc autèm separatio causarum justam rationem habet : quippè cum quis fidem elegit, nec depositum redditùr, contentus esse debet simplo; cum vero extante necessitate deponat, crescit perfidiæ crimen : et publica utilitas coërcenda est, vindicandæ reipublicæ causâ : est enim inutile in causis hujusmodi fidem (1) frangere.

De his quæ accedunt rei depositæ.

§. 5. Quæ depositis rebus accedunt, non sunt deposita, utputà, si homo vestitus deponatur, vestis enim non est deposita : nec si equus cùm capistro, nàm solus equus depositus est.

Pactum de culpâ.

§. 6. Si convenit, *ut in deposito et culpâ* (2) *præstetur*, rata est conventio : contractus enim legem (3) ex conventione accipiunt.

---

(1) L. 1. in pr. supr. de constit. pecun.
(2) L. 1. C. h. t.

Motif de l'édit.

§. 2. Ce n'est pas sans raison que le Préteur a distingué les différentes causes qui peuvent donner lieu au dépôt; car il en est qui proviennent de la nécessité dans les cas imprévus, et d'autres qui ne sont que le résultat de la volonté du déposant.

Ce que c'est que faire un dépôt dans les cas de tumulte, et autres semblables.

§. 3. Celui-là est censé déposer une chose dans les cas de *tumulte, d'incendie, ou autres ci-dessus* exprimés, qui n'a pas d'autres motifs pour le faire que la crainte d'un péril imminent, dans les circonstances dont on vient de parler.

Motif de l'édit.

§. 4. Rien de plus juste que cette distinction de causes faite par le Préteur. En effet celui qui a fait choix du dépositaire dans lequel il a eu confiance, doit se contenter de l'action au simple, si on ne lui rend pas son dépôt. Mais lorsqu'il ne dépose que parce que la nécessité l'y contraint le crime d'abus de confiance devient beaucoup plus grand et le bien public exige que l'on en tire vengeance; car il est très-à-propos qu'en pareil cas la mauvaise foi (1), soit punie.

De l'acessoire du dépôt.

§. 5. L'accessoire de la chose déposée n'est pas censé l'être lui-même, par exemple, si vous confiez à titre de dépôt un esclave vous n'êtes pas censé déposer son habit. Il en est de même d'un cheval que vous avez déposé avec son licol; car il n'y a que le cheval seul qui fait l'objet du dépôt.

Convention relative à la faute du dépositaire.

§. 6. Si en matière de dépôt les parties sont *convenues que le dépositaire serait tenu de sa faute* (3); cette convention est valable; car les contrats sont susceptibles de recevoir les conventions des (3) parties.

---

(3) L. 52. infr. de verb. oblig. Nov. 136. c. 1. in fin.

Vel dolo.

§. 7. Illud non probabis, dolum (1) non esse præstandum, si convenerit : nàm hæc conventio contrà bonam fidem, contràque bonos (2) mores est : et ideò nec sequenda est.

De vestimentis servandis balneatori datis.

§: 8. Si vestimenta servanda balneatori data perierunt, si quidèm nullam (3) mercedem servandorum vestimentorum accepit, depositi eum teneri, et dolum duntaxàt præstare debere puto : quod si accepit, ex conducto.

De servo in pistrinum conjecto.

§. 9. Si quis servum custodiendum conjecerit fortè in pistrinum, si quidèm merces intervenit custodiæ, puto esse actionem adversùs pistrinarium ex conducto : si verò mercedem accipiebam ego pro hoc servo, quem in pistrinum accipiebat, ex locato me agere posse. Quòd si operæ ejus servi cùm custodiâ pensabantur, quasi genus locati et conducti intervenit : sed quià pecunia non datur, præscriptis verbis datur actio : si verò nihil aliud, quàm cibaria præstabat, nec de operis quicquam convenit, depositi actio est.

§. 10. In conducto et locato, et in negotio, ex quo diximus præscriptis verbis dandam actionem, et dolum (4), et culpam præstabunt, qui servum receperunt : at si cibaria tantùm dabat, dolum duntaxàt ; sequemur tamèn, (ut

---

(1) L. 23. circa fin. infr. de reg. jur.
(2) V. l. 6. C. de pact.

De sa mauvaise foi.

§. 7. Toute convention qui porterait que le dépositaire ne serait pas tenu de sa mauvaise foi serait nulle; car elle est en opposition avec la bonne foi, et les bonnes mœurs (1); par conséquent, elle est comme non-avenue.

Des habits qui ont été donnés à garder au maître du bain.

§. 8. Si les habillemens qui ont été donnés en garde au maître d'un bain, sont perdus, il est responsable du dépôt et de sa mauvaise foi (2), s'il ne reçoit aucun salaire à ce sujet (3), c'est mon avis; s'il reçoit un salaire, alors il est obligé en vertu de l'action qui descend du loyer *ex conducto.*

De l'esclave employé dans un moulin.

§. 9. Je pense que si celui à qui j'ai donné un esclave à garder, l'a fait travailler à un moulin, et qu'il ait reçu un salaire pour le garder, j'ai contre le meûnier l'action qui descend du loyer *ex conducto.* Si au contraire, moi-même je retirais un prix pour cet esclave qu'il a reçu dans son moulin, je pourrais former contre lui l'action provenant du loyer *ex locato;* mais si les services de cet esclave devaient compenser ce que je devais donner pour le garder, c'est une espèce de loyer; mais comme il n'y a pas d'argent de donné, il y a lieu alors à une action expositive de la convention. Enfin si le maître ne donnait rien autre chose que la nourriture de l'esclave, et qu'il n'eût rien convenu au sujet de ses services, il y a lieu à l'action du dépôt.

§. 10. Dans le loyer, et dans le quasi contrat au sujet duquel nous avons dit qu'il y avait lieu à une action expositive de la convention, ceux qui auront reçu un esclave en garde seront responsables de leur faute (4), et de leur mauvaise foi, pendant qu'au contraire s'ils n'étaient que

---

(3) L. 5. §. 13. supr. commodati.
(4) L. 3. §. 1. supr. naut. caup. stubul.

Pomponius ait), et quid habuerunt præscriptum, aut quid convenerit : dùmmodò sciamus, et si quid fuit præscriptum, dolum tamèn eos præstaturos, qui receperunt, qui solus (1) in depositum venit.

De re perferendâ.

§. 11. Si te rogavero, *ut rem meam perferas ad Titium, ut is eam servet*, quâ actione tecùm experiri possum, apud Pomponium quæritur? et putat, tecùm mandati : eum eo verò, qui eas res receperit, depositi : si verò tuo nomine receperit, tu quidèm mihi mandati teneris, ille tibi depositi ; quam actionem mihi præstabis (2), mandati judicio conventus.

§. 12. Quod si rem tibi dedi, *ut, si Titius [rem] non recepisset, ut custodires*, nec eam receperit : videndum est, utrùm depositi tantùm, àn et mandati actio sit? Et Pomponius dubitat ; puto tamèn, mandati esse actionem : quià plenius fuit mandatum, habens et custodiæ legem.

De re recipiendâ et custodiendâ.

§. 13. Idem Pomponius quærit, si tibi mandavero, *ut rem ab aliquo meo nomine receptam custodias*, idquè feceris, mandati, àn depositi tenearis? Et magis probat, mandati esse actionem, quià hìc est (3) primus contractus.

---

(1) L. 25. in pr. infr. de reg. jur.
(2) L. 16. infr. h. t.

chargés de le nourrir, et de le garder, ils ne seraient tenus que de leur mauvaise foi. Il faudra cependant, suivant Pomponius, suivre ce qui leur aura été prescrit, ou ce qui aura été convenu entre les parties ; de sorte que néanmoins, quelque soit ce qu'on leur aura prescrit, ils ne seront responsables que de leur mauvaise foi ; car c'est la seule chose dont on soit tenu en matière de dépôt (1).

D'une chose qui doit être portée.

§. 11. Si je vous ai prié de porter à *Titius une chose pour qu'il la gardât*, on demande dans Pomponius, quelle espèce d'action je pourrai former contre vous ? Et il répond que c'est l'action du mandat que je puis former contre vous ; et celle du dépôt contre celui qui aura reçu la chose. Si, au contraire, vous avez reçu la chose en votre nom, vous serez tenu envers moi de l'action du mandat, et il sera soumis envers vous à celle du dépôt, et lorsque j'intenterai contre vous l'action du mandat, vous me transporterez cette action.

§. 12. Mais si je vous ai donné une chose sous la condition que *si Titius ne voulait* pas s'en charger, vous la garderiez, et qu'il ne s'en soit pas chargé, il faut examiner si j'aurai simplement contre vous l'action du dépôt, ou si j'aurai encore celle du mandat ? Pomponius est dans le doute à cet égard. Pour moi, je pense qu'il y a lieu à l'action du mandat, parce qu'il y a eu plus particulièrement un mandat, en vertu duquel vous vous êtes soumis à garder avec soin la chose.

D'une chose qui doit être reçue et gardée

§. 13. Le même Pomponius demande, si dans le cas où *je vous aurai chargé de recevoir en mon nom une chose de quelqu'un*, et que vous ayez rempli mes intentions, quelle espèce d'action j'aurai contre vous, si c'est celle du mandat, ou celle du dépôt ? Et il décide que c'est l'action du mandat ; parce que dans cette espèce (3), le contrat du mandat est le premier qui ait eu lieu.

---

(1) V. l. 12. supr. de SC. Maced.

De re jussù unius deposità apud alterum.

§. 14. Idem [Pomponius] quærit , si apud te volentem me deponere , *jusseris apud libertum tuum deponere* , àn possim tecum depositi experiri ? Et ait , si tuo nomine , hoc est , quasì te custodituro , deposuissem : mihi tecum depositi esse actionem : si verò suaseris mihi , *ut magìs apud eum deponam* , tecum nullam (1) esse actionem : cùm illo depositi actio [est] : nec mandati teneris , quià rem meam gessi. Sed si mandasti mihi , *ut periculo tuo apud eum deponam* , cur non sit mandati actio , non video. Planè si fidejussisti pro eo , Labeo omnimodò fidejussorem teneri ait : non tantùm si dolo fecit is , qui depositum suscepit , sed et si non fecit , est tamèn res apud eum : quid enìm , si fureret is , apud quem depositum sit ? Vel pupillus sit ? Vel nequè heres (2) , nequè bonorum possessor , nequè successor ejus extaret ? tenebitur ergò , ut id præstet , quod depositi actione præstari solet.

De pupillo depositario.

§. 15. An in pupillum , apud quem sinè tutoris auctoritate depositum est , depositi actio detur , quæritur ? Sed probari oportet , si apud doli mali jàm capacem deposueris , agi posse , si dolum commisit : nám [et] in quantùm (3) locupletior factus est , datur actio in eum , et si dolus non intervenit.

---

(1) Arg. l. 2. in fin. infr. mandati.

D'une chose déposée par ordre du propriétaire entre les mains d'un autre.

§. 14. Le même Pomponius fait encore cette question. Si, voulant que je déposasse une chose entre vos mains, *vous m'ayez engagé de la deposer en celles de votre affranchi*, pourrais-je former contre vous l'action du dépôt ? Voici ce qu'il répond : Si j'avais déposé la chose en votre nom, c'est-à-dire, afin que vous la gardassiez, j'aurai contre vous l'action du dépôt. Mais si vous m'aviez conseillé *de la déposer de préférence entre les mains de votre affranchi* ; je ne serais pas fondé (1) à former aucune action contre vous. Mais j'ai contre lui l'action du dépôt, et vous n'êtes pas même tenu contre moi à l'action du mandat, parce qu'en cela j'ai fait ma propre affaire ; mais si *vous m'avez chargé de la déposer entre les mains de votre affranchi, à vos risques périls et fortune*, je ne vois pas pourquoi il n'y aurait pas lieu à l'action du mandat. Assurément, si vous avez répondu pour lui, Labéon dit que vous êtes absolument obligé comme répondant, non-seulement dans le cas où le dépositaire se serait rendu coupable de mauvaise foi, mais encore, s'il refuse de rendre la chose qui est entre ses mains ; car autrement qu'en serait-il, si le dépositaire était en démence, ou qu'il n'eût pas d'héritier (2), soit suivant le droit civil, soit suivant le droit prétorien, enfin que personne ne lui succédât à aucun titre ? Vous serez donc tenu dans ce cas de me payer ce que je pourrais obtenir en vertu de l'action du dépôt.

Du pupille dépositaire.

§. 15. On demande si l'on peut former l'action du dépôt contre un pupille à qui on a confié un dépôt sans l'autorisation de son tuteur ? Il faut décider que si le pupille à qui on a fait le dépôt, est déjà d'un âge qui le rende susceptible d'être de mauvaise foi, qu'on peut l'actionner à l'occasion du dépôt, s'il s'est rendu coupable ; car, s'il n'y a pas eu de mauvaise foi de sa part, on accorde l'action du dépôt contre lui, dans la proportion de ce dont il s'est enrichi (3).

---

(2) L. 95. §. 11. in fin. infr. de solution.
(3) L. 10. supr. de Instit. act.

De re deterioratâ.

§. 16. Si res deposita deterior reddatur, quasi non reddita, agi depositi potest : cum enim deterior (1) redditur, potest dici, dolo malo redditam non esse.

De servo deponente.

§. 17. Si servus meus deposuerit, nihilominùs depositi habebo actionem.

Vel recipiente.

§. 18. Si apud servum deposuero, et cùm manumisso agam, Marcellus ait, nec tenere actionem (2): quamvis solemus dicere ; *doli etiàm in servitute commissi teneri quem debere ;* quià et delicta, et noxæ caput (3) sequuntur ; erit igitùr ad alias actiones competentes decurrendum.

De successoribus.

§. 19. Hæc actio bonorum possessoribus, cæterisque successoribus, et ei, cui ex Trebelliano senatusconsulto restituta est hereditas, competit.

De dolo præterito vel futuro.

§. 20. Non tantùm præteritus dolus in depositi actione veniet, sed etiàm futurus, id est, post litem contestatam.

Quo tempore spectatur facultas restituendi.

§. 21. Indè scribit Neratius : si res deposita

---

(1) L. 3. §. 1. supr. commodati.

De la chose détériorée.

§. 16. Si la chose qui a été donnée en dépôt est rendue détériorée, on peut former contre le dépositaire l'action du dépôt comme si la chose n'avait pas été rendue ; car (1) on peut dire que c'est de sa part agir de mauvaise foi, que de ne pas rendre la chose telle qu'il l'a reçue.

De l'esclave qui fait le dépôt.

§. 17. Si le dépôt a été fait par mon esclave, je n'en n'aurai pas moins l'action du dépôt.

Ou qui le reçoit.

§. 18. Si j'ai fait un dépôt entre les mains d'un esclave, et que j'intente contre lui l'action du dépôt, après qu'il a été affranchi, je n'ai plus suivant Marcellus l'action que dans le principe j'avais contre son maître (2), quoiqu'on dise ordinairement *que l'on est tenu de la mauvaise foi dont on s'est rendu coupable dans la servitude,* parce que les délits et les actions noxales suivent la personne du coupable (3), ou de celui qui a commis le délit.

Des successeurs.

§. 19. Cette action est accordée à ceux qui succèdent au déposant, soit comme héritiers civils, ou prétoriens, et aux autres successeurs, ainsi qu'à celui à qui une succession est rendue en vertu du sénatusconsulte Trébelléien.

De la mauvaise foi passée, ou future.

§. 20. Non-seulement la mauvaise foi antérieure à la contestation en cause, entre dans l'action du dépôt, mais encore celle survenue depuis l'instance, et avant le jugement.

A quel tems on se reporte pour fixer la possibilité de rendre la chose.

§. 21. C'est la raison pour laquelle Nératius écrit que si

---

(2) Excip. l. 21. S. 1. infr. h. t.
(3) L. 21. in fin. supr. commodati. l. 4. C. an servo. pro suo facto.

sinè dolo malo amissa sit , et post judicium acceptum recuperaretur (1), nihilominùs rectè ad
restitutionem reum compelli , nec debere absolvi ,
nisi restituat. Idem Neratius ait , quamvis tunc
tecum depositi actum sit , cum restituendi facultatem non habeas , horreis fortè clausis : tamèn ,
si antè condemnationem restituendi facultatem
habeas , condemnandum te , nisi restituas : quià
res apud te est ; tunc enìm quærendum , àn dolo
malo feceris , cum rem non habeas.

De eo qui non reddit depositum.

§. 22. Est autèm et apud Julianum lib. XIII.
Digestorum scriptum , eum , qui rem deposuit ,
statim posse depositi actione agere : hoc enìm
ipso dolo (2) facere eum , qui suscepit , quod
reposcenti rem non reddat. Marcellus autèm ait ,
non sempèr videri posse dolo facere eum qui reposcenti non reddat : quid enìm , si in provinciâ
res sit : vel in horreis , quorum aperiendorum
condemnationis tempore non sit facultas ? vel
conditio (3) depositionis non exstitit ?

De bonâ fide.

§. 23. Hanc actionem bonæ fidei esse (4) du-
bitari non oportet.

De fructibus et omni causâ.

§. 24. Et ideò [et] fructus (5) in hanc actionem venire , et omnem causam , et partum ,
dicendum est : nè nuda res veniat.

---

(1) L. 5. infr. h. t.
(2) §. ult. in fin. infr. hic l. 56. in fin, supr. de pecul.

la chose qui a été déposée, a été perdue sans qu'il y eût de la mauvaise foi de la part du dépositaire, et qu'elle vienne à être recouvrée après la contestation en cause (1), le dépositaire n'en devait pas moins être condamné à la restituer et qu'il ne devait pas être absous, à moins qu'il ne la rendît. Le même Nératius dit que, quoique l'on ait formé contre vous l'action du dépôt dans le tems où vous n'aviez pas la possibilité de rendre la chose, par exemple, parce que vos greniers étaient fermés, cependant si avant le jugement vous aviez la faculté de la rendre, et que vous n'en fissiez rien, vous deviez être condamné, parce que la chose est en votre possession; car c'est là le cas d'examiner, si vous êtes ou si vous n'êtes de mauvaise foi que quand vous n'avez pas la chose.

De celui qui ne rend pas le dépôt.

§. 22. Il est écrit dans Julien au liv. xiii du Digeste, que celui qui a fait un dépôt, peut former sur-le-champ l'action du dépôt pour qu'il lui soit rendu; parce que c'est de la part du dépositaire agir de mauvaise foi, que de n'être pas prêt à rendre le dépôt (2). Marcellus dit que celui qui refuse de rendre un dépôt n'est pas toujours censé être de mauvaise foi; car qu'en serait-il si l'objet du dépôt n'était pas dans la province, ou était renfermé dans des greniers que l'on ne pourrait ouvrir à l'époque de la condamnation, ou que la condition sous laquelle (3) le dépôt a été fait, ne fût pas encore remplie.

De la bonne foi.

§. 23. Nul doute que cette action ne soit une action de bonne foi (4).

Des fruits et de tout ce qui dépend de la chose.

§. 24. Par conséquent on doit dire que cette action comprend la restitution des fruits (5) et de tout ce qui dépend de la chose déposée, tels que les enfans nés d'une esclave déposée; car autrement la chose serait rendue pure et simple telle qu'elle était à l'époque du dépôt.

---

(3) L. 9. §. 3. supr. de dolo malo.
(4) §. 28. Inst. de action.
(5) L. 88. §. 10. infr. de usur.

De venditione et redemptione. De interitú rei depositæ.

§. 25. Si rem depositam vendidisti , eamquê posteà redimisti in causam depositi : etiàm sinê dolo malo posteà perierit , teneri te depositi : quià semèl dolo fecisti , cum venderes.

De jurejurando in litem.

§. 26. In depositi quoquè actione (1) in litem juratur (2).

Si servus noster, vel is qui bonâ fide servit,

§. 27. Non solùm si servus meus , sed et si is ; qui bonâ fide mihi serviat, rem deposuerit , æquissimum erat , dari mihi actionem , si rem ad me pertinentem deposuit.

Vel servus fructuarius.

§. 28. Simili modo , et si usumfructum in servo habeam , si id , quod deposuit , ex eo peculio fuit, quod ad me pertinebat , vel res mea fuit , eâdem actione agere potero.

Vel hereditarius deposuit.

§. 29. Itèm , si servus hereditarius (3) deposuerit , heredi posteà adeunti competit actio.

De morte, manumissione, alienatione servi qui deposuit.

§. 30. Si servus deposuit, sivè vivat , sivè decesserit, utilitèr dominus hâc actione experietur : ipse autèm servus manumissus non poterit agere ; sed et si fuerit alienatus : adhùc ei competit actio , cujus fuit servus, cum deponeret : initium (4) enìm contractûs spectandum est.

---

(1) Vide tamèn l. 5. in pr. infr. h. t.
(2) Arg. l. 5. in pr. supr. de in lit. jurand junct. §. 23, supr. h. l.

De la vente et du rachat. De la perte du dépôt.

§. 25. Si vous avez vendu le dépôt qui vous a été fait, et qu'ensuite vous l'ayez racheté pour le rétablir, encore qu'il vienne à périr sans mauvaise foi de votre part, vous serez tenu de l'action du dépôt, parce que déjà par la vente que vous en avez fait vous vous êtes rendu coupable d'infidélité.

De l'affirmation en justice.

§. 26. On admet aussi le serment (1) en matière de dépôt (2).

Si le dépôt a été fait par notre esclave ou celui qui nous servait de bonne foi.

§. 27. Il est également de toute équité que j'aie l'action du dépôt, si le dépôt à moi appartenant a été fait par mon esclave, ou celui qui me servait de bonne foi.

Ou un esclave dont j'ai l'usufruit.

§. 28. Je pourrai de même former la même action, si le dépôt a été fait par un esclave dont j'avais l'usufruit, d'une chose qui m'appartenait, ou qui dépendait du pécule qui m'appartenait sur cet esclave.

Ou un esclave de la succession.

§. 29. De même si le dépôt a été fait par un esclave d'une succession vacante (3), l'action passe à l'héritier qui par la suite l'accepte.

De la mort, de l'affranchissement, de l'aliénation de l'esclave qui a fait le dépôt.

§. 30. Si le dépôt a été fait par un esclave, soit qu'il vive, ou qu'il n'existe pas, son maître pourra toujours utilement former cette action; si l'esclave venait à être affranchi, il ne pourrait pas lui-même l'intenter, et, s'il vient à être vendu, l'action restera toujours à celui qui, à l'époque où le prêt a été fait, en était le maître, car il faut (4) se reporter au commencement du contrat.

---

(3) L. 9. C. h. t. l. 16. infr. de oblig. et act.
(4) L. 12. in fin. supr. de SC. Maced.

Si servus communis deposuit.

§. 31. Si duorum servus sit, qui deposuit, unicuique (1) dominorum in partem competit depositi.

De re domino opinato redd tâ.

§. 32. Si rem à servo depositam Titio, quem dominum ejus putasti, cum non esset, restituisses, depositi actione te non teneri, Celsus ait : quià nullus dolus intercessit ; cùm Titio autèm, cui res restituta est, dominus servi aget : sed si exhibuerit vindicabitur : si verò, cum sciret esse alienum, consumpserit, damnabitur ; quià dolo fecit, quominùs possideret.

De pecuniá depositá a si servo, ut pro ejus libertate detur
domino ; quid sit reddere depositum.

§. 33. Elegantèr apud Julianum quæritur, si pecuniam servus apud me deposuit, *itā ut domino pro libertate ejusdem*, egoquē dedero, àn tenear depositi ? Et lib. xiii. Digestorum scribit, si quidem sic dedero, quasi ad hoc penès me depositam : tequè certioravero, non competere tibi depositi actionem, quià (2) sciens recepisti ; careo igitur dolo ; si verò quasi meam pro libertate ejus numeravero, tenebor. Quæ sententia vera mihi videtur : hic enim non tantùm sinè dolo malo non reddidit, sed non reddidit : aliud est enim reddere, aliud quasi de suo dare,

De usû.

§. 34. Si pecunia apud te ab initio hâc lege

––––––––––––––––––––––––––––––––––––

(1) L. 4 de stipul. servor.

Si le dépôt a été fait par un esclave.

§. 31. Si l'esclave qui a fait le dépôt appartient à deux maîtres, chacun d'eux (1) a le droit de former l'action du dépôt pour sa part et portion.

De la chose rendue à celui que l'on croyait en être le maître, et qui ne l'était pas.

§. 32. Si une chose avait été déposée par un esclave, et que vous l'ayez rendue à Titius, à qui vous pensiez qu'elle appartenait, lorsqu'elle ne lui appartenait pas, vous n'êtes pas soumis à l'action du dépôt. La raison que Celse en apporte est fondée sur ce que de votre part il n'y a eu aucune mauvaise foi. Mais le maître l'intentera contre Titius à qui elle a été rendue. S'il la représente, il la revendiquera. Mais s'il l'a employée à son usage sachant qu'elle appartenait à autrui, il sera condamné, parce que ce n'est que par sa mauvaise foi qu'il ne la possède plus.

De l'argent déposé par un esclave pour qu'il soit remis à son maître afin d'avoir sa liberté. Ce que l'on entend par le mot rendre.

§. 33. On fait avec raison cette question dans Julien : Si un esclave m'avait déposé une somme d'argent *pour que je la donnasse à son maître, afin que ce dernier lui accordât sa liberté*, et que je la lui aie remise, serais-je soumis dans ce cas à l'action du dépôt? Julien au liv. XIII. du Digeste; écrit que si je vous l'ai donné en vous disant à vous son maître que cette somme m'avait été déposée à cette intention, vous ne serez pas soumis à l'action du dépôt, au moyen de ce que vous l'avez reçue, en connaissance de cause. (2) Je suis à l'abri de tout soupçon de mauvaise foi ; si au contraire je vous ai remis cette somme comme si c'eût été de mes propres deniers, j'y serais soumis. Cette opinion me semble vraie, et en effet on peut dire, que non-seulement, il ne rend pas la chose par mauvaise foi, mais même qu'il ne la rend pas ; car autre chose est de rendre la chose elle-même, ou de la rendre en donnant à entendre que c'est sa propre chose.

De l'usage.

§. 34. Si on vous a, dans l'origine, déposé une somme

---

(4) V. l. 143. infr. de reg. jur.

deposita sit , *ut , si voluisses , utereris ,* priùs
quàm utaris, depositi teneberis.

Et periculo rei depositæ.

§. 35. Sæpè evenit , ut res deposita , vel nummi periculo (1) sint ejus, apud quem deponuntur :
utputà , si hoc nominatim convenit ; sed et si se
quis deposito obtulit, idem Julianus scribit ,
periculo [se] depositi illigasse : ità tamèn , ut
non solùm dolum, sed etiàm culpam et custodiam
præstet , non tamèn casus fortuitos (2).

De heredibus depositum repetentibus.

§. 36. Si pecunia in sacculo signato deposita
sit , et unus ex heredibus ejus, qui deposuit ,
veniat repetens, quemadmodùm ei satisfiat, videndum est ? Promenda pecunia est vel coràm
prætore (3), vel intervenientibus honestis personis , et exsolvendâ pro parte hereditariâ ; sed
etsi resignetur , non contra legem depositi fiet,
qùm vel prætore auctore, vel honestis personis
intervenientibus hoc eveniet ; residuo vel apud
eum remanente , si hoc voluerit ; sigillis videlicèt priùs ei impressis , vel à prætore , vel ab
his , quibus coràm signacula remota sunt : vel
si hoc recusaverit, in æde (4) deponendo. Sed si
res sunt , quæ dividi (5) non possunt , omnes
debebit tradere , satisdatione idoneâ à petitore
ei præstandâ in hoc, quod suprà ejus partem
est : satisdatione autèm non interveniente , rem

---

(1) L. 5. §. 2. supr. commodati. l. 39. mandati. infr. L. 7. §. 15.
supr. de pact.
(2) V. l. 6. C. de pignorat. act.
(3) V. l. 81. §. 1. infr. de solution l. 2. C. quemadm. testam. aper.
(4) In fin. h. §. et §. 57. infr. eod. l. 5. in fin. infr. h. t. l. 73. supr. de

sous cette condition, *de vous en servir*, si vous le jugez à propos, vous serez soumis à l'action du dépôt, tant que vous ne vous en servirez pas.

Et du risque du dépôt.

§. 35. Souvent il arrive que la chose donnée à titre de dépôt, ou les deniers déposés, sont aux risques périls et fortune (1) du dépositaire, par exemple, si les parties en sont expressément convenues. Mais si quelqu'un s'est de lui-même offert pour être dépositaire ; Julien dit que par cela même il s'est exposé aux risques que peut courir le dépôt, en sorte qu'il est garant et responsable, non-seulement de son dol, mais encore de sa faute, puisqu'il s'est engagé à garder le dépôt. Il n'est cependant pas garant des cas fortuits (2).

De l'un des héritiers qui réclame un dépôt.

§. 36. Si on a déposé une somme d'argent dans un sac cacheté, et qu'un des héritiers de celui qui a fait le dépôt, vienne à la redemander, examinons comment doit se comporter le dépositaire ? Il faut qu'il tire l'argent du sac devant le préteur (3), ou devant des personnes probes, et qu'il lui remette sa part et portion dans la proportion de ce qu'il amande dans la succession du défunt, et le dépositaire en rompant le cachet qui scellait le sac, n'a rien fait contre la religion du dépôt, puisqu'il ne l'a fait qu'en présence du préteur, ou de celle de personnes probes. Quant au restant de la somme, il restera entre ses mains, s'il y consent, après toutefois que le sac aura été recacheté par le préteur, ou les personnes probes, en présence de qui le cachet aurait été brisé ; mais s'il refuse de la garder d'avantage, elle sera déposée dans un lieu public (4). Mais si le dépôt est composé de choses qui (5) ne peuvent se partager, il devra le remettre en en totalité, après avoir exigé de l'héritier, caution pour sûreté de ce qu'il lui remet au-delà de sa portion héréditaire ; mais s'il refuse de donner caution, ou s'il ne

---

procurat. l. 7. §. 7. circà med. supr. de minor. l. 5. in fin. supr. famil. ercisc. l. 77. §. 26. infr. de legat. 2. L. 5. infr. ad leg. Jul. pecul.

(5) §. 5. Inst. de offic. judic.

in ædem deponi, et omni actione depositarium
liberari.

§. 37. Apud Julianum lib. xiii Digestorum
talis species relata est; ait enìm : Si depositor
decesserit, et duo existant, qui inter se conten-
dant, unusquisquè solum se heredem dicens, ei
tradendam rem, qui paratus est, adversùs alterum, reum defendere [hoc est, eum, qui depositum suscepit ;] quod si neuter hoc onus suscipiat, commodissimè dici ait, non esse cogen-
dum à prætore judicium suscipere: oportere igitùr
rem deponi in (1) æde aliquâ . donec de hereditate judicetur.

De testamento recitato a depositario.

§. 38. Si quis tabulas testamenti apud se depositas, pluribus præsentibus, legit, ait Labeo
depositi actione rectè de tabulis agi posse. Ego
arbitror et injuriarum (2) agi posse, si hoc animo recitatum testamentum est quibusdàm præsentibus, ut judicia secreta ejus, qui testatus
est, divulgarentur.

De predone, vel fure deponante.

§. 39. Si *prædo* (3) vel *fur* deposuerit, et hos
Marcellus lib. vi. Digestorum putat rectè depositi acturos : nàm interest eorum, eo quod
teneantur.

De formâ libelli.

§. 40. Si quis *argentum*, vel *aurum* depositum petat, utrum speciem, àn et pondus com-
plecti debeat? Et magis est, ut utrùmquè com-

---

(1) S. 6. supr . h. t.
(2) L. 41. in pr. vers. sed et si quis. supr. ad leg. Aquil.

peut en donner une, le dépôt sera déposé dans un endroit public; et le dépositaire sera déchargé de toute action.

§. 37. On lit dans Julien, liv. XIII du Digeste, l'espèce suivante; car dit-il, si le déposant est mort, et qu'il y ait deux personnes qui se prétendent chacune unique héritière du déposant, le dépôt doit être remis à celle qui offre de défendre contre le défendeur, c'est-à-dire contre celui qui a reçu le dépôt; si ni l'une ni l'autre ne veut le défendre, le préteur ne peut pas forcer à défendre contre aucune d'elles; le dépôt devra donc être déposé (1) dans un endroit public, jusqu'à ce qu'il soit intervenu un jugement qui prononce sur les droits des deux prétendans à la succession du déposant.

Du testament déposé par le dépositaire.

§. 38. Si le dépositaire d'un testament, en fait lecture en présence de plusieurs personnes, Labéon pense qu'il y a lieu contre lui à l'action du dépôt. Pour moi, j'estime qu'il y a (2) également lieu dans ce cas à l'action des injures, s'il a fait cette lecture en présence de plusieurs personnes avec l'intention de divulguer les dernières intentions du défunt.

Du possesseur de mauvaise foi, ou du voleur qui fait un dépôt.

§. 39. Si un possesseur de mauvaise foi (3), ou un voleur fait un dépôt, ces sortes de gens, suivant Marcellus, n'en ont pas moins le droit d'intenter l'action du dépôt contre le dépositaire; parce qu'ils ont intérêt à ce que le dépôt leur soit remis, puisqu'eux-mêmes sont exposés à être obligés de rendre ce qui en a fait l'objet.

De la forme de la demande.

§. 40. Si l'on demande un dépôt, soit *d'argent*, soit *d'or*, suffit-il d'en désigner l'espèce, faut-il encore en désigner le poids ? Il vaut mieux faire l'un et l'autre,

---

(3) L. 31. §. 1. infr. h. t. l. 64. in pr. supr. de judic.

plectatur: syphum fortè [vel] lancem, vel pateram dicendo, et materiam, et pondus (1) addendo ; sed et si purpura sit infecta, vel lana, pondus similitèr adjiciendum : salvo eo, ut, si de quantitate ponderis incertum est, juranti succurratur.

§. 41. Si *cista* signata deposita sit, utrùm cista tantùm petatur, àn et species comprehendæ sint ? Et ait Trebatius, cistam repetendam, non singularum rerum depositi agendum. Quod [et] si res ostensæ sunt, et sic depositæ, adjiciendæ sunt et species vestis. Labeo autèm ait, eum, qui cistam deponit, singulas quoquè res videri deponere : ergò et de rebus agere eum oportet. Quid ergò, si ignoraverit is, qui depositum suscipiebat, res ibi esse ? Non multùm facere, cum suscepit depositum. Ego et rerum depositi agi posse existimo, quamvis signata cista deposita sit.

De filiofamiliàs et servo.

§. 42. Filiumfamiliàs (2) teneri depositi, constat : quià et cæteris actionibus tenetur ; sed et cùm patre ejus agi potest duntaxàt de peculio. Idem et in servo (3) : nàm cùm domino agetur. Planè et Julianus scripsit, et nobis videtur : si eorum nomine, qui sunt in potestate, agatur, veniat in judicium, et si quid per eum ; in cujus jure sunt, captus fraudatusvè est : ut et dolus eorum veniat, non tantùm ipsorum, cùm quibus contractum est.

---

(1) Imiò vide l. 19. §. 1. infr. d. furt.
(2) L. 5. in pr. supr. de pecul.

par exemple, dire que c'est un vase, un plat, ou une coupe et ajouter le poids et la matière (1). Mais s'il s'agissait de pourpre, ou de laine qui ne fût pas encore ouvragée, il faudra également en désigner le poids, à moins que l'on affirme par serment que réellement on ignore.

§. 41. Si on a déposé un coffre cacheté, suffit-il de désigner la nature du coffre, ou faut-il désigner ce qu'il renferme? Trébatius, dit qu'il suffit de désigner le coffre. Mais si les choses qui forment la matière du dépôt ont été montrées par le déposant au dépositaire, il faut dans ce cas désigner, en redemandant le coffre, les différentes espèces d'habits qu'il renferme. Labéon dit aussi, que celui qui dépose à quelqu'un un coffre, est censé lui déposer en particulier chacun des objets qu'il renferme, donc qu'il faut former l'action relativement à chacun de ces objets : mais qu'en serait-il si celui qui a reçu le dépôt ignore qu'il y eût quelque chose dans le coffre. Il n'y aurait pas de différence à faire puisqu'il a reçu le dépôt. Quant à moi mon opinion est que l'on a action relativement à chacun des objets qui y ont été renfermés, quoique le coffre ait été déposé cacheté.

Du fils de famille et de l'esclave.

§. 42. Il est constant qu'un fils de famille (2) est soumis à l'action du dépôt par la raison qu'il est d'ailleurs soumis à toutes les autres actions, mais si l'on actionne le père au sujet du dépôt, il ne sera condamné à payer que sur le pécule de son fils. Il en est de même de l'esclave (3) vis-à-vis du maître duquel on peut former cette action. Julien a écrit, et je suis de son avis que si l'on actionne le père ou le maître au nom de ceux qui sont sous leur puissance, ils seront condamnés en conséquence de la fraude dont eux mêmes se seraient rendus coupables. Ensorte qu'ils sont responsables de leur mauvaise foi, sans s'arrêter a examiner s'il y a eu de la mauvaise foi de la part de ceux qui sont sous leur puissance.

---

(3) D. 1. 5. in pr.

De duobus depositariis.

§. 43. Si *apud duos* sit deposita res, adversùs unumquemque eorum agi poterit : nec liberabitur alter, si cùm altero agatur ; non enìm electione, sed solutione liberantur. Proindè si ambo dolo fecerunt, et alter, quod interest præstiterit : alter non convenietur ; exemplo duorum (1) tutorum. Quod si alter vel nihil, vel minùs facere possit, ad alium pervenietur. Idemquè, et si alter dolo non fecerit, et idcircò sit absolutus : nàm ad alium pervenietur.

Vel depositoribus.

§. 44. Sed si duo deposuerunt, et ambo agant, si quidèm sic deposuerunt, ut vel unus tollat totum, poterit in solidum agere : sìn vero pro parte, pro quâ eorum interest, tunc dicendum est, in partem condemnationem faciendam.

De tempori præstituto.

§. 45. Si deposuero apud te, *ut post mortem tuam reddas* : et tecum, et cùm herede tuo, possum depositi agere ; possum enìm mutare voluntatem, et antè mortem tuam depositum repetere.

§. 46. Proindè et si sic deposuero, *ut post mortem meam reddatur*, potero et ego, et heres meus, agere depositi : [ego] mutatâ voluntate.

De dolo. De venditione rei depositæ.

§. 47. Quià autem dolus (2) duntaxàt in hanc

---

(1) L. 15. infr. de tutel. et rationib.

De deux dépositaires.

§. 43. Si le dépôt a été fait à deux personnes, on pourra former l'action du dépôt contre l'une ou l'autre, et l'une ne sera pas libérée par l'action dirigée contre l'autre ; car ce n'est pas le choix que fait le demandeur qui opère leur libération, mais le paiement. Par conséquent si toutes deux se sont rendues coupables de mauvaise foi, et que l'une ait payé au déposant les dommages-intérêts qu'il pouvait exiger, l'autre ne pourra plus être actionné à l'instar (1) de deux tuteurs. Mais si l'un des dépositaires n'est pas solvable, ou n'a pu payer en entier, le déposant s'adressera à l'autre. Il en est de même si l'un des dépositaires qui a été actionné a été absous par la raison qu'il ne s'est pas rendu coupable. Car alors il peut attaquer l'autre dépositaire.

Ou des déposants.

§. 44. Si le dépôt a été fait par deux personnes, et que toutes deux intentent l'action du dépôt, si le dépôt a été fait de manière qu'il pût-être remis en entier, à l'une des deux, chacune pourra former l'action pour que le dépôt lui soit remis en entier. Si au contraire il ne pouvait-être remis qu'en partie, ce sera alors que le dépositaire ne pourra être condamné qu'à rendre la portion de chacune.

Du tems fixé pour rendre le dépôt.

§. 45. Si en vous faisant un dépôt, j'ai mis la condition qu'il ne me serait rendu *qu'après votre mort*, je puis former contre vous, et votre héritier l'action du dépôt ; car je puis changer de volonté, et redemander mon dépôt avant l'époque que j'ai fixé (votre mort).

§. 46. Par conséquent si en vous faisant un dépôt j'ai dit qu'il ne serait rendu qu'après ma mort, je pourrai ainsi que mon héritier vous actionner à l'effet de vous forcer à me le remettre, si je viens, comme j'en ai le droit, à changer de sentiment.

De la mauvaise foi. De la vente de la chose déposée.

§. 47. Au moyen de ce qu'il n'y a que la seule mauvaise

______

(1) L. 23. in pr. infr. de reg. jur.

actionem venit, quæsitum est, si heres rem apud
testatorem depositam, vel commodatam distraxit,
ignarus depositam, vel commodatam, àn teneatur?
Et quià dolo non fecit, non tenebitur de re. An
tamen vel de pretio teneatur, quod ad eum pervenit? Et verius est, teneri eum: hoc enim ipso
dolo (1) facit, quod id, quod ad se pervenit,
non reddit.

2. PAULUS, *lib.* 31, *ad edictum.*

Quid ergo, si pretium nondùm exegit? Aut
minoris, quàm debuit, vendidit? Actiones suas
tantùmmodò præstabit.

3. ULPIANUS, *lib.* 31, *ad edictum.*

Planè, si possit rem redimere (2), et præstare,
nec velit, non caret culpâ: quemadmodum si
redemptam, vel aliâ ratione suam factam noluit
præstare, causatus, quod semel ignarus vendiderit.

4. PAULUS, *lib.* 5, *ad Plautium.*

Sed etsi non sit heres, sed putavit se heredem,
et vendidit, simili modo lucrum (3) ei extorque-
bitur.

5. ULPIANUS, *lib.* 30, *ad edictum.*

De actione contrarià, et jurejurando in litem.

Ei, apud quem depositum esse dicetur, con-

---

(1) S. 21. supr. hic. l. 76. in fid. supr. de pecul.
(2) L. 1. §. 21. supr. h. t.

foi que cette action poursuit, on a demandé dans le cas où l'héritier a vendu la chose déposée ès-mains du testateur, ou qui lui a été prêtée, ou dont il ignorait le dépôt ou le prêt, si dans ces cas l'héritier est tenu de l'action du dépôt? S'il n'a pas agi de mauvaise foi, il n'y est pas soumis. Il doit cependant tenir compte du prix qu'il a reçu en la vendant, et rien de plus conforme à la justice. Car autrement il y aurait eu de sa part de la mauvaise (1) foi a refuser de rendre ce qu'il aurait reçu à l'occasion de la chose.

2. PAUL, *liv.* 31, *sur l'édit.*

Qu'en serait-il donc s'il n'en n'avait pas encore reçu le prix, ou qu'il l'eût vendue à un prix au-dessous de sa véritable valeur? Il ne sera tenu que de transporter ses actions a celui qui aura fait le dépôt.

3. ULPIEN, *liv.* 31, *sur l'édit.*

S'il peut racheter la chose (2) et la rendre, et qu'il ne le veuille pas, il est coupable; de même que si l'ayant rachetée, ou acquise a quelque titre que ce soit, il refusait de la rendre, sous le prétexte qu'il la vendue une fois sans mauvaise foi.

4. PAUL, *liv.* 5, *sur Plautius.*

S'il n'était pas héritier, mais qu'il crût l'être, et qu'il eût vendu la chose déposée en cette qualité, on le privera (3) du bénéfice qu'il a fait en la vendant.

5. ULPIEN, *liv.* 30, *sur l'édit.*

De l'action contraire, et de l'affirmation en justice.

Le dépositaire a contre le déposant l'action contraire du

---

(3) L. 10. §. 3. vers. quîà bonæ fidei. infr. mandati. l. 28. supr. de hered petit.

trarium judicium depositi datur , in quo judicio merito in litem non juratur ; non (1) enim de fide ruptâ agitur , sed de indemnitate ejus , qui depositum suscepit.

De sequestro.

§. 1. *In sequestrem* (2) depositi actio competit ; si tamèn cùm sequestre convenit , ut certo loco rem depositam exhiberet , nec ibì (3) exhibeat , teneri eum palàm est. Quòd si de pluribus locis convenit ; in arbitrio (4) ejus est , quò loci exhibeat : sed si nihil convenit , denunciandum est ei , ut apud prætorem exhibeat.

§. 2. Si velit sequester officium deponere , quid ei faciendum sit ? Et ait Pomponius , adire eum prætorem oportere , et ex ejus auctoritate denunciatione factâ his , qui eum elegerant , ei rem restituendam , qui præsens fuerit. Sed hoc non semper verum non puto ; nàm plerumquè non est permittendum , officium , quod semel suscepit , contrà legem depositionis deponere ; nisi justissimâ causâ interveniente , et cum permittitur , rarò ei res restituenda est , qui venit : sed oportet eam , arbitratû judicis , apud ædem (5) aliquam deponi.

6. PAULUS , *lib.* 2 , *ad edictum.*

Propriè [autèm] *in sequestre* est *depositum* , quod à pluribus (6) in solidum certâ conditione custodiendum reddendumquè traditur.

---

(1) L. 6. in fin. supr. de his qui notantur infam.
(2) L. 12. j. 2. infr. h. t.
(3) L. 9. supr. de eo. quod certo loco.

dépôt; c'est-à-dire qu'il peut répéter de lui tout ce qu'il a dépensé pour sa conservation. Mais il ne peut pas par une affirmation en justice, faire monter ces dépenses à telle somme qu'il lui plaira de les élever; car il ne s'agit pas (1) d'infidélité de sa part, par conséquent de réparation du tort que le déposant a pu éprouver en raison de cette infidélité, mais des indemnités dues au dépositaire.

Du séquestre.

§. 1. Un séquestre est soumis à l'action du dépôt (2). Si cependant il avait été convenu avec le séquestre qu'il représenterait le dépôt dans un lieu convenu, et qu'il n'en fasse rien (3), il est clair qu'il en soit tenu. Si on avait désigné plusieurs endroits, le choix (4) dépend du séquestre; s'il n'y a pas eu de convention à ce sujet, on doit lui signifier de la représenter devant le préteur.

§. 2. Si le séquestre veut se décharger de l'obligation qu'il a consentie, que doit-il faire? Il doit, suivant Pomponius, aller trouver le préteur, et après lui avoir déclaré le nom de ceux qui lui ont confié la chose à titre de séquestre, la remettre à celui d'entre eux qui sera présent. Mais je ne crois pas que cette marche doive toujours être adoptée; car il est des cas où celui qui s'est chargé d'une fonction, ne peut pas être admis à la déposer, à moins qu'il n'ait de très-puissantes raisons à faire valoir, et alors rarement on en charge le dépositaire qui se présente; mais il faut que dans ce cas elle soit déposée d'après l'ordonnance du juge dans un lieu public (5).

6. PAUL, *liv.* 2, *sur l'édit.*

On entend à proprement parler par *séquestre*, *le dépôt* que font solidairement plusieurs personnes (6) d'une chose à quelqu'un pour qui la garde et qu'il la rende sous certaines conditions.

---

(4) V. l. 10. in fin. infr. de jure dot.
(5) V. l. 1. §. 57. s. pr. h. t.
(6) L. 17. in pr. infr. eod. l. 110 infr. de verb. sign.

17 ..

7. Ulpianus, *lib.* 30, *ad edictum.*

Si hominem apud se depositum, ut quæstio de eo haberetur, ac propterea vinctum, vel ad malam mansionem extensum, sequester solverit misericordiâ (1) ductus, dolo proximum esse, quod factum est, arbitror : quià, cum sciret, cui rei pararetur, intempestivè misericordiam exercuit, cum posset non suscipere talem causam, quàm decipere.

De heredibus depositorum.

§. 1. Datur actio depositi *in heredem* ex dolo (2) defuncti in solidum. Quanquàm enim aliàs ex dolo defuncti non solemus teneri, nisì pro eâ parte, quæ ad nos pervenit, tamèn hic dolus ex contractû, reique persecutione descendit : ideò que in solidum unus heres tenetur ; plures veɪò pro (3) eâ parte, quâ quisque heres est.

De nummulariis.

§. 2. Quotièns foro cedunt nummularii, solet primo loco ratio haberi depositariorum : hoc est, eorum, qui depositas pecunias habuerunt, non quas fœnore apud nummularios, vel cùm nummulariis, vel per ipsos exercebant ; et antè (4) privilegia igitùr, si bona venierint, depositariorum ratio habetur : dummodò eorum, qui vel posteà usuras acceperunt, ratio non habeatur, quasi renunciaverint deposito.

§. 3. Itèm quæritur, utrùm ordo spectetur eorum, qui deposuerunt; àn verò simùl omnium

---

(1) V. l. 7. §. 7. supr. de dolo malo.
(2) L. 49. infr. de oblig. et act.

7. ULPIEN, *liv.* 30, *sur l'edit.*

Si l'on avait confié un esclave à un séquestre pour le mettre ensuite à la question, et que le voyant lié et attaché à un poteau, il l'ait délié (1) par un sentiment de commisération, je pense que par cet acte de pitié il s'est en quelque sorte rendu coupable de mauvaise foi; parce que n'ignorant pas l'usage que l'on en voulait faire, il s'est laissé aller à un sentiment de pitié hors de saison, et qu'il pouvait d'ailleurs se refuser à une pareille commission, et ne pas abuser de la confiance de ceux qui lui avaient confié cet esclave.

Des héritiers du déposant.

§. 1. On accorde l'action du dépôt en entier contre *l'héritier* du défunt qui s'est rendu coupable de mauvaise foi (2); car encore qu'en toute autre matière, nous ne soyons ordinairement tenu que jusqu'à la concurrence de la portion dont nous amandons dans la succession, cependant, cette mauvaise foi descend d'un contrat qui veut que la chose soit rendue; c'est pourquoi s'il n'y a qu'un seul héritier il est tenu pour le tout; s'il y en a plusieurs chacun y est soumis pour la portion qu'il a dans la succession (3).

Des banquiers.

§. 2. Toutes les fois qu'un banquier fait cession, on a d'abord égard à ceux qui ont déposé leur argent entre ses mains, à titre de simple dépôt, c'est-à-dire à ceux qui ne l'ont pas placé chez lui pour en tirer des intérêts, et qui ne le lui ont pas donné pour le faire valoir. Si donc ses biens sont vendus, les dépositaires seront payés sur la vente, même avant les créanciers privilégiés (4); mais cette préférence ne sera pas accordée à ceux qui d'abord lui ont confié leur argent à titre de simple dépôt, mais qui en ont tiré des intérêts, parce que par là, ils sont censés avoir renoncé à leur dépôt.

§. 3. On demande de même si on a égard à l'ordre de la date du dépôt, ou s'ils seront tous admis indistinctement

---

(3) L. 18. infr. h. t.
(4) Obst. L. 24. §. 2. infr. de reb. auctor. judic. possid.

depositariorum ratio habeatur ? Et constat , simul admittendos : hoc enim rescripto principali significatur.

8. Papinianus , *lib.* 9 *quæstionum.*

Quod privilegium exercetur non in eâ tantùm quantitate , quæ in bonis argentarii , ex pecuniâ depositâ , reperta est , sed in omnibus fraudatoris facultatibus : idquè proptèr necessarium usum argentariorum ex utilitate publicâ receptum est. Planè sumptûs causâ , qui necessariè factus est , sempèr præcedit : nàm , deducto eo , bonorum calculus subduci solet.

9. Paulus , *lib.* 17 , *ad edictum.*

De heredibus. ·

In depositi actione , si ex facto defuncti agatur adversùs unum ex pluribus heredibus , pro (1) parte hereditariâ agere debeo : si verò ex suo delicto , pro parte non ago ; meritò : quià æstimatio refertur ad dolum , quem in solidum ipse heres admisit.

10. Julianus , *lib.* 2 , *ex Minicio.*

Nec adversùs coheredes ejus , qui dolo carent, depositi actio competit.

11. Ulpianus , *lib.* 41 , *ad Sabinum.*

De servo deponènte.

Quod servus deposuit , is , apud quem depositum est , servo (2) rectissimè reddet ex bonâ fide :

___

(1) L. 18. infr. h. t,

ensemble ? Il est certain qu'ils doivent tous concourir ; car cela a été décidé par un rescrit du prince.

8. PAPINIEN, *liv.* 9 *, des questions.*

Ce privilège sera exercé par le dépositaire non-seulement sur ce qui restera de l'argent déposé dans les biens du banquier en faillite, mais encore sur tous ses autres biens ; et cela a été introduit par une raison du bien public à cause de la nécessité où l'on est de se servir des banquiers. Cependant les dépenses nécessaires qui auront été faites pour conserver les biens du banquier en faillite, et pour parvenir à les vendre seront toujours prélevées, car il est d'usage de ne calculer son actif que lorsque ces dépenses ont été dé-déduites.

9. PAUL, *liv.* 17 *, sur l'édit.*
Des héritiers.

En matière de dépôt, si j'actionne l'un des héritiers, en conséquence du fait du défunt, je ne dois l'actionner (1) qu'au prorata de sa portion heréditaire ; si au contraire je l'actionne en conséquence d'un délit qui lui est personnel, je forme ma demande pour le tout ; et c'est avec raison, parce que l'estimation se reporte à la mauvaise foi dont l'héritier s'est rendu coupable ; c'est-à-dire qu'il est condamné pour le tout en punition de sa mauvaise foi.

10. JULIEN, *liv.* 2 *, sur Minicius.*

L'action du dépôt n'a pas lieu contre ses cohéritiers qui ne sont pas coupables de mauvaise foi.

11. ULPIEN, *liv.* 41 *, sur Sabinus.*
De l'esclave qui fait un dépôt.

Celui à qui un esclave a fait un dépôt, doit rendre de bonne foi le dépôt que lui a fait l'esclave, et il doit le faire

---

(1) L. 35. infr. de solution.

nec enim convenit bonæ fidei, abnegare id quod
quis accepit, sed debebit reddere ei à quo accepit : sic tamèn, si sinè dolo omni reddat, hoc
est, ut nec culpæ quidèm suspicio sit ; deniquè
Sabinus hoc explicuit, addendo, *nec ulla causa
intervenit, quarè putare possit, dominum* (1)
reddi nolle ; hoc ità est, si potuit suspicari, justâ
scilicèt ratione motus : cæterùm sufficit bonam
fidem adesse ; sed et si antè ejus rei furtum fe-
cerat servus, si tamèn ignoravit is, apud quem
deposuit, vel credidit dominum non invitum
fore hujus solutionis, liberari potest ; bona enim
fides exigitur. Non tantùm autèm si remanenti
in servitute fuerit solutum, sed etiàm si manumisso vel alienato, ex justis causis liberatio con-
tingit : scilicèt, si quis ignorans (2) manumissum,
vel alienatum, solvit. Idemque et in omnibus
debitoribus servandum Pomponius scribit.

12. POMPONIUS *lib.* 22, *ad Sabinum.*

De loco.

Si in Asiâ depositum fuerit, *ut Romæ reddatur*, videtur id actum, ut non impensa ejus id
fiat, apud quem depositum sit, sed ejus, qui
deposuit.

§. 1. Depositum *eo* (3) *loco* restitui debet, in
quo sinè dolo malo ejus est, apud quem depositum
est : ubì verò depositum est, nihil interest. Eâdem dicenda sunt communitèr et in omnibus
bonæ fidei judiciis. Sed dicendum est, si velit

---

(1) L. 5. in fin. supr. de reb. cred.
(2) L. 18. infr. de solution. §. 10. in fin. Inst. de mandato.

à lui-même, car ce n'est pas être de bonne foi, que de refuser de rendre ce que vous avez reçu de quelqu'un, mais
en le rendant il doit veiller à ce que l'on ne puisse le soup-
çonner de mauvaise foi, ni lui reprocher de la négligence,
enfin Sabinus s'explique à ce sujet, en disant, *pourvu qu'il
n'y ait pas de motif pour que le dépositaire puisse présumer
que le maître* (1) *ne consentirait pas à la remise du dépôt.*
Mais cela n'est vrai qu'autant que le dépositaire a soupçonné
avec quelque juste raison que l'esclave était suspect. Au
surplus il suffit que le dépositaire soit de bonne foi; mais
si l'esclave avait volé ce qui faisait l'objet du dépôt, et que
le dépositaire l'ignorât, ou qu'il pensât que le maître ne
verrait pas avec peine la remise de ce dépôt, il pourra le
remettre, car la bonne foi l'exige. La remise du dépôt sera
valable, soit que l'esclave soit encore en servitude, soit
qu'elle *n'ait lieu qu'après qu'il aura été affranchi, ou aliéné,*
pourvu toutefois qu'il ait eu de justes raisons de le faire, si,
par exemple, il ignorait (2) que l'esclave fut affranchi ou
aliéné. Pomponius dit qu'il faut observer la même chose à
l'égard de tous les débiteurs.

12. POMPONIUS, *liv.* 22, *sur Sabinus.*

Du lieu.

S'il avait été fait un dépôt en Asie, sous la condition qu'il
serait rendu à Rome, il semble que les dépenses que néces-
site le transport sont à la charge non du dépositaire, mais
du déposant.

§. 1. Le dépôt doit-être remis dans *l'endroit* (3) *même*
où il se trouve, pourvu qu'il n'y ait pas de mauvaise foi de
la part du dépositaire; il importe peu du lieu ou le dépôt a
été fait. On doit, communément parlant, dire la même chose
dans toutes les actions de bonne foi. Mais si le demandeur

____

(3) L. 38. supr. de judic. l. 10. 11. 12. supr. de rei vind. l. 11. §.
1. supr. ad exhib. l. 3. in fin. infr. de act. empt. l. 47. in pr. vers.
sed si alibi. infr. de legat. 1.

actor suis impensis , suoque periculo perferri rem
Romam , ut audiendus sit : quoniàm et in ad
exhibendum actione id servatur.

De actione sequestrariâ.

§, 2. Cùm sequestre (1) rectè agetur depositi
sequestrariâ actione : quam et in heredem ejus
reddi oportet (2).

De periculo rei depositæ.

§. 3. Quemadmodùm quod ex stipulatû , vel ex
testamento dari oporteat, post judicium acceptum
cùm detrimento rei periret : sic depositum quoque
eo die , quo depositi actum sit , periculo ejus , apud
quem depositum fuerit , est , si judicii accipiendi
tempore potuit id reddere reus , nec reddidit.

13. **Paulus** , *lib.* 31 , *ad edictum.*

De inficiatione depositarii.

Si quis inficiatus sit non adversùs dominum ,
sed quod eum, qui rem depositam petebat , verum
procuratorem non putaret , aut ejus , qui depo-
suisset , heredem : nihil dolo malo fecit ; posteà :
autèm (3) si cognoverit , cùm eo agi poterit ,
quoniàm nunc incipit dolo malo facere , si reddere eam non vult.

De condictione.

§. 1. Competit etiàm condictio , depositæ rei
nomine : sed (4) non antèquàm id dolo admissum
sit ; non enim quemquàm hoc ipso , quod depositum accipiat , condictione obligari , verum quod
dolum malum admiserit.

----

(1) L. 5. §. 1. supr. h. t.
(2) L. 25. in pr. infr. l. 8. C. eod.

voulait que la chose fût transportée à Rome à ses frais, et à ses risques périls et fortunes, il devrait y être autorisé parce que c'est l'usage que l'on suit dans l'action en représentation.

De l'action qui vient du séquestre.

§. 2. On formera régulièrement l'action (1) à laquelle le séquestre donne lieu pour se faire rendre par lui le dépôt; cette action est aussi accordée contre l'héritier du séquestre (2).

Du risque du dépôt.

§. 3. Comme lorsque ce qui doit-être donné en vertu d'une stipulation ou d'un testament, vient à périr après la contestation en cause, est à la charge du défendeur, de même le dépôt est aux risques périls et fortunes du dépositaire, du jour où l'action du dépôt a été formée, s'il a été avant, en état de rendre le dépôt, et qu'il ne l'ait pas fait.

13. PAUL, *liv.* 31, *sur l'édit.*

Du refus du dépositaire.

Si un dépositaire a refusé de rendre le dépôt, et que ce refus ne portât pas sur le maître, mais sur le demandeur qu'il ne regardait pas comme un véritable fondé de pouvoir, ou le véritable héritier du déposant, il n'est pas coupable de mauvaise foi; mais si par la suite (3) le demandeur lui prouve ses droits, et qu'il refuse de rendre le dépôt, alors il est coupable de mauvaise foi.

De l'action du vol.

§. 1. On peut aussi former contre le dépositaire l'action du vol, mais il faut (4) qu'avant, il se soit rendu coupable de mauvaise foi; car le dépositaire n'est pas soumis à cette action, par cela seul qu'il a reçu un dépôt, mais parce qu'il a été de mauvaise foi.

---

(3) L. 7. §. 2. in fin. supr. de tribut. act. l. 2. §. 5. infr. de doli mali et met, except.

(4) L. 16. supr. de condict. furtiv.

14. GAJUS, *lib.* 9, *ad edictum provinciale.*

De heredibus depositarii.

Si plures heredes exstiterint ei, qui deposuerit, dicitur, si major pars adierit, restituendam rem præsentibus. *Majorem* autèm non ex numero utiquè personarum (1), sed ex magnitudine portionum hereditariarum intelligendam, cautela idonea reddenda.

De naturali interitù rei depositæ.

§. 1. Sivè autèm cùm ipso, apud quem deposita est, actum fuerit, sivè cùm herede ejus, et sua natura res antè rem judicatam intercederit, velutì : si homo mortuus fuerit, Sabinus et Cassius, absolvi debere eum, cùm quo actum est, dixerunt : quià æquum esset, naturalem interitum ad actorem pertinere ; utiquè cùm (2) interitura esset ea res, etsi restituta esset actori.

15. JULIANUS, *lib.* 13, *Digestorum.*

De eo qui rem suam ex deposito vel alià causà accepit.

Qui rem suam deponi apud se patitur (3), vel utendam rogat, nec (4) depositi, nec commodati actione tenetur : sicuti qui rem suam conducit, aut precariò rogat, nec precariò tenetur, nec ex locato.

16. AFRICANUS, *lib.* 7, *quæstionum.*

Si is, apud quem rem deposueris, apud alium eam deponat, et ille dolo quid admiserit, ob

---

(1) L. 8. supr. de pact.
(2) L. 14. §. 11. supr. quod metus caus. v. l. 44. supr. ex quib. caus. major.

14. GAJUS , *liv.* 9 *, sur l'edit provincial.*

Des héritiers du dépositaire.

On dit que si celui qui a fait le dépôt a laissé plusieurs héritiers, et que la majeure partie de ses héritiers, ait accepté la succession, il fallait restituer le dépôt aux héritiers présens. Or *la majeure partie* se comporte, non pas du nombre (1) des personnes, mais des portions les plus considérables que chaque héritier a dans la succession, et les héritiers à qui se fait la remise du dépôt, doivent donner caution au dépositaire de le défendre contre les autres (2) héritiers.

De la perte naturelle du dépôt.

§. 1. Soit que l'action soit formée contre le dépositaire, soit contre son héritier, et que le dépôt ait péri naturellement avant le jugement, par exemple, si un esclave qui a été mis en dépôt est venu à mourir, Sabinus et Cassius pensent que le dépositaire doit être absous, parcequ'il est très-juste que la perte naturelle de la chose soit aux risques du demandeur, puisqu'elle serait périe entre ses mains, quand même elle lui aurait été remise.

15. JULIEN , *liv.* 13 *, du Digeste.*

De celui qui trompe à l'occasion d'un depôt, ou de toute autre cause.

Celui qui reçoit sa propre chose (3) à titre de dépôt, ou de prêt, n'est soumis ni à l'action du dépôt (4), ni à l'action du prêt, de même que celui qui loue sa propre chose, ou qui la tient à titre de précaire, n'est tenu d'aucune de ces actions.

16. AFRICANUS , *liv.* 7 *, des questions.*

Si celui à qui vous avez déposé une chose, la dépose entre les mains d'un autre, et que ce second dépositaire se soit rendu coupable de mauvaise foi à l'occasion de

---

(3) L. 31. §. 1. vers. si tamèn ignorans. iafr. h. t. v. l. 82. in pr. infr. de verb. oblig.

(4) L. 45. in pr. infr. de reg. jur.

dolum ejus, apud quem posteà sit depositum; eâtenùs eum teneri apud quem tu deposueris, ut actiones (1) suas tibi præstet.

17. FLORENTINUS, *lib.* 7, *institutionum.*

De depositario deponente.

Licèt deponere tàm plures, quàm unus possunt: attamèn apud seqestrem non nisi plures (2) deponere possunt; nàm tum id fit, cum aliqua res in controversiam deducitur; itàquè hoc casû in solidum unusquisquè videtur deposuisse : quod alitèr est, cum rem communem plures deponunt.

§. 1. Rei depositæ proprietas apud deponentem manet: sed (3) et possessio; nisi (4) apud sequestrem deposita est ; nàm tum demùm sequester possidet; id enìm agitur eâ depositione, ut neutriùs possessioni id tempus procedat.

18. NERATIUS, *lib.* 2, *membranarum.*

De re depositû ex quatuor causis edicti.

De eo, quod tumultûs, incendii, ruinæ, naufragii causâ depositum est, in heredem (5) de dolo mortui actio est pro hereditariâ (6) portione, et in simplum (7), et intrà annum quoquè, in ipsum, et in solidum, et in duplum, et in perpetuum datur.

---

(1) L. 1. §. 11. supr. h. t.
(2) L. 6. supr. eod.
(3) V. l. 2. §. 1. infr. pro herede.

ce dépôt, le premier dépositaire n'est tenu envers le déposant, à cause du dol que le second dépositaire a commis, qu'à lui transporter ses actions (1).

17. FLORENTINUS, *lib.* 7, *des institutes.*

Du dépositaire qui fait un dépôt.

Quoiqu'un dépôt puisse être fait par une seule personne de même que par plusieurs, cependant celui qui se fait chez un séquestre, ne peut avoir lieu que lorsque plusieurs personnes y concourent (2) ; car cette espèce de dépôt ne se fait qu'à l'occasion de la contestation à laquelle une chose a donné naissance ; c'est pourquoi dans ce cas chacun est censé faire le dépôt en entier. Il en est autrement lorsque plusieurs co-propriétaires déposent une chose commune.

§. 1. La propriété du dépôt reste toujours au déposant, il en conserve même la possession de droit (3), à moins que le dépôt ne soit fait entre les mains d'un séquestre (4) ; car alors, c'est le séquestre qui le possède. En effet, en déposant une chose entre les mains d'un séquestre, l'intention des parties, est qu'aucune d'elles n'en jouisse pendant le tems du procès.

18. NÉRATIUS, *liv.* 2, *des feuilles.*

D'un dépôt fait en vertu d'une des quatre causes de l'édit.

Lorsqu'il s'agit d'un dépôt auquel un tumulte, un naufrage, un incendie, une ruine ont donné lieu, le déposant a contre l'héritier du dépositaire (5), relativement à la mauvaise foi du déposant, action pour sa portion (6) héréditaire. Cette action est au simple (7), et ne peut être intentée que dans l'année. Dans le même cas, il a action pour le tout contre le dépositaire lui-même. Cette action est au double, et est perpétuelle.

---

(4) L. 39. infr. de adquir. vel amitt. possess.
(5) L. 7. §. 1. supr. h. t.
(6) L. 9. supr. eod.
(7) L. 1. §. 1. in fin. supr. eod.

19. Ulpianus, *lib.* 17, *ad edictum.*

De filiofamiliâs.

Julianus et Marcellus putant, filiumfamiliâs(1) depositi rectè agere posse.

20. Paulus, *lib.* 18, *ad edictum.*

De re amissâ depositario.

Si sinè (2) dolo malo rem depositam [tibi ,] amiseris, nec depositi teneris, nec (3) cavere debes: *si deprehenderis , eam reddi :* si tamèn ad te iterum pervenerit , depositi teneris.

21. Idem, *lib.* 60, *ad edictum.*

De emancipatione.

Si apud filiumfamiliâs res deposita sit , et emancipatus rem teneat, pater nec intrà annum de peculio debet conveniri : sed ipse filius.

Vel manumissione depositarii.

§. 1. Plus Trebatius existimat , etiàm si apud servum depositum sit, et manumissus rem teneat, in ipsum dandam(4)actionem, non in dominum : licèt ex cæteris causis in manumissum actio non datur.

22. Marcellus, *lib.* 5. *Digestorum.*

De heredibus depositariis.

Si duo heredes rem apud defunctum depositam dolo interverterint, quodàm utiquè casû in partes

---

(1) L. 9. infr. de oblig. et act.
(2) V. l. 1. C. h. t.

14. Ulpien,

19. ULPIEN, *liv.* 17, *sur l'édit.*

Du fils de famille.

Julien et Marcellus pensent qu'un fils de famille (1) peut régulièrement former l'action du dépôt.

20. PAUL, *liv.* 18, *sur l'édit.*

De la chose perdue par le dépositaire.

Si vous avez perdu, sans qu'il y ait de mauvaise foi de votre part, la chose que je (2) vous ai déposée, vous n'êtes ni soumis à l'action du dépôt, ni tenu (3) de donner caution, *de la rendre; si vous la retrouvez;* si cependant, elle revient entre vos mains, dans ce cas vous serez tenu de l'action du dépôt.

21. LE MÊME, *liv.* 60, *sur l'édit.*

De l'affranchissement.

Si une chose a été déposée entre les mains d'un fils de famille, et qu'il en soit encore dépositaire après son émancipation, c'est contre le fils lui-même que l'action doit être formée, et on ne pourra pas actionner le père à cet égard sur le pécule du fils dans l'année de l'émancipation de ce dernier.

Ou de l'émancipation du dépositaire.

§. 1. Trébatius va plus loin, car il pense que si le dépôt a été fait à un esclave, et qu'il soit encore dépositaire après son affranchissement, l'action doit être formée contre l'esclave lui-même (4), et non pas contre son maître, quoiqu'en toute autre matière on n'ait pas d'action contre un esclave après son affranchissement.

22. MARCELLUS, *liv.* 5, *du Digeste.*

Des héritiers dépositaires.

Si deux héritiers détournent par mauvaise foi un dépôt fait à un défunt, il peut se faire qu'ils ne soient tenus

---

(3) Immò vide l. 5. §. 2. in fin. supr. de condict. caus. dat.
(4) Obst. l. 1. §. 18. supr. h. t.

tenebuntur. Nàm si diviserint decem [millia], quæ apud defunctum deposita fuerant, et quina [millia] abstulerint, et uterquè solvendo est, in *partes* obstricti erunt, nec enim ampliùs actoris interest. Quod si lancem conflaverint, aut conflari ab aliquo passi fuerint, aliavè quæ species dolo eorum interversa fuerit, in solidum (1) conveniri poterunt, ac si ipsi servandam suscepissent; nàm certè verum est, in solidum quemquè dolo fecisse : et, nisì pro solido, res non potest restitui. Nec tamèn absurdè sentiet, qui hoc putaverit ; planè, nisì integræ rei restitutione, eum, cùm quo actum fuerit, liberari non posse ; condemnandum tamèn, si res non restituetur, pro quâ parte heres exstitit.

23. MODESTINUS, *lib.* 2, *differentiarum.*

De impensis factis à depositario.

Actione depositi conventus, servo constituto cibariorum nomine, apud eundem judicem utilitèr experitur.

24. PAPINIANUS, *lib.* 9, *quæstionum.*

De commodato. De restitutione corporis vel tantidèm. De usuris.

Lucius Titius, Sempronio salutem. Centum nummos, quos hoc die commendasti mihi, adnumerante servo Stycho actore, esse apud me, ut notum haberes, hâc epistolâ, manû meâ scriptâ, tibi notum facio: quæ, quandò voles, et ubì voles, confestim tibi numerabo. Quæritur, proptèr usurarum incrementum ? *Respondi :* depositi actionem locum habere : quid est enim aliud *commendare* (2), quàm deponere ?

---

(1) Adde l. 3. §. 2. supr. commodati.

de l'action qu'en partie ; car si le dépôt fait au défunt était de dix mille, et qu'ils aient partagé entr'eux cette somme, s'ils en détournent cinq mille, et que tous deux soient solvables, ils seront obligés chacun pour moitié, parce que le demandeur alors n'a plus d'intérêt. Mais si le dépôt consistait en un plat d'argent, qu'ils auraient fondu ou laissé fondre, par un autre, ou en toute autre espèce de chose qu'ils ont soustrait par mauvaise foi, ils pourront être actionnés chacun pour le tout (1), comme s'ils se fussent eux-mêmes chargés du dépôt ; car il n'y a pas de doute que chacun d'eux ne soit coupable de mauvaise foi ; et si chacun n'était pas obligé pour le tout, la restitution serait impossible. Ce ne serait pas cependant une absurdité que de dire que quoique la libération d'un des héritiers ne puisse avoir lieu qu'autant que la chose déposée sera rendue en entier, néanmoins dans le cas où elle ne serait pas rendue, chacun ne sera condamné a cause de sa mauvaise foi, qu'au *prorata* de sa portion dans la succession.

23. MODESTINUS, *liv.* 2, *des différences.*

Des dépenses faites par le dépositaire.

Le dépositaire qui a été actionné à l'occasion du dépôt qui lui a été fait, peut demander devant le même juge devant lequel on le traduit, qu'on lui rende les dépenses qu'il a faites pour la nourriture de l'esclave qui lui a été déposé.

24. PAPINIEN, *liv.* 9, *des questions.*

Du prêt. De la restitution des mêmes choses. Des intérêts.

Lucius Titius salut à Simpronius. Je vous donne avis par cette lettre écrite de ma main que les cent écus que vous m'avez confiés ce jour, et qui m'ont été comptés par votre esclave Stychus votre gérent d'affaires, sont entre mes mains, et que je vous les rendrai toutes fois et quantes, vous le jugerez à propos. On demande ce que l'on devrait penser a l'égard des intérêts ? J'ai répondu, qu'il y a lieu dans ce cas à l'action du dépôt, car quelle différence y a-t-il entre *confier une somme* (2) à quelqu'un et la lui

---

(2) L. 186. infr. de verb. sign.

Quod ità verum est, si id actum est, ut corpora nummorum eadem redderentur ; nàm si, ut tantundèm solveretur; convenit, egreditur ea res depositi notissimos terminos. In quâ questione, si depositi actio non teneat, cum convenit tantundèm, non idem reddi rationem usurarum haberi, non facile dicendum est. Et est quidem constitutum, in bonæ (1) fidei judiciis, quod ad usuras attinet, ut tantundèm possit officium arbitri (2), quantum stipulatio : sed contrà bonam fidem et depositi naturam est, usuras ab eo desiderare temporis (3) antè moram, qui beneficium in suscipiendâ pecuniâ dedit : si tamèn ab initio de usuris præstandis convenit (4), lex contractûs servabitur.

25. IDEM , *lib.* 3 , *responsorum.*

De patre res puellæ oblatas accipiente.

Die sponsaliorum, aut posteà res oblatas puellæ, quæ sui juris fuit, patèr suscepit : heres ejus, ut exhibeat, rectè convenietur etiàm actione depositi (5).

De restitutione tantidèm. De usuris.

§. 1. Qui pecuniam apud se non obsignatam, ut tantundèm redderet, depositam, ad usus proprios(6) convertit, post moram in (7) usuras quoquè judicio depositi condemnandus est.

---

(1) L. 7. supr. de negotiis gestis.
(2) V. l. 54. in pr. inf. locati.
(3) L. 40. in fin. supr. de rebus creditis.

déposer. Ce qui est vrai, si telle a été l'intention des parties, que la somme déposée fût rendue dans les mêmes especes, car si il a été convenu de rendre pareille somme, cette convention excède les bornes du dépôt; si, dans l'espèce proposée, l'action du dépôt n'a pas lieu, lorsqu'on est conconvenu de donner pareille somme et non pas la même somme, on ne doit que difficilement se déterminer à dire que les intérêts doivent être dûs. Il a été décidé que dans les actions de bonne foi (1) si le juge prononçait que les intérêts sont dûs (2), cette déclaration produirait le même effet que si il y avait eu promesse de les payer. Mais il est contre la bonne foi et la nature même du dépôt d'exiger des intérêts du dépositaire qui ne s'est chargé de la garde de la chose que pour obliger avant qu'il soit en demeure de la rendre (3); si cependant dans le principe il a été convenu (4) que le dépositaire payerait des intérêts, ou devra exécuter la convention.

25. LE MÊME, *liv.* 3, *des réponses.*

Du père qui garde les présens offerts à sa fille.

Un père a gardé les présens qui ont été faits à sa fille qui était maitresse d'elle-même; le jour des fiançailles ou après, l'héritier du père pourra être actionné régulièrement pour les représenter, il y aura même lieu contre lui à l'action du dépôt (5).

De la restitution de la même somme. Des intérêts.

§. 1. Celui qui ayant reçu à titre de dépôt une somme renfermée dans un sac non cacheté, sous la condition de rendre pareille somme s'en est servi pour son propre usage(6) doit-être condamné, en vertu de l'action du dépôt à en payer les intérêts (7) à partir du jour où il a été en retard de la rendre.

---

(4) L. 16. §. 1. infr. h. t.
(5) Obar. l. 32. in fin. supr. de negotiis gestis.
(6) V. l. 8. in fin. infr. h. t.
(7) V. l. 32. §. 2. infr. de usur.

26. Scævola, *lib.* 4, *responsorum.*

Reddendum esse depositum.

Publia Mævia, cum proficiscetur ad maritum suum, arcam clausam cum veste et instrumentis commendavit Gajæ Sejæ, et dixit ei : *cum salvâ sanavè venero restitues mihi ; certè, si aliquid mihi humanum* (1) *contigerit, filio meo, quem ex alio marito suscepi.* Defunctâ eâ intestatâ, *desidero*, res condemnatæ cui restitui debeant : filio, àn marito ? *Paulus respondit :* filio.

Pactum de usuris.

§. 1. Lucius Titius itâ cavit : *suscepi, habeoquè apud me titulo depositi supràscripta denarium argenti decem millia : nequè ad præscriptum omnia præstaturum et promitto, et profiteor: conventione scilicèt initâ, ut quoad omne argentum reddatur, in singulos menses, singulasquè libras, usurarum nomine, quaternos tibi obolos subministrem.* Quæro, àn usuræ peti possunt ? *Paulus respondit*, eum contractum, de quo quæritur, depositæ pecuniæ modum excedere : [et] ideò secundum (2) conventionem usuræ quoquè actione depositi peti possunt.

De epistolâ quâ quis fatetur se res accipisse et creditorem esse.

§. 2. *Titius Semproniis salutem. Habere me à vobis auri pondo plùs minùs decem, et discos duos, saccum signatum : ex quibus debetis mihi decem, quos apud Titium deposuistis : item*

---

(1) V. l. 162. §. 1. infr. de verb. sign. §. 1. Inst. de donat.

26. Scævola, *liv.* 4, *des réponses.*

Le dépôt doit être rendu.

Publia Mævia, partant pour aller rejoindre son mari, confia à Gaja Séja une cassette fermée à clef renfermant des habillemens et des papiers, et lui dit : *vous me rendrez cette cassette si je reviens saine et sauve, si au contraire je viens à mourir pendant mon voyage* (1) *vous la remettrez au fils que j'ai eu de mon premier mari.* Mævia est morte *ab intestat.* Je demande à qui le dépositaire doit rendre la cassette qui lui a été confiée. Est-ce au fils, ou au mari ? Paul a répondu que c'était au fils.

Convention relative aux intérêts.

§. 1. Lucius Titius a fait une promesse en ces termes : *Je suis chargé et je tiens à titre de dépôt dix mille deniers d'argent, je promets les rendre à l'époque convenue, sous la clause arrêtée entre nous que jusqu'à ce que je vous aye soldé en entier, je vous payerai par mois quatre oboles pour livres, par forme d'intérêts.* Je demande si, dans l'hypothèse proposée, les intérêts sont dus (2). Paul a répondu que cette convention excédait les bornes du dépôt, que par conséquent ils pouvaient être demandés en vertu de l'action du dépôt, conformément à la convention.

D'une lettre par laquelle on déclare avoir reçu une somme et être créancier.

§. 2. Titius Simpronius salut. *J'ai à vous environ dix marcs d'or, deux plats et un sac cacheté, sur quoi vous me devez dix que vous avez mis en dépôt chez Titius. Vous êtes redevable en outre envers Trophimatus de dix ; vous me redevez de plus sur le compte que j'ai eu avec*

---

(2) L. 24. in fin. supr. h. t.

quos Trophimati decem : itèm ex ratione patris vestri decem et quod excurrit : quæro, àn ex hujusmodi scripturâ aliqua obligatio nata sit, scilicèt quod ad solam pecuniæ causam attinet? *Respondit*, ex epistolâ, de quâ quæritur, obligationem quidem nullam natam videri, sed probationem depositarum rerum impleri posse. An autèm is quoquè, qui deberi sibi cavit in eâdem epistolâ decem, probare possit hoc, quod scripsit, judicem æstimaturum.

27. IDEM, *lib 7, responsorum.*

Si detur in dotem servo, et titulò depositi in cautionem conferatur.

Lucius Titius, cum haberet filiam in potestate Sejam, Pamphilo servo (1) alieno in matrimonium collocavit : cui etiàm dotem dedit, quam sub titulo depositi in cautionem contulit, et posteà, nullâ denunciatione à domino factâ, pater decessit : mox et Pamphilus servus : *quæro*, quâ actione Sejâ pecuniam petere possit, cum ipsâ patris ejus extiterit? *Paulus respondit*, quoniàm dos constitui non (2) potuit, ex causâ depositi actione de peculio pecuniam repetendam.

28. SCÆVOLA, *liv. 1, responsorum.*

De usuris.

Quintus Cæcilius Candidus ad Paccium Rogatianum epistolam scripsit in verba infrà scripta: *Cæcilius Candidus Paccio Rogatiano suo salutem. Viginti quinquè nummorum, quos apud*

---

(1) V. l. un. C. de SC. Claud.

votre père, dix, et quelque chose de plus. Je demande si d'après cette lettre, on peut regarder qu'il y a obligation, sur-tout relativement aux sommes dont il est fait mention. J'ai répondu que cette lettre ne formait aucune obligation de la part de Sempronius, mais qu'elle ne pouvait que leur servir à prouver le dépôt des effets dont elle parlait. Mais c'est au juge à décider dans sa sagesse, si la lettre qu'à écrite Titius est pour lui un titre suffisant pour prouver que les sommes dont il parle lui sont dues.

27. LE MÊME, *liv.* 7, *des réponses.*

Si on donne une dot à un esclave, duquel on tire une promesse qu'il l'a reçue à titre de dépôt.

Lucius Titius, ayant sous sa puissance une fille nommée Séja, la donna en mariage à un esclave nommé Pamphile, qui ne lui appartenait pas (1). Il donna aussi à sa fille une dot, mais il se fit donner par l'esclave un écrit par lequel celui-ci reconnaissait avoir reçu ce qui composait la dot à titre de dépôt. Le père mourut sans avoir instruit le maître qu'il a déposé une somme d'argent entre les mains de son esclave, et ensuite celui-ci décéda. Je demande quelle espèce d'action Séja pourra former, étant devenue héritière de son père ? Paul a répondu qu'au moyen de ce qu'il n'y a pu avoir de constitution de dot dans l'hypothèse proposée (2), Séja pourrait intenter l'action du dépôt, qu'elle exercerait sur le pécule de l'esclave pour recouvrer l'argent que son père avait donné à feu son mari lors de son mariage.

28. SCÆVOLA, *liv.* 1, *des réponses.*

Des intérêts.

Quintus Cæcilius Candidus a écrit à Paccius Rogatianus une lettre dont voici la teneur. Cæcilius Candidus à Paccius Rogatianus salut. *Je vous donne avis par cette lettre que j'ai reçu et porté dans mes comptes les vingt-cinq écus,*

---

(2) Arg. l. 3. infr. de jure dot. junct. l. 3. C. de incest. et inutil. nupt.

*me esse voluisti , notum tibi [ità] hac epistolæ
facio , ad ratiunculam meam ea pervenisse :
quibus ut primum prospiciam , nè vacua tibi
sint , [id est , ut usuras eorum accipias ,]
curæ habebo. Quæsitum est* , àn ex eâ epistolâ
etiàm usuræ peti possint ? *Respondi* , deberi
ex bonæ fidei judicio [usuras] , sivè (1) percepit ,
sivè pecuniâ in re (2) suâ usus est.

29. PAULUS , *lib.* 2 , *sententiarum.*

De contrectatione.

Si sacculum , vel argentum signatum deposuero , et is , penès quem depositum fuit , me invitò contrectaverit , depositi (3) , et furti actio mihi in eum competit.

Et usû rei depositæ. De usuris.

§. 1. Si ex permissû meo depositâ pecuniâ is penès quem deposita est , utatur , ut in cæteris bonæ fidei judiciis , usuras (4) ejus nomine præstare mihi cogitur.

30. NERATIUS , *lib.* 1 , *responsorum.*

De litis æstimatione.

Si fide jussor pro te , apud quem depositum est , litis æstimatione damnatus sit , rem (5) tuam fieri.

31. TRYPHONINUS , *lib.* 9 , *disputationum.*

Bona fides quomodo accipitur.

Bona fides , quæ in contractibus (6) exigitur ,

---

(1) L. 29. §. 1. infr. h. t.
(2) L. 23. in fin. supr. l. 3 l. 4. C. eod.
(3) D. l. 3.

que vous m'avez fait parvenir ; dès que l'occasion s'en présentera , je veillerai à ce que cet argent ne reste pas oisif, c'est-à-dire qu'il vous porte intérêt. On a demandé si d'après cette lettre , on peut demander des intérêts ? J'ai répondu que les intérêts étaient dus ; en vertu de l'action qui est de bonne foi , soit que celui qui (1) a reçu la somme ait reçu des intérêts , soit qu'il l'ait employée à son propre usage (2).

29. PAUL, *liv. 2, des sentences.*

De l'emploi du dépôt sans le consentement du déposant.

Si j'ai déposé de l'argent dans un sac non cacheté , et que celui entre les mains de qui je l'ai déposé, s'en soit servi sans mon consentement , j'ai contre lui , et l'action du dépôt (3) et celle du vol.

Et de l'usage de la chose déposée. Des intérêts.

§. 1. Si celui à qui j'ai déposé une somme d'argent s'en sert d'après mon consentement , il doit comme la chose a lieu dans toutes les actions de bonne foi , me payer des intérêts (4).

30. NÉRATIUS, *liv. 1 , des réponses.*

De l'estimation de la chose en litige.

Si celui qui a répondu pour vous, dépositaire, a été condamné , et s'il a payé en conséquence de cette condamnation, il vous rend par là propriétaire de la chose déposée (5).

31. TRYPHONINUS, *liv. 9, des disputes.*

Quelle idée l'on doit se faire de la bonne foi.

La bonne foi qui doit faire la base de tous les contrats (6),

---

(4) L. 18 in fin. supr. eod.
(5) V. l. 46. supr. de rei vind.
(6) L. 1. C. de oblig. et act.

æquitatem summam desiderat. Sed eam utrùm
æstimamus ad merum jus gentium , àn vero cùm
præceptis civilibus , et prætoriis : veluti , reus
capitalis judicii deposuit apud te centum , is
deportatus est : bona ejus publicata sunt ; utrumnè
ipsi hæc reddenda , àn in publicum deferenda
sint ? Si tantùm naturale jus et gentium intuemur ,
ei , qui dedit , restituenda sunt : si civile jus , et
Legum ordinem , magis in publicum déferenda
sunt. Nàm malè meritus publicè , ut (1) exemplo
aliis ad deterrenda maleficia sit , etiàm egestate
laborare debet.

De re depositá apud dominum.

§. 1. Incurrit hîc et alia inspectio, [àn] bonam
fidem inter eos tantum , [inter] quos contractum
est , nullo extrinsecus adsumpto , æstimare debea-
mus , àn respectû etiàm aliarum personarum , ad
quas id , quod geritur , pertinet ; exempli loco ,
latro (2) spolia , [quæ] mihi abstulit , posuit apud
Sejum inscium de malitiâ deponentis , utrùm
latroni , àn mihi restituere Sejus debeat ? Si per
se dantem , accipientemquè intuemur , hæc est
bona fides , ut commissam rem recipiat is (3) ,
qui dedit : si totiùs rei æquitatem : quæ ex omnibus personis , quæ negotio isto continguntur ,
impletur , mihi (4) reddenda sunt , quo facto
scelestissimo adempta sunt ; et probo *hanc esse*
justitiam , quæ suum cuiquè ità tribuit , ut
non distrahatur ab ullius personæ justiore re-
petitione. Quòd si ego ad petenda ea non veniam ,
nihilhominùs ei restituenda sunt , qui deposuit ,
quamvis malè quæsita deposuit. Quod et Marcellus

---

(1) V. l. 6. in fin. infr. de custod. et exhib. reor. l. 1. in pr. C. ad
leg. Jul. repetund.

exige la plus grande équité. Mais devons nous considérer la bonne foi sous le rapport du droit des gens, ou sous le rapport des constitutions civiles et prétoriennes; par exemple, un homme accusé d'un crime capital, a déposé entre vos mains cent écus, cet homme a été condamné au bannissement, et ses biens ont été confisqués; devez vous rendre ces cent écus, a celui qui vous les a déposés, ou devez vous les rendre au fisc? Si nous ne considérons que le droit naturel et le droit des gens, il faut que ces cent écus soient rendus au déposant, si nous considérons le droit civil et la décision des lois, ils doivent-être remis au fisc; car l'utilité public (1) exige que celui qui a compromis l'ordre public soit réduit à l'indigence, afin que son exemple puisse détourner les autres de se rendre coupables du même crime.

De la chose déposée entre les mains de celui à qui elle appartient.

§. 1. Il y a encore une autre observation a faire à ce sujet. Restreindrons-nous la bonne foi aux personnes qui ont contracté ensemble, abstraction faite des autres individus que l'affaire regarde, ou bien devons-nous avoir également égard à ces mêmes personnes? Faisons un hypothèse. Un voleur a déposé (2) entre les mains de Séjus des habits qu'il m'a volé, Séjus ignorait absolument que ces habits eussent été volés. Séjus doit-il me les rendre, ou à celui qui les lui a déposés, (au voleur) (3). Si nous ne considérons que la personne qui a donné, et celle qui a reçu, la bonne foi exige que la chose soit rendue par le dépositaire au déposant lui-même (4). Si nous embrassons l'équité dans toutes ses parties, c'est-à-dire si nous nous attachons à toutes les personnes que cette affaire intéresse, les effets volés doivent m'être rendus à moi qui en ait été privé par une action coupable et criminelle (4). Et je pense *que la justice proprement dite; veut que chacun ait le sien, pourvu qu'en donnant la chose à celui-ci, on ne la fasse pas perdre à celui-là qui a de plus justes raisons de la demander.* Si je ne me présente pas pour demander ma chose, elle doit-être rendue a celui entre les mains de qui elle a été déposée, quoiqu'il ne l'ait déposée qu'après l'avoir mal acquise. Marcellus écrit la même chose à l'égard du

---

(2) L. 1. §. 39. supr. h. t.
(3) L. 11. supr. eod.
(4) Immò vide l. 1. §. pen. supr. naut. caupon. stabul.

in prædone et fure scribit. Si tamèm ignorans latro, cujus filio, vel servo rem abstulisset, apud patrem dominumvè ejus deposuit ignorantem: nec (1) ex jure gentium consistet depositum; cujus hæc est potestas: ut alii, non domino sua ipsiùs res quasi aliena servanda detur. Et si rem meam fur, quam me ignorante subripuit, apud me etiàm nunc delictum ejus ignorantem deposuerit: rectè dicetur non contrahi depositum; quià non est ex fide bonâ, rem suam dominum prædoni restituere compelli; sed et si etiàm nunc ab ignorante domino tradita sit, quasi ex causâ depositi, tamèn indebiti dati condictio competet.

32. CELSUS, *lib.* 11, *Digestorum.*

De latâ culpâ.

Quod Nerva diceret, *latiorem* (2) *culpam dolum esse*, Proculo displicebat: mihi verissimum videtur. Nàm et si quis non ad eum modum, quem hominum natura desiderat, diligens est, nisi tamèn ad suum modum curam in deposito præstat, fraude non caret: nec enim salvâ fide minorem iis, quam suis rebus, diligentiam præstabit.

33. LABEO, *lib.* 6, *posteriorum à Javoleno epitomatorum.*

De servo deponente apud sequestrem.

Servus tuus pecuniam cùm Attio in sequestre

____

(1) V. l. 15. supr. h. t.

voleur et du possesseur de mauvaise foi. Si cependant le voleur ignorant sous la puissance de qui est le fils de famille, ou l'esclave qu'il a volé, va déposer la chose volée directement chez le père, ou le maître de celui qu'il a volé, sans qu'il en ait connaissance, le dépôt suivant le droit des gens ne sera pas valable (1). La raison est qu'un dépôt ne peut pas être fait entre les mains du propriétaire lui-même, et qu'une chose ne peut pas être confiée au maître lui-même pour qu'il la garde. Si un voleur m'ayant volé une chose que j'ignorais m'appartenir, me la dépose entre les mains sans que je me doute du vol qu'il m'a fait, on sera fondé à dire que dans ce cas il n'y pas de dépôt, parce que la bonne foi ne peut exiger que le maître d'une chose la restitue au possesseur de mauvaise foi. Si même la chose a été remise par le maître qui ignorait le délit en ce qu'il s'y croyait obligé en vertu d'un dépôt, il aura pour la recouvrer l'action qui descend du droit de redemander ce que l'on a induement payé.

32. CELSE, *liv.* 11, *du Digeste.*

De la faute grossière.

Proculus n'approuvait pas l'opinion de Nerva *qui assimilait une faute grossière à la mauvaise foi* (2) ; cependant je partage l'opinion de Nerva. Car si un homme n'est pas aussi soigneux que le sont naturellement tous les hommes, cette négligence en matière de dépôt qui exige par sa nature un soin particulier, dégénère en mauvaise foi, et il doit-être aussi soigneux à l'égard d'une chose qu'on lui confie, qu'il le serait à l'égard de ses propres affaires.

33. LABÉON, *liv.* 6, *des derniers abrégés de Javolenus.*

Du dépôt fait par un esclave à un séquestre.

Votre esclave a mis en séquestre entre les mains de Mævius

---

(2) L. 1. §. 5. infr. de oblig. et act. l. 2:6. infr. de verb. sign.

deposuit apud Mœvium, eâ conditione, *ut ea tibi redderetur, si tuam esse probasses : si minùs, ut Atrio* [*redderetur :*] posse dixi cùm eo, apud quem deposita est, incerti agere, id est, ad (1) exhibendum, et exhibitam vindicare : quià servus in deponendo tuum jus deterius (2) facere non potuisset,

34. IDEM, *lib. 2, ad Pithanon.*

De deposito non gratis reddito.

Potes agere depositi cùm eo, qui tibi non (3) alitèr, quam nummis à te acceptis depositum reddere voluerit, quamvis sinè morâ, et incorruptum reddiderit.

---

(1) L. 28. in fin. pr. supr. de pecul.
(2) L. 27. §. 1. supr. ad SC. Vellej. l. 133. infr. de reg. jur.

Finis libri decimi sexti.

de concert avec Attius une somme a condition *qu'elle vous serait remise, si vous prouvez qu'elle vous appartient* D ns le cas contraire *que ce serait à Attius que la remise en serait faite.* J'ai répondu que vous pouviez former contre le dépositaire l'action en représentation (1), et ensuite vous la faire rendre, parce que l'esclave en déposant la somme n'a pas pu rendre votre condition plus mauvaise (2).

34. Le même, *liv. 2, des abrégés.*

Du dépôt qui n'est pas rendu gratuitement.

Vous pouvez intenter l'action du dépôt contre celui qui ne veut pas vous rendre le dépôt que vous lui avez fait (3) sans que vous lui donniez de l'argent, quand bien même il serait disposé à vous le remettre sur le champ, à cette condition.

---

(3) L. 2. §. 1. supr. de condict. ob. turp. caus.

Fin du livre seize.

TABLE

Des matières contenues dans le neuvième
Volume.

(*) Les chiffres sont ceux de la pagination française.

Fin de la Table.